THÉODORE COTELLE

DOCTEUR EN DROIT

LE
" SWEATING-SYSTEM "

ÉTUDE SOCIALE

Avec une Préface

DE

M. le Comte D'HAUSSONVILLE

DE L'ACADÉMIE FRANÇAISE

Deuxième édition

ANGERS

IMPRIMERIE-LIBRAIRIE LACHESE ET Cie

J. SIRAUDEAU ÉDITEUR

4, Chaussée Saint-Pierre, 4

LE

" SWEATING-SYSTEM "

THÉODORE COTELLE

DOCTEUR EN DROIT

LE
"SWEATING-SYSTEM"

ÉTUDE SOCIALE

Avec une Préface

DE

M. le Comte D'HAUSSONVILLE

DE L'ACADÉMIE FRANÇAISE

Deuxième édition

ANGERS

IMPRIMERIE-LIBRAIRIE LACHÈSE ET Cⁱᵉ

J. SIRAUDEAU ÉDITEUR

4, Chaussée Saint-Pierre, 4

1904

PRÉFACE

DE

M. LE COMTE D'HAUSSONVILLE

De l'Académie Française

MONSIEUR

J'ai été très heureux d'apprendre qu'une seconde édition de votre ouvrage sur le *Sweating-System* était en préparation. Le succès de cet ouvrage me paraît très mérité. Il se distingue en effet par des qualités qu'on trouve assez rarement réunies au même degré : une grande connaissance des faits économiques; une grande sensibilité pour la souffrance humaine.

A Dieu ne plaise que j'accuse les économistes d'être insensibles. Non seulement. ils sont tous, j'en suis convaincu, dans la vie privée, de fort braves gens, tout aussi disposés à la pitié que vous et moi, mais je reconnais bien volontiers que, de plus en plus aujourd'hui, ils descendent des hauteurs de la théorie et de ces discussions abstraites où se complaisaient les fondateurs de la science pour se placer sur le terrain des faits où ils rencontrent des hommes. Or, dès qu'on rencontre des hommes, on est obligé de tenir compte de ce qu'ils sentent, c'est-à-dire, trop souvent, de ce qu'ils souffrent. Cependant les économistes, sans refuser d'y compatir, continuent peut-être de prendre un peu trop rapidement leur parti de ces souffrances. Pénétrés de cette idée, juste en soi, que les lois économiques ont quelque chose d'inexorable et qu'on se met vainement en travers, ils ne se préoccupent pas autant qu'on pourrait le souhaiter des conséquences souvent douloureuses de ces lois, et l'on voudrait les voir employer leur science à rechercher si quelque tempérament n'en pourrait pas adoucir les applications par trop rigoureuses.

Tout à l'opposé, il y a au contraire une école qui, depuis une vingtaine d'années, s'est adonnée, avec une louable passion, à l'étude des questions sociales sans avoir, au préalable, pris la précaution de s'assimiler quelques notions d'économie politique. C'est là une imprudence et une erreur. On peut croire ou ne pas croire à Jean-Baptiste Say, à Bastiat et à John Stuart Mill. Les opinions sur ce point sont libres, et je partage le sentiment d'un homme d'esprit qui disait : « J'ai une foi religieuse. Je veux bien avoir aussi une foi politique ; mais quant à une foi économique, c'est trop de trois. » Encore faut-il cependant, avant de déclarer qu'on ne partage pas une foi, en connaître les dogmes, et, avant de réfuter les gens, savoir ce qu'ils disent. Or, quelques-uns de ces nouveaux sociologues (pour employer un mot devenu à la mode) se sont jetés dans la discussion sans bien savoir ni à quoi ni à qui ils répondaient. Emus, et je ne leur en fais pas un reproche, par le spectacle des souffrances qu'ils avaient découvertes, ils ont qualifié d'*injustice* ce qui n'était que la conséquence fatale des lois économiques, et en répétant ce mot *d'injustice* un peu plus souvent peut-être qu'il n'était tout à fait prudent, ils ont contribué pour une part que je ne voudrais pas grossir, mais qui cependant est réelle, à entretenir des illusions ou à surexciter des passions dont ils sont aujourd'hui les premiers à déplorer les excès, car il est toujours dangereux de dire à des hommes qu'ils sont victimes d'une injustice, sans leur apporter ou même leur proposer quelque remède à l'injustice dont on les dit victimes.

Vous vous êtes tenu à égale distance de ces deux écueils. Au début de votre intéressant ouvrage, vous dites très justement que « les phénomènes économiques demandent le plus impartial examen, l'observation la plus rigoureuse et non des yeux toujours mouillés de larmes ». Cet examen impartial, cette observation rigoureuse caractérisent votre travail. Vous avez réuni avec abondance des faits empruntés à des documents d'une autorité indiscutable non seulement en Europe, mais aux Etats-Unis et en Australie ; vous les avez soumis à une critique sérieuse, et la conclusion à laquelle vous êtes arrivé est celle qu'un économiste Américain formule ainsi : « La première découverte qu'on fait en étudiant le *sweating-system*, c'est qu'il n'existe pas. »

Vous avez démontré en effet, et il était bon de le faire, qu'il n'existe pas, au moins comme système ; que nulle part, dans aucun pays du monde, on ne rencontre une coalition de patrons avides, se concertant pour avilir la rémunération du travail et s'engraissant des sueurs de ceux qu'ils font travailler. Ce qui existe malheureusement c'est, dans certaines professions, des salaires très bas, *starvation wages*, des salaires de famine, et vous montrez fort bien que cet abaissement des salaires a pour cause sinon unique du moins principale l'abondance de la main-d'œuvre qui dans certaines villes ou dans certaines régions se dispute une tâche facile. De là résulte, en vertu de la loi de l'offre et de la demande, une baisse inévitable des salaires. Mais vous constatez en même temps, et le fait vaut la peine d'être relevé, que le *sweating-system* ainsi entendu, sévit moins en France qu'en Angleterre et aux Etats-Unis. Il y en a plusieurs raisons, une entre autres que vous signalez. « On vit, dites-vous, arriver à Londres (vous auriez pu ajouter aux Etats-Unis) et par milliers, des Israélites obligés de quitter la Russie, la Pologne ou l'Allemagne devant une véritable persécution religieuse et sociale... Ils arrivaient dans le dénuement le plus complet, et se trouvaient livrés de suite à la merci du premier sous-entrepreneur malhonnête qu'ils rencontraient. » Cette concurrence des Israélites pauvres a fait considérablement baisser les salaires en Angleterre et aux Etats-Unis. En France nous avons échappé à cette forme de l'immigration juive et les persécutions, pour reprendre le mot très juste dont vous vous servez, auxquelles ils ont dû se dérober dans d'autres pays, n'ont pas eu pour conséquence d'aggraver dans le nôtre les souffrances d'un certain nombre de chrétiens ou plutôt de chrétiennes, car ce sont, ainsi que vous le montrez, les femmes qui sont le plus généralement victimes du *sweating-system*.

Des salaires très bas ne s'en rencontrent pas moins très fréquemment en France, à Paris surtout, dans le monde des ouvrières de l'aiguille. Les renseignements que vous donnez confirment ceux que j'avais déjà fournis moi-même dans un petit livre que vous avez la bonté de citer quelquefois, et à ce point de vue nous sommes tristement d'accord.

Nous sommes d'accord également sur les remèdes. Vous repoussez en effet nettement cette chimère du salaire minimum qui avait un moment hanté certains esprits, et dont vous démontrez l'impossibilité pratique. Pas plus que moi vous ne croyez beaucoup aux bienfaits de la réglementation du travail par voie législative ou administrative. Sans méconnaître que dans certaines matières, principalement en matière d'hygiène, cette réglementation ne soit légitime, vous proclamez son peu d'efficacité, et vous constatez que les pays où elle a été poussée le plus loin, c'est-à-dire l'Angleterre et certains Etats de l'Amérique du Nord, sont ceux précisément où le *sweating-system* compte le plus grand nombre de victimes.

Vous mettez surtout votre confiance dans une meilleure entente des travailleurs, en vue de défendre leurs intérêts. Vous déplorez avec raison que l'esprit d'association, que le mouvement syndical soit si peu développé chez les ouvrières, et vous montrez par des faits que là où elles se sont entendues, où elles se sont syndiquées, le taux des salaires s'est immédiatement relevé.

Vous adoptez également une idée que j'avais mise en avant, il y a quelques années. Vous sou-haitez de voir les congrégations qui dans leurs orphelinats, leurs ouvroirs, leurs refuges, font travailler un grand nombre de femmes, et qui jouent vis-à-vis des grands magasins pour les-quels elles travaillent le rôle d'entrepreneuses, de voir, dis-je, ces congrégations, au lieu de se faire concurrence, s'entendre entre elles et établir une série de prix qu'elles débattraient avec les grands magasins. A Paris en particulier la chose serait facile. Elle eût été facile plutôt il y a quelques années, car, en ce moment, les pauvres congrégations, incertaines de leur avenir, ne sachant si demain elles ne seront pas frappées, dissoutes, dispersées, n'ont guère le loisir qu'il faudrait pour créer un syndicat. Et puis qui sait si l'on ne verrait pas là une nouvelle entreprise de la Congrégation marchant à l'assaut de la société moderne ?

Les remèdes que vous préconisez sont en somme les remèdes de la liberté. Je vous en félicite car il y a dans certains milieux une réaction contre la liberté du travail qui me paraît dénoter un fâcheux état d'esprit. Je regrette cependant que vous n'ayez pas complété votre ouvrage par un chapitre consacré à ce que j'appellerais les remèdes indirects. Il y en a, en effet, qui ne sont point à dédaigner, et sur lesquels j'appelle votre attention. Abstraitement parlant, il n'y a ni salaires élevés ni salaires bas. Tel salaire élevé dans un village serait bas à Paris. Il faut considérer ce que les économistes appellent le pouvoir d'achat du salaire, c'est-à-dire la proportionnalité entre le taux du salaire et le prix des denrées nécessaires à l'existence, soit la nourriture et le vêtement. Il faut ajouter aussi le logement, car le logement s'achète comme autre chose. Or, tout ce qui tend à abaisser le prix de la nourriture, du vêtement et du logement vient indirectement en aide à l'ouvrier et à l'ouvrière, surtout à l'ouvrière, puisqu'en France, du moins, elle est la principale victime du *sweating-system.*

A ce point de vue il est intéressant de remarquer que le vêtement, surtout le vêtement de femme, a beaucoup baissé de prix. Les salaires très faibles payés aux ouvrières de l'aiguille sont incontestablement pour quelque chose dans cette baisse de prix dont les clientes riches, auxquelles vous reprochez de chercher le bon marché aux dépens des ouvrières, ne sont pas les seules à profiter. Toutes les femmes en profitent, les pauvres comme les riches, les ouvrières comme les autres, et c'est ce qui explique qu'à Paris en particulier les ouvrières les moins payées soient si proprement et parfois si gentiment mises. Il y a là une compensation au *sweating-system* que les économistes sont en droit de faire remarquer. Le bon marché ne fait pas seulement, comme vous le croyez, des victimes. Il fait aussi des heureuses.

Restent la nourriture et le logement. Tout ce qui tend à faire baisser le prix de la nourriture profite à l'ouvrière, car c'est sa principale dépense. Vous savez la popularité que Gladstone s'était acquise en Angleterre par sa formule du *Free breakfast* : le déjeuner, c'est-à-dire le pain, le thé et le sucre, franc de droits. Il est en ce moment curieux de savoir si, sous l'influence de M. Chamberlain, les rêves de l'impérialisme détermineront l'ouvrier anglais à renoncer à ces franchises qui ne sont pas pour lui un médiocre avantage. Il s'en faut en effet que le déjeuner de l'ouvrier et de l'ouvrière française soit franc de droits. Droits de douane, d'accise ou d'octroi, tout ce qui entre dans sa nouriture est taxé, dans les villes surtout, et je m'étonne toujours que quelque agitateur socialiste ne se place pas sur ce terrain vraiment démocratique de la vie à bon marché. Je sais combien ces questions sont complexes ; je sais à quel point les intérêts des ouvriers ruraux sont solidaires des intérêts des propriétaires qui les emploient et de quelle protection ceux-ci ont besoin, mais il n'en est pas moins certain que tous ces droits pèsent d'un poids assez lourd sur l'ouvrière des villes dont le budget est si restreint, et que tout ce qui tend à les alléger ou à les supprimer lui vient indirectement en aide.

Comme remède indirect, je signalerai aussi tout ce qui met à la disposition de l'ouvrier et de l'ouvrière une nourriture saine et à bas prix, sociétés coopératives de consommation, fourneaux populaires, restaurants d'ouvrières. Vous avez sans doute entendu parler de cette dernière institution qui, à Paris, tend à se généraliser bien que trop lentement. Jusqu'à présent les fondateurs de ces restaurants où les femmes seules sont admises ont agi chacun de leur côté, sans entente préalable. S'il concentraient leurs efforts, ils arriveraient à des résultats meilleurs Ceux qui ont l'expérience de ces restaurants ne sont pas éloignés de croire qu'une société qui en posséderait un grand nombre, une sorte d'entreprise de Bouillons-Duval populaires, couvrirait ses frais et pourrait donner un léger intérêt au capital. L'expérience voudrait la peine d'être tentée.

Dans le même ordre d'idées, j'indiquerai comme remède indirect tout ce qui a été tenté depuis quelques années pour améliorer le logement de l'ouvrier et en particulier de l'ouvrière. Je dis en particulier, parce que la question du logement est bien plus grave encore pour l'ouvrière que pour l'ouvrier. Je vous signalerai à ce point de vue les maisons de famille tenues les unes par des religieuses, les autres par des laïques où des jeunes filles sont reçues moyennant un prix d pension modique, et aussi les deux Hôtels meublés pour dames seules (dont l'un est en construction) qu'a créés la Société philanthropique. En ce qui concerne ces utiles créations nous sommes en retard par comparaison avec l'étranger. Les *Homes for friendless girls* sont plus nombreux aux États-Unis que chez nous. Mais le mouvement est commencé à Paris, à Lyon. J'espère qu'il se continuera.

Restaurants d'ouvrières, maisons de famille, hôtels meublés pour dames seules, ce sont des créations de l'initiative privée mue par une pensée charitable. Je sais que ce vieux mot de charité, malgré sa noble signification, choque aujourd'hui certaines oreilles, et qu'on tend, surtout dans le monde officiel, à le remplacer par celui de solidarité. Va pour solidarité si (ce dont je doute un peu) la solidarité suscite les mêmes dévouements Mais charité ou solidarité, je demeure persuadé qu'il faut y avoir recours pour adoucir dans la mesure du possible les souffrances que vous avez signalées. En principe le travail doit demeurer libre, et je crois que c'est chimère de compter pour adoucir les souffrances des travailleurs et des travailleuses sur une réglementation trop minutieuse. Mais les conséquences de la liberté sont souvent rigoureuses. C'est à la charité, entendue au sens le plus large et le plus élevé du mot, c'est-à-dire l'amour du prochain, de les adoucir, et je résumerai sur ces matières difficiles mon sentiment dans une formule que déjà je me suis permis d'employer : la liberté tempérée par la charité; j'ajouterai si l'on veut, et par la solidarité.

Je sais que ces sentiments sont aussi les vôtres et je suis heureux de me rencontrer sur ce point avec l'auteur d'un travail aussi complet et aussi remarquable.

Cte D'HAUSSONVILLE,

de l'Académie française.

CHAPITRE PREMIER

QU'EST-CE QUE LE « SWEATING-SYSTEM » ?

Le sort des mots historiques, disait, un jour, un publiciste (1), est d'être mal compris. On pourrait, sans crainte d'erreur, en dire autant de bien des mots de la langue économique. Le sens en est parfois si ambigu que chacun y suspend l'image qui lui plaît. D'autres fois, le nom dont on se sert pour désigner un phénomène a réussi à se faire accepter de tous, mais il est d'une telle bizarrerie qu'il déconcerte l'intelligence.

C'est à une difficulté de ce genre que donne lieu le *sweating-system*. Ce mot demeure plein d'énigmes. On ne voit guère, au premier regard, ce que peut être un système de la sueur, et c'est là cependant la traduction littérale de l'expression que nous avons importée d'Outre-Manche.

Faut-il le dire? La difficulté semble venir ici de

(1) Henry Fouquier.

l'union du vocable *system* au vocable *sweating*. C'est cette fusion des deux mots qui risquerait de nous égarer. Mais, en consultant la signification que les Anglais ont attachée au mot « sweating-system », en ne lui donnant pas une plus grande portée qu'ils ne lui en ont donné eux-mêmes, nous pourrons, croyons-nous, découvrir aisément le sens vrai de l'expression. C'est pour n'avoir pas dégagé suffisamment la broussaille de faits cachés sous le mot *sweating-system* que beaucoup de personnes en font un emploi souvent exagéré.

On a tôt fait de dire qu'il est une horreur, un fléau social, et la tendance est forte à l'appliquer à tous les cas de misère ouvrière. Il évoque dans les esprits certaines caricatures de journaux anglais, certain dessin, notamment, publié par le *Punch*, où un homme était représenté sous l'apparence d'une grosse araignée, prenant dans ses filets des hommes et des femmes et leur buvant le sang. Comme tous les mots à grands fracas, qui s'emparent aisément de l'âme imaginative des foules, le *sweating-system* a eu la chance de faire fortune. Il convenait à l'idéal volontiers tragique des humbles en représentant, sous des traits exagérés, le bien-être des entrepreneurs « s'engraissant des sueurs de leurs victimes ». L'attention des économistes et des hommes d'État s'est portée de son côté. Il a provoqué des enquêtes en Angleterre, en Amérique et en Australasie. Le mot est communément employé, non seulement, cela va sans dire, dans les pays anglo-saxons, mais encore en France, en Allemagne, dans les ouvrages et les revues d'économie politique.

De tous les essais de définition tentés, aucun n'est assez synthétique. Qu'on ne s'en étonne pas. La tâche était malaisée. Autant l'on s'accorde généralement à faire du *sweating-system* la réunion de plusieurs faits économiques, autant il semble difficile d'en expliquer la nature exacte. M. Charles Gide, dans une conférence faite au Musée social, le 24 janvier 1899, déclare que le « système devenu « célèbre en économie politique sous le nom techni- « que de *sweating-system* est une expression impos- « sible à traduire » (1). Un économiste américain, « Joseph Lee, dit aussi : « La première découverte « qu'on fait en étudiant le *sweating-system*, c'est « qu'il n'existe pas. »

Sans aller aussi loin et transformer en paradoxe cette idée vraie que, pris en lui-même, isolément, le *sweating-system* n'est qu'un signe sans analogie avec la chose signifiée, nous croyons que le sens de ce mot s'éclaire aussitôt si l'on veut bien ne l'accepter que pour ce qu'il représente en Angleterre.

Et d'abord, il nous faut nous débarrasser d'un préjugé, si j'ose dire, qui tient à nos habitudes les plus invétérées, et qui nous ferait donner au *swea-*

(1) Un économiste italien, M. R. Dalla Volta, dit de son côté : « E assai difficile... di dare un'idea del sweating-system », *Le Forme del Salario*, p. 176.

tng-system une signification qu'il ne possède pas.
Pour nous autres Français, habitués aux classifications méthodiques, un système représente un com-
posé de parties coordonnées entre elles. Il suggère
l'image d'un lien étroit entre des faits rattachés plus
ou moins arbitrairement à une idée dominante.
C'est ainsi qu'on parle du système de Copernic, de
Newton ou de Linné. Le mot système éveille même
presque toujours un ensemble de faits ou de propositions, que le cerveau d'un penseur a groupés entre
eux d'une façon tout arbitraire.

Parfois aussi, il est juste de le dire le mot système
nous sert à désigner la découverte d'un procédé industriel, l'usage nouveau, l'adaptation plus perfec-
tionnée de choses anciennes, imaginés par un ouvrier
habile. Nous parlons tous les jours, en ce sens,
des systèmes d'éclairage, de chauffage, de locomo-
tion, etc.

Il n'était pas inutile de rappeler ces notions, pour
dissiper d'avance une équivoque qui n'eût pas manqué de se produire. Nos voisins d'Outre-Manche
emploient en effet le vocable *system* à tout propos, en dehors des cas dans lesquels nous en usons
chez nous. Il leur sert à étiqueter rapidement des
faits ou des mécanismes qu'il serait trop long de
désigner, pièce à pièce, morceau à morceau. C'est
avant tout un moyen, pour eux, de classer prompt-
tement une série de choses sans lien forcé entre elles
mais dont la continuité se rencontre en pratique.

« M. David Schloss, nous en donnait lui-même une

« preuve convaincante, écrit M. André Sayous (1).
« Les bottiers parlent d'un « box-system » ; ils bap-
« tisent ainsi l'habitude récente d'emporter dans les
« malles (boxes), au moment du départ pour la
« *Country*, les chaussures nécessaires jusqu'au re-
« tour à la ville. Le mot *system* n'a pas dans
« l'expression *sweating-system* une autre portée; il
« se réfère à un classement rapide et populaire, qui
« déroute les esprits habitués aux classifications
« scientifiques, aux termes exacts et précis ». — Ce
n'est donc pas un « système » imaginé pour expliquer un ensemble de phénomènes. C'est avant tout
un mécanisme, ou plutôt une série de faits ayant
entre eux une certaine connexité. On dira peut-être :
Il n'était pas besoin d'un mot nouveau pour désigner
des choses connues. Mais on oublie que les actes les
moins ignorés prennent toujours une valeur nouvelle par leur liaison, et c'est le lieu d'en faire une
fois de plus la remarque. Ils se produisent ici dans
de telles conditions qu'ils déterminent la naissance
d'un phénomène spécial, et c'est ce phénomène relativement neuf en économie politique qui justifie
la création d'une expression nouvelle.

Les faits groupés sous l'étiquette de *sweating-
system*, nous le verrons plus tard, peuvent se rattacher à deux ordres d'idées, une idée d'organisation du travail et une idée de conditions défectueuses
de ce travail. Les deux doivent s'unir et leur grou-

---

(1) Sayous. *La Semaine politique et littéraire*, 29 juin 1901.

pement permet de reconnaître si vraiment l'on est en présence d'un cas de *sweating-system*. — Les diverses définitions données ne sont défectueuses, croyons-nous, que parce qu'elles restreignent l'une ou l'autre de ces idées. D'après un témoin, entendu par le Comité des Manufactures de Washington, lors de l'enquête faite en 1892, le *sweating-system* serait un « système, sous lequel le travail est donné « au dehors à un entrepreneur par le fabricant, et « distribué ensuite par l'entrepreneur à l'ouvrier « proprement dit... la signification particulière « attachée au mot *sweating-system*, est, à notre « avis, que l'entrepreneur ou *contractor* fait suer « quelque chose à ses employés, aux personnes qui « travaillent pour lui (1). » Cette définition fait, on le voit, la démarcation entre la simple organisation du travail et l'abus sur le travail de l'ouvrier, qui se rencontrerait dans le *sweating*. Il semble, pour ce témoin américain, que « l'exploitation » de l'employé par le *contractor* ne soit pas la signification absolue du *sweating-system*. — Pour Mme T.-J. Morgan, au contraire, notre expression signifierait le travail arraché aux grands magasins par des

(1) « The sweating-system is a system under which work is « given out to a contractor by the manufacturer, and by the con « tractor sublet to a workman who makes their work... The « particular meaning is, in our understanding, that the con « tractor sweats something out of the employés, out of the « people who work for him. » Testimony of John B. Lennon. *Report of the Committee on Manufactures on the sweating-system*, p. 211.

entrepreneurs ou *sweaters* et fait par de pauvres gens asservis, pendant de longues heures, à un travail pénible, dans de très mauvaises conditions hygiéniques. — Un coupeur de Bedfort, M. Barnes, disait au Comité des Manufactures, réuni à Boston, le 12 avril 1892 : « Ma définition du *sweating-* « *system* est qu'il existe là où le travail est donné au « dehors à des entrepreneurs qui le donnent ensuite « au dehors à d'autres personnes, en recevant un « profit pour cette distribution, sans faire de tra- « vail (1). »

La Commission royale du travail, en Angleterre, ne donne pas tout à fait la même définition. D'après elle, le *sweating system* est « le travail pendant de longues heures pour un faible salaire et souvent dans les plus mauvaises conditions d'insalubrité ». C'est à ce sens que ce sont arrêtés lord Derby et ses collègues, après une enquête approfondie. « Pour « eux, écrit Mme Sydney Webb (2) (Mistress Béa- « trice Potter), le *sweating-system* ne consiste pas « dans un mode particulier de rémunération ni « dans une forme à part d'organisation industrielle, « mais dans certaines conditions du travail, à « savoir : des salaires exceptionnellement bas, une « durée excessive de travail et des ateliers insalu- « bres. » De son côté, le secrétaire du syndicat des ouvriers tailleurs des Etats-Unis voyait dans le

(1) *Report of the Committee on Manufactures on the sweating siystem*, p. 101.

(2) *Revue d'économie politique*, tome VII, p. 963.

sweating-system un « système, qui fait travailler
« en même temps pour trois ou quatre maisons, qui
« emploie et fait mourir de faim, dans beaucoup de
« cas, un certain nombre d'aides, qui impose de
« longues heures de travail et transforme le foyer
« en atelier. »

Le *sweating-system* serait donc, pour les uns,
une forme d'organisation industrielle, pour les
autres, la seule réunion de conditions de travail
défectueuses. Nous croyons plutôt, et la suite de
cette étude le montrera, que le *sweating-system*
est la fusion de ces deux ordres d'idées.

On a pu voir aussi, un peu plus haut, quel sens
donnait au mot « sweating » le Comité des Manufactures de Washington. Il indiquait d'une façon
vigoureuse la part prise par l'entrepreneur dont
le rôle serait de faire suer (d'où le mot *sweating*) à
ses employés une partie du gain qui leur revient
normalement. On s'étonnera peut-être alors que
nous n'admettions pas tout simplement cette définition. Il paraît si simple de s'y conformer. Mais,
outre que le *contractor* ne fait pas toujours suer
quelque chose à ses employés, il n'y a pas toujours
non plus d'entrepreneur, et pourtant, dans ces deux
hypothèses, le *sweating-system* peut exister. Si on
devait l'entendre de cette façon, il se confondrait
presque absolument avec un contrat fort critiqué :
le marchandage. Or, pareille assimilation ne saurait être faite. Qu'est-ce en effet que le marchandage ? C'est le concours donné par plusieurs ouvriers

à un autre qui s'est chargé d'un travail à la tâche.
Le tâcheron, qui embauche des ouvriers, est un entrepreneur en sous-ordre. Le fait en lui-même n'a donc
rien de condamnable. Les abus qui peuvent se
greffer et qui trop souvent se greffent sur lui ne
suffisent pas à en détruire, croyons-nous, la légiti-
mité. C'est un mode de travail utile à l'entrepreneur
principal, auquel il évite le soin de chercher des
ouvriers. Il fournit au capital un travail mieux
dirigé, puisqu'il l'est par un homme du métier, le
tâcheron, et d'un autre côté il assure à ce dernier un emploi assez élevé, qui n'eût jamais été
à sa portée (1). Le marchandage présente donc
l'image d'un contrat légitime, ne devenant illicite
que lorsque le tâcheron en fait un instrument d'exploitation (2). D'après un arrêt de la Cour de cassa-
tion (3), auquel a déclaré se rallier le Conseil supé-

(1) Cauwès. *Cours d'économie politique*, tome III, p. 94. Déclaration de M. Goy, président de la commission permanente du
Conseil supérieur du travail. (Cons. sup. du trav., 8ᵉ session,
p. 38, 39).

(2) Beaucoup d'auteurs regardent cependant le marchandage
comme absolument illicite, en se fondant sur le décret du
2 mars 1848, qui est venu décider que « l'exploitation des
ouvriers par des sous-entrepreneurs ou marchandage était
abolie ». Cet important décret, complété, d'ailleurs, par un
arrêté du 21 mars de la même année, aurait donc abrogé purement et simplement la sous-entreprise, en la considérant
comme un délit (V. en ce sens un arrêt de la cour d'Orléans du
11 juillet 1899 et un arrêt de la cour de Bourges du 20 juin 1900).

(3) Dalloz, 1901, I, p. 169. V. à ce sujet le remarquable rapport
de M. le procureur général Laferrière, qui met bien en valeur
les diverses doctrines au sujet de la sous-entreprise, et conclut

rieur du travail, le fait puni par le décret du 2 mars 1848 et l'arrêté du même mois, n'est point tout embauchage d'ouvriers à la journée par un tâcheron, mais seulement l'exploitation des ouvriers au moyen du marchandage.

Le *sweating-system* éveille toujours, au contraire, l'idée de conditions de travail défectueuses. On pourrait dire qu'il renferme en lui la notion de marchandage, mais il importerait d'ajouter aussitôt : le marchandage n'est qu'une partie dans l'ensemble des faits constituant précisément le *sweating-system*. On ne saurait identifier absolument l'un et l'autre, même en admettant que le *sweating-system* fût une « exploitation » ouvrière au moyen du marchandage. Qui dit abus par le marchandage suppose un fait volontaire, une action intentionnellement mauvaise du tâcheron. Nous verrons au contraire, que le *sweater*, qui correspond au tâcheron, ne cherche pas toujours à tirer un profit abusif du travail de ceux qu'il emploie. Il se trouve lui-même dans une condition précaire, souvent aussi misérable que celle de ses ouvriers, parfois plus. Et cependant, dans ces cas, nous rencontrons, à vrai dire, le *sweating-system*. Il serait donc téméraire de l'assimiler entièrement au marchandage.

Assurément, le *sweating-system* suppose l'abus

en disant que « si des inconvénients sont possible dans le marchandage, des avantages le sont aussi, avantages pour l'ouvrier aussi bien que le patron. »

de la « main humaine ». Mais il implique autre chose. « Il est aisé, dit M. Sayous (1), de s'apercevoir « que les actes censurés couramment du terme « *sweating-system* ont un commun point de contact, « ils se rapportent tous à la résistance de l'industrie « en chambre et dans les ateliers, non pourvus de « traction mécanique, contre la grande industrie. » Ce serait la lutte épique du « petit maître » contre le grand atelier, outillé mécaniquement, qui constituerait le *sweating*. Menacé de mort, le petit-maître accepterait n'importe quel salaire, « mais bien décidé « à supporter le moins possible, les conséquences de « cette dépression, il la rejetterait avec vigueur, sur « les ouvriers ».

Nous croyons, pour notre part, que la machine a certainement déplacé et déplace sans cesse la main de l'homme. Elle est souvent une menace pour l'ouvrier, dont elle a d'ailleurs relevé la situation ; mais ici, son action n'a qu'un effet secondaire. On trouve bien, il est vrai dans les industries atteintes de sweating, des salaires excessivement bas, coïncidant avec la présence de la machine à coudre. Faut-il donc voir dans l'extension du machinisme la cause de cet affaiblissement du gain quotidien ? Si l'on admet cette opinion, on risquera de généraliser par trop et d'appliquer le *sweating-system* à beaucoup d'industries qui n'en souffrent pas. M. du Maroussem, dont on connaît les intéressantes mono-

____

(1) Sayous, *op. cit.*

graphies sur diverses industries parisiennes, qualifie de *sweating-system* la misère d'une ouvrière mouleuse en cartonnage (1). Cette femme vit avec ses deux fils, deux apprentis âgés l'un de 17 ans, l'autre de 13. Cette famille fait le jouet en carton-pâte. Elle maintient, comme le dit M. du Maroussem, « la situa- « tion antérieure avec le plus d'habileté et de téna- « cité, soutenant ses prix par la haute valeur artis- « tique des produits qu'elle livre, ne les abaissant « qu'à la dernière extrémité. » A six heures du matin, la famille est à l'ouvrage et travaille « sans trêve, jusqu'à midi, où a lieu une halte d'une heure », puis recommence « au milieu de l'âcre chaleur du poêle, qui chauffe le séchoir. » A sept heures la famille dîne, et après un frugal repas, reprend le travail, aidée du fils aîné « qui revient de sa journée de onze heures chez le portefeuilliste » qui l'occupe.

Les recettes totales du budget de cette famille ne s'élèvent qu'à 1.800 francs, répartis par saccades, « avec de gros versements de janvier jusqu'à Pâques, et la disette la plus absolue pendant les trois mois de morte-saison. Ces ressources sont d'autant plus insuffisantes, qu'au dire même de M. du Maroussem, cette famille a l'esprit ouvert à toutes les beautés artistiques et se montre avide de lecture et de théâtre, au point que les deux jeunes apprentis

(1) V. du Maroussem. *La question ouvrière*. Tome III. *Le jouet parisien*, p. 120 et sqq.

préfèrent passer la nuit sur les marches de l'Opéra
ou du Châtelet, plutôt que de manquer les représentations gratuites où leur imagination de gavroches
s'envolera, pour quelques heures, dans la féerie des
beaux rêves étoilés.

Qu'il y ait dans la situation de ces pauvres gens,
une réelle misère, nul ne le contesterait, mais, qu'à
vrai dire, on y découvre les traits caractéristiques
du *sweating-system*, l'accompagnement des conditions essentielles à son existence, nous l'osons pas
l'affirmer. Que rencontrons-nous dans l'hypothèse ?
Une industrie : celle du jouet, dans laquelle la production en grand, au moyen des machines, va remplacer la fabrication traditionnelle à la main. La
plupart des joujoux français sortaient, autrefois, des
petits ateliers du Marais ou du faubourg du Temple.
C'est de là que venaient tous ces riens, toutes ces
choses, menues et fragiles comme une lame d'éven-
tail, à qui l'ouvrier parisien savait donner la séduc-
tion de la grâce la plus exquise. Il y a seulement trente
ans, on comptait 400 ateliers pour 2.800 ouvriers.
On trouve aujourd'hui des fabriques de cent à cinq
cents ouvriers chacune. Les grandes maisons de
fabrication ont tué le petit atelier autonome. Il
s'acharne, il résiste. Au lieu de comprendre le caractère de la transformation opérée par suite des
conditions nouvelles de la production, les petits
fabricants de jouets en chambre s'obstinent à lutter
pour la défense d'une industrie vaincue dans sa
forme ancienne. Ils ne peuvent croire à sa dispari-

tion. Ils savent qu'en travaillant à l'usine, ils touchernient un salaire moyen de 5 fr. 50 par jour pour les hommes et de 3 francs pour les femmes. Ils n'ont point les machines nécessaires à faire le jouet mécanique. Les capitaux leur manquent pour l'achat des matières premières (cuivre, fer-blanc, plomb, ivoire, etc.). Ils ne peuvent néanmoins se résigner à gagner l'usine. Beaucoup y mettent un point d'honneur, et dans leur refus vous découvrirez facilement la probité scrupuleuse et le dédain superbe de l'artiste pour l'objet de pacotille — le seul qui se fabrique en usine, parce que c'est le seul qui se vende. Ils vous diront comme ce père Léon, dont Lucien Descaves nous a conté l'histoire (1) : « Un travail soigné n'est plus une recommandation ; mais on est consciencieux ou on ne l'est pas, c'est dans le sang. Jamais, pour ma part, je ne consentirai à fabriquer la pacotille qu'on vend à présent. Je me respecte trop pour cela. Mieux vaut encore ne pas manger tous les jours, comme nous en avons pris l'habitude. » C'est avec cette conscience qu'on meurt de faim et c'est ainsi qu'en définitive les petits fabricants de jouets se trouvent être les propres artisans de leur ruine.

S'il fallait appeler *sweating-system* la « résistance « de l'industrie en chambre et dans les ateliers non « pourvus de traction mécanique contre la grande « industrie », toutes les luttes auxquelles ont donné

____

(1) Le *Journal*, 3 janvier 1903.

lieu les innovations mécaniques au xix⁰ siècle, mériteraient à ce compte le nom de *sweating-system.*
Il est un fait toujours vérifié ; c'est qu'un mode de travail cède toujours la place à un mode plus perfectionné. Le résultat est parfois lent à se produire, mais il finit par se réaliser. On peut déplorer les ruines qu'il sème sur son passage, les misères qu'il cause. C'est une situation presque irrémédiable, une période douloureuse à traverser. Nous en avons encore un exemple frappant dans la résistance héroïque faite aux manufactures de tissage par les tisserands de certaines régions. Ces pauvres gens ne sentent pas la transition qui s'opère, et ils luttent en vain. Faut-il leur reprocher cette obstination, nous ne le croyons pas ? Comme le disait M. Blondel (1) en parlant des tisserands du Hartz, dont la triste situation a valu à la littérature allemande le beau drame d'Hauptmann, « peut-on leur demander d'embrasser « d'un coup d'œil les conditions (si difficiles à saisir « même pour les hommes intelligents et instruits) « de la vie économique moderne. Il y a chez eux un « fond d'atavisme dont il faut tenir compte. Ils « lèguent à leurs enfants leur vieux « métier », leur « profession et leur misère, et leurs salaires baissent « toujours. »

L'industrie du jouet nous offre un exemple de même nature. Il n'y aurait pas de raison de généraliser et

_____

(1) G. Blondel, l'*Essor industriel du peuple allemand*, chap. I, p 64-65.

d'étendre le *sweating-system* à toutes les industries présentant des symptômes de résistance à une nou_velle organisation industrielle.

Au surplus, on ne saurait en faire le résultat exclusif de cette lutte entre la petite et la grande industrie. Ce qui le prouve, à nos yeux, c'est que souvent la résistance supposée n'existe pas, alors que de l'aveu des observateurs le *sweating-system* se rencontre avec tous ses caractères.

N'est-ce pas le cas de l'industrie du vêtement, et surtout du vêtement confectionné? Les ouvriers et les ouvrières de la « confection » ne luttent point contre le grand atelier. Nous dirons même, plus loin, que dans cette industrie, le *sweating-system* naît moins de la résistance des ouvriers que de la coexistence de la petite et de la grande industrie. Sans rien préjuger, pour l'instant, remarquons simplement ici que c'est dans cette fusion bâtarde de l petite et de la grande industrie que le *sweating-sy*,*tem* trouve son meilleur aliment.

La tendance est facile et trop souvent nous e porte à mettre, qu'on nous passe l'expression, sentiment dans les phénomènes économiques, demanderaient le plus impartial examen, l'obser tion la plus rigoureuse et non des yeux toujo, mouillés de larmes. C'est peut-être l'écueil que *sweating-system* ne permet guère d'éviter. Si l'o se borne à un examen superficiel, bien des abu paraissent, qui n'existent pas. Nous verrons plu loin que l'un des éléments caractéristiques du *swea ting-system* est l'extrême modicité des salaires. Est-ce une raison pour s'en aller criant au *sweating,* lorsque l'apparence nous présentera quelque faible rémunération du travail? Avant de rien affirmer, il importe de voir les conditions dans lesquelles sont versés les salaires qui semblent insuffisants. Qu'on nous permette un exemple à cet égard. Beaucoup de proprétaires fonciers emploient, durant l'hiver, de pauvres gens, âgés ou sans travail, à balayer les feuilles mortes qui jonchent les allées de leurs parcs. Ils leur donnent une somme qui va de 0,75 cent. à 1 fr. ou 1 fr. 20. Si l'on s'en tenait à ces seuls chiffres, on pourrait trouver qu'ils sont le signe d'abus évidents. Mais qu'on y songe. En donnant ces salaires infimes, le propriétaire fait avant tout, c'est son intention, œuvre de charité. Il fait une aumône, si l'on veut, mais en la déguisant derrière un travail facile, qui flatte l'esprit volontiers ombrageux de celui qui reçoit. Certains industriels occupent encore, fréquemment, de pauvres femmes pour un prix qui semble dérisoire apparemment. Mais l'examen des conditions dans lesquelles le travail est accordé et le salaire payé suffit à faire écarter toute idée d'abus, et surtout d'abus organisé, si l'on peut dire. On y voit plutôt présider un principe de philanthropie. Quand les fabricants occupent des femmes âgées ou en couches à ourler des mouchoirs ou des serviettes fines, ils ne leur donnent pas un prix bien élevé, mais leur but le plus général — il peut y avoir des exceptions — et, en tous cas, l'effet obtenu, est de secourir des personnes qui ne trouveraient aucun emploi, et pour qui la somme de 0,75 centimes par jour est un appoint précieux.

Quoi qu'il en soit, faut-il admettre avec M. Sayous que les faits de *sweating-system* se rapportent tous à la résistance de l'industrie en chambre contre la grande industrie ? Nous le disions tout à l'heure, le *sweating-system* suppose plutôt le lien solide, quoique tendu, entre la petite et la grande industrie. Il repose sur leur coexistence. On trouve à sa base, en effet, cette forme bâtarde industrielle que le créateur des monographies de famille, Frédéric Le Play, désignait du nom de *fabrique collective*. « C'est, dit « l'auteur de la *Réforme sociale*, le régime sous « lequel le patron centralise le commerce des pro- « duits fabriqués au foyer domestique ou au petit « atelier des ouvriers (1). » C'est donc le groupe- ment des petits ateliers de production autour d'un grand fabricant.

L'expression a passé dans le langage courant. Les Allemands nous l'ont empruntée pour la baptiser « Hausindustrie », et M. Eugen Schwiedland (2) a publié, dans la *Revue d'économie politique* de no- vembre 1893, un article remarquable sur la ques- tion, dans lequel il caractérise ce qu'il faut entendre par fabrique collective. « Nous voyons occupés pour « le magasin, dit M. Schwiedland, d'une part les

(1) *Ouvriers des deux mondes*, 1re série, t. I, p. 451.

(2) Eugen Schwiedland. Essai sur la fabrique collective. *Revue d'Econ. pol.*, tome VII, p. 877.

« maîtres qui travaillent encore dans leur propre
« atelier avec leurs ouvriers (patrons asservis), et
« d'autres ouvriers qui travaillent à domicile, isolés
« ou réunis dans un local qui est en même temps le
« logement au moins de l'ouvrier principal (façon-
« niers en chambre); tous livrent leurs produits aux
« fabricants, aux agents commerciaux ou aux maga-
« sins. Lorsque le façonnier en trouve d'autres qui
« lui livrent le travail dont il s'est chargé, à de
« moins bonnes conditions encore que les siennes,
« nous avons le système que les Anglais ont appelé
« *sweating*, soit sudorifère. » Ainsi, sous le régime
de la fabrique collective, la production ne s'effectue
pas dans le local de l'entrepositaire, mais bien dans
celui du principal ouvrier ou de l'ouvrier en chambre.
M. Sayous a raison de le dire, le grand magasin
anéantit l'artisan indépendant d'autrefois. Il en fait
son serf, si l'on peut ainsi parler, mais sans désirer
sa disparition. Tout l'avantage du patron ou du
magasin est, en effet, de se contenter du travail fait
à bon marché par des gens qu'ils n'ont pas à loger
ni à surveiller. Leur intérêt est évident. C'est un
capital moindre qu'il leur faut. Qu'on ne s'étonne
donc pas de voir recherchée cette forme de travail.
Si on ne la rencontre pas dans l'industrie de la
houille, du fer ou de l'acier, c'est parce que les conditions de la production ne sont plus les mêmes. Au
contraire, dans la lingerie, l'industrie du vêtement
ou du cigare, l'ébénisterie, nous trouvons la fabrique
collective. En haut, le grand magasin, au-dessous

les petits ateliers. C'est à la fois un mélange de grande et de petite industrie. Ce n'est pas la grande industrie, parce que le tailleur, la lingère ou l'ébéniste travaillent chez eux sans éveiller l'idée d'usines agglomérées. Ce n'est pas pourtant la petite industrie, car le tailleur, la lingère ou l'ébéniste, patrons si l'on veut, sont néanmoins des ouvriers dépendant d'un patron plus important (1).

Ajoutons encore que la *fabrique collective* fait souvent apparaître des entrepreneurs (appiéceurs ou *sweaters*). Ces intermédiaires entre l'ouvrier et le patron sont un des rouages de son mécanisme, sans être un rouage essentiel.

Or, et c'est là que nous voulons en venir, les faits de *sweating system* se rattachent à la fabrique collective. Elle seule constitue le mode d'organisation industrielle nécessaire à leur existence.

C'est parce qu'il en est ainsi que l'industrie du vêtement présente, à vrai dire, le plus grand champ d'application du mal que nous étudions. Si nous en croyons le rapporteur à l'enquête du Comité de

______

(1) Si l'on va au fond des choses, la fabrique collective n'est, en réalité, que l'une des formes de la moderne organisation du travail, celle qui résulte de la transformation commerciale, et dont le danger ne laisse pas de menacer tous les métiers de la petite industrie. La grande entreprise commerciale d'aujourd'hui a pour principal caractère de laisser le travail effectué à domicile, mais d'en concentrer la direction, de le subordonner à un gouvernement capitaliste, de lui distribuer les commandes et de séparer le producteur du consommateur. V. Brants, *la Petite Industrie contemporaine*, p. 73.

Manufactures de Washington, M. Warner, « ce qu'on nomme le *sweating-system* doit être confiné en pratique dans l'industrie du vêtement. » Et cette conclusion résulterait des diverses considérations suivantes : D'abord, l'industrie du vêtement renferme, avec le plus d'abondance, les éléments constitutifs du *sweating-system*. Et puis, « la condition « des employés dans les branches « sweating » de « l'industrie du vêtement est bien plus digne d'in- « térêt que dans aucune autre industrie, même « atteinte de sweating. » Enfin, dans l'industrie du vêtement, le *sweating-system* mérite d'attirer plus spécialement l'attention par les dangers qu'il cause au bien-être public, et la facilité qu'il laisse à une action effective plus que dans aucun autre métier « sweated ». Telles sont les raisons que donnait M. Warner à la Chambre des Représentants de Washington et dont il faut apprécier la valeur, car elles sont le résultat d'un véritable voyage d'exploration sociale à travers les États-Unis.

Est-ce à dire qu'il faille ainsi localiser le *sweating-system ?* Nous ne le pensons pas, Il n'est, en réalité, que l'ensemble des mauvaises conditions de travail faites aux ouvriers à domicile, dans les industries dominées par la fabrique collective.

Telle est, à peu près, la définition que donnait un Américain, John Lennon (1); elle concorde, on le voit, avec les intéressantes remarques de M. Schwied-

(1) V. en ce sens, John-A. Hobson, *Problems of poverty,* chap. .IV

land. Est-elle irréprochable? Non, car le *sweating-system* est trop complexe pour entrer dans le moule d'une définition claire autant que précise. Nous verrons, de plus, qu'il a besoin, pour éclore, d'un certain milieu dont on ne saurait le séparer. Comme nous le disions au début de ce chapitre, il est relativement plus facile d'expliquer les éléments constitutifs du *sweating-system* que de le faire tenir en une formule étroite. L'analyse, nous l'espérons, fera voir, mieux que toute définition, qu'elle est, au juste, l'étendue, la portée de ce mal curieux.

CHAPITRE II

LES ORIGINES DU « SWEATING-SYSTEM »

Quand on étudie l'histoire ou la littérature, la
vérité force toujours à reconnaître que l'événement
politique le plus subit en apparence ou l'œuvre littéraire la plus nouvelle, la plus originale, se rattachent d'une façon certaine, plus ou moins facile à
saisir, aux événements ou aux œuvres antérieurs.
Cette constatation, que la sincérité nous oblige à faire,
coûte un peu, j'en conviens, à notre amour-propre
en diminuant l'importance exagérée que nous nous
plaisions à attribuer au fait politique ou littéraire
qui nous était cher. Mais, n'est-ce pas le secret de
notre impuissance que cette tendance de notre esprit
à considérer les hommes et les choses qui passent
comme des morceaux d'éternité ?

La vérité de cette remarque ne s'affirme pas,
croyons-nous, avec moins de force, en ce qui concerne les phénomènes économiques. Bien rares sont
ceux qui ont surgi brusquement, sans avoir subi une

assez lente préparation, et, certes, le *sweating-system* n'aurait aucun sens, s'il fallait l'isoler de tous les faits qui lui ont servi d'échafaudage. Il a pour base un certain nombre de phénomènes économiques sur lesquels il s'est appuyé avant de surgir en pleine lumière.

Depuis une quinzaine d'années seulement, l'attention s'est portée de son côté. Ce n'est guère qu'à dater de 1888 que les enquêtes ont eu lieu à son sujet en Angleterre, aux États-Unis ou en Australie. Ce serait cependant une erreur de le considérer en chose absolument neuve : « Traiter le *sweating-« system* de nouvelle province, écrit M. Sayous (1), « il y a là, non simple inexactitude, mais erreur grave et flagrante. »

Deux causes ont assuré son développement. Ce furent de nouvelles conditions de travail intimement jointes au goût croissant du public pour le luxe d'imitation. On peut assurément lui découvrir d'autres racines. Il n'en est pas de plus fortes ni de plus lointaines.

En disant que de nouvelles conditions de travail ont préparé le *sweating-system*, nous entendons, par là, moins le passage de la petite à la grande industrie, que l'avènement de l'individualisme et la destruction des barrières destinées à le contenir.

A côté de nombreux inconvénients et sans parler des abus qui s'étaient glissés dans leur institution

____

(1) Sayous. *Op. cit.*

Aux derniers siècles de l'ancien régime, les corporations de métiers avaient l'avantage d'empêcher l'avilissement des salaires. Chaque métier avait, on le sait, ses statuts particuliers, fort explicites, établissant, avec toutes sortes de minuties, la spécialité dans laquelle il devait se confiner (1). Ces règles, qui nous font sourire aujourd'hui, et dont on peut déplorer, à bon droit, l'étroitesse, assuraient, du moins, la bonne qualité des produits. On travaillait patiemment à soigner des articles de bonne matière.

L'obligation de la perfection du travail était, d'ailleurs, un principe sanctionné rigoureusement. Le fabricant devait, avant tout, « faire loyal et bon », et, par suite, « la lutte entre fabricants ne put s'en- « gager que sur ce terrain du faire mieux et plus « loyal, tandis qu'aujourd'hui elle reste enfermée

(1) L'art. 25 des statuts et privilèges accordés par Charles IX, (1566) aux maîtres pâtissiers oublayez de Paris leur défend de vendre « aucunes brioches, ni pain d'épice. » L'art. 26 fait défense « à tous cuisiniez et autres personnes d'entreprendre « aucunes noces, banquets, ni en icelles fournir pâtisseries, « volailles, viandes ou gibiers, ni faire contre ni au préjudice « des états des pâtissiers, rôtisseurs et poulailliers, ni regratter « en aucune sorte et manière que ce soit, sur peine d'amende « arbitraire et de tous dépens dommages et intérests. »

En 1719, le Parlement de Dijon mit cette réserve à l'homologation des statuts des maîtres menuisiers, « que lesdits maîtres menuisiers ne pourront faire aucuns ouvrages de sculpture, tous en croux (sic) relief, bas-relief, figures et représentations, ni tenir en leurs maisons et employer aucuns compagnons sculpteurs. »

Voir sur ces points. H. Blanc, *les Corporations de métiers.* Levasseur, op. cit. E. Martin Saint-Léon. *Histoire des corporations de métiers.*

« dans ces mots sinistres, source des souffrances et
« de la décadence morale des travailleurs : produire
« à meilleur marché (1). » L'étroitesse de la production favorisait la bonne confection. L'artisan travaillait sur commande, pour des clients connus de lui,
qu'il voulait satisfaire. Il s'efforçait, dès lors, de faire
quelque chose de soigné. Et puis, s'il n'avait pas
toutes les aspirations de l'ouvrier moderne, il pos-
sédait, en revanche, de solides certitudes morales
et religieuses. Sa foi naïve, son espoir en une vie
future, l'idée que Dieu surveille nos moindres actes
et qu'il saura nous punir et nous récompenser selon
leur valeur, l'épouvante de l'au-delà dont a fris-
sonné l'ancienne société, toutes ces croyances main-
tenaient l'artisan dans la crainte de tromper ses
clients.

Quoi qu'on puisse penser de ces avantages, il est
indéniable que les corporations — au moins dans la

(1) Les statuts de métiers contenaient tous l'obligation de la
perfection du travail. C'est ainsi que les maîtres menuisiers de
Dijon (Statuts et règlements de 1718, art. 4) ne devaient se
servir « d'aucun bois piqué, rouge, pouilleux, nœuds perçants,
aubier ni bois blanc. » Les cordonniers de Lyon (statuts de
1489, art. 1 et 3) ne devaient pas « vendre souliers de peau
pour vache, ni mouton pour cordouan, ni mettre cuir de veau
avec vache, ni mouton avec cordouan, sous peine d'amende. »
L'obligation pour les maîtres de faire des travaux achevés se
conçoit parfaitement, si l'on se rappelle que les corporations
étaient avant tout des sociétés de petits patrons, ayant pour
but d'assurer une clientèle locale à un certain nombre d'artisans à capacité vérifiée. L'absence à peu près complète de concurrence exigeait tout naturellement des garanties de savoir
professionnel.

première partie de leur histoire — protégeaient l'ouvrier. Sans doute, le nombre des compagnons n'était
pas aussi étroitement limité que celui des apprentis,
mais le maître ne devait jamais en prendre plus
qu'il n'en avait besoin. Comme ces vieux serviteurs
qui passaient de longues années dans la même
famille, s'associaient à toutes ses joies et à toutes
ses peines, les compagnons connaissaient le maître.
Ils vivaient et travaillaient avec lui, dans la certitude de gagner un salaire moyen : car les patrons,
n'ayant pas à craindre les concurrents de leur
ville (1), et se trouvant investis, en fait, d'un monopole, n'avaient pas non plus à redouter d'être obligés de baisser leur prix devant une concurrence sérieuse.

Quand le salaire était peu élevé, car la vie ouvrière de l'ancien régime n'était pas une idylle,
l'ouvrier n'avait point de colère. Il montrait peu
d'exigences, ayant lui-même, au moins pendant la
belle époque des corporations, l'espoir de devenir,

(1) Il faut cependant tenir compte de la concurrence qui leur
était faite par les foires, où les artisans de tout pays se trouvaient rassemblés, pendant un certain nombre de jours, et aussi
de la situation des *lieux privilégiés*, c'est-à-dire des endroits
qui, bien que situés dans les villes jurées, n'étaient pas soumis
à la surveillance des maîtrises. Paris comptait beaucoup de lieux
privilégiés, notamment au faubourg Saint-Antoine et au quartier Bonne Nouvelle, et les maîtres s'en plaignirent souvent. Le
travail y était inférieur à celui des corporations : mais comme
il était à meilleur marché, les acheteurs préféraient aller à lui
plutôt que de se rendre en pays de jurande. De cette façon la
concurrence se développait avec une certaine étendue.

un jour, patron (1). Cette identité d'intérêts entre le patron et l'ouvrier était, au dire de M. Paul de Rousiers (2), l'un des traits les plus frappants du régime ancien du travail en petits ateliers. Elle tenait, nous dit-il, à ce que le compagnon pouvait espérer devenir maître, un jour. Cette ambition légitime lui permettait de traverser les crises et les moments pénibles. Aujourd'hui, ce rêve est presque irréalisable, avec le système de la concentration en grandes usines.

Lorsque le principe de la liberté du travail eût remporté la victoire, l'ouvrier pût se mouvoir à sa guise. Il n'eut plus à fournir aucune étape difficile avant de devenir maître, et, du coup, l'essor de la concurrence se trouva facilité, la porte fut ouverte toute grande au progrès. Mais aussi l'ouvrier se trouva seul, irrémédiablement seul, moins par suite de l'existence du travail libre que par l'exagération qui en fut faite, comme il arrive souvent au début des institutions les meilleures La haine du passé emportait les organisateurs du régime moderne à des excès regrettables. La doctrine politique et sociale du xix° siècle, en ne mettant en présence que des individus isolés, en ne permettant pas à l'ouvrier de s'entendre avec d'autres pour soutenir ses droits, en lui interdisant toute délibération sur les condi-

---

(1) Plus tard, il sut se défendre en opposant le compagnon-nage aux corporations devenues détestables.

(2) P. de Rousiers, *Le Trade-Unionisme en Angleterre*, chap. I et II, p. 7 à 43.

tions de sa profession, rendait, par là même, très difficile l'augmentation du salaire (1).

Comme, en même temps, l'industrie se transformait, et que, de tous côtés, sous l'empire des inventions, les usines vastes, mais relativement peu nombreuses, succédaient aux petits ateliers, les ouvriers perdaient l'espoir d'accéder au patronat. Réunis par centaines dans une fabrique, ils n'avaient plus, comme autrefois, la même communauté d'intérêts que le patron. Forcément, ils tinrent à faire valoir leurs droits auprès d'individus qu'ils ne connaissaient pas, près desquels ils passaient et repassaient sans cesse, et ce besoin se manifesta progressivement, et dans tous les pays, par les coalitions, les grèves, et, plus tard, les associations syndicales, connues en Angleterre sous le nom de *Trade-Unions.*

Mais si les industries tendaient à la centralisation, une foule de métiers restaient néanmoins soumis au régime ancien du petit atelier. Dans ceux-là l'ouvrier se trouvait directement en face du patron ou de son représentant. Mais l'effet n'était plus le même qu'autrefois. Dans ces métiers à petit atelier, l'ouvrier se trouva très vite plus isolé qu'il ne l'eût été en travaillant en usine. C'est qu'en effet, dans les métiers où le patron traitait lui-même avec ses ouvriers, ceux-ci ne trouvaient pas de soutien pour

(1) L'Angleterre avait senti le danger de l'individualisme puisque par l'*act* de 1824, elle détruisait toutes les barrières qui s'opposaient au droit d'association.

appuyer leurs réclamations légitimes. Les essais de réorganisation, qui s'étaient produits dans la première partie du xix° siècle, ne portaient pas sur les petits groupes de travail, réduits à quelques personnes. Or, nous le verrons, les métiers qui souffrent du *sweating-system* (ébénisterie, industrie du vêtement, lingerie) n'en souffrent que parce que ce sont des métiers où le patron traite avec des ouvriers isolés. N'étant pas groupés, n'ayant aucune cohésion, ces travailleurs furent souvent réduits à offrir leur bras à de très mauvaises conditions.

A cette idée, est venue s'en joindre une autre, d'apparence insignifiante, mais d'un effet désastreux : celle du besoin croissant des consommateurs pour les objets de « camelote ». De même qu'on a pu dire qu'un paysage était un état d'âme, de même on peut avancer que les objets de la toilette ou de l'ameublement s'imprègnent non seulement de notre personnalité, mais encore de l'âme du temps dans lequel nous vivons. Les idées philosophiques, les mœurs nouvelles qui généralement en sont la suite, façonnent de nouvelles dispositions d'esprit. Au xix° siècle, le développement incessant des idées égalitaires conduit la foule à combler les fossés qui séparent chaque classe. Le bourgeois veut ressembler au seigneur, l'ouvrier au bourgeois. C'est le règne de l'imitation, car la Révolution, qui s'est opérée dans tous les pays, n'a pas été seulement politique, mais encore, et plus peut-être, morale et sociale. Par une action profonde sur les mœurs, elle a démoli partout le particularisme étroit du passé. Elle a nivelé les préjugés, sauf à en faire naître d'autre sorte, a sapé toute idée de différenciation entre individus, et, chose qui nous intéresse plus spécialement ici, ce phénomène a marqué son empreinte la plus solide sur diverses industries, où devait précisément se révéler plus tard le *sweating-system*. Le luxe se démocratisant, on a voulu avoir, au moins d'une façon grossière, les mêmes habits et les mêmes meubles que son voisin plus riche. Pour permettre et faciliter ce désir, les prix de vente devaient s'abaisser; mais comme un objet d'un certain fini, d'une exécution artistique soignée, ne pourra jamais descendre au-dessous d'une limite infranchissable aux petites bourses, il fallait, de toute nécessité, pour répondre au goût du public, faire des meubles à bon marché, ayant l'apparence des meubles riches, mais n'en ayant ni la solidité ni le cachet artistique. Il fallait trouver le moyen de donner à tous des vêtements de même apparence, afin qu'on ne distinguât plus le commis épicier endimanché du plus grand propriétaire, ou la femme d'un modeste employé de la marquise la plus authentique et la mieux « rentée ». Pour vendre, le magasin dut réduire les bénéfices du petit patron, qui travaillait pour lui, et les réduire sans cesse. Tous les objets de basse qualité, en ébénisterie, en lingerie ou en vêtements ont été et demeurent, avant tout, le domaine du *sweating-system* (1).

(1) V. chapitre III.

Si le public n'avait pas, du haut en bas de l'échelle sociale, ce goût déplorable pour les « caricatures de la magnificence », nous n'aurions pas à faire l'étude que nous avons entreprise.

Cet engouement facilitait la création de grandes maisons de vente d'objets de toutes sortes, où le client peut, en quelques instants, faire des commandes, qui, jadis, eussent exigé de longs déplacements. Au XIXe siècle, la vie à la vapeur, l'affairement, la hâte, qui caractérisent le nouvel état d'esprit, appelaient la centralisation, dans un établissement, des meubles courants, d'une banalité prévue : car, pour les meubles de luxe, le principe de la commande directe au fabricant devait survivre (1). Le goût du faux luxe exigeait une fabrication de faux luxe, de nouveaux procédés de fabrication à bon marché, et la réunion des objets ainsi faits, chez un marchand. Une fois la part faite de ceux qui « ont encore cette dignité de ne pas « supporter l'idée d'un ameublement taillé sur un « patron banal..., la classe moyenne... rêve un inté- « rieur à la fois luxueux et bon marché... Et surtout, « quand ce désir la saisit, elle veut le satisfaire en « un jour ; elle veut voir la chambre parée devant

(1) Il est juste de le dire, cependant : les ouvriers proprement dits n'ont pas abandonné l'usage de la commande directement faite au petit patron ébéniste. Ce que nous disons du magasin de vente ne s'applique bien qu'aux classes moyennes (employés, petits fonctionnaires, etc.). Mais, dans tous ces cas, le meuble est taillé sur le même modèle.

« elle avec cet art d'exposition où certaines mai-
« sons excellent (1). »

Cette mode est générale. Ce que nous venons de
dire du meuble, trouverait autant d'application
dans n'importe quel autre objet d'usage courant.
La commande directe au fabricant se trouve délaissée
non seulement dans les villes, mais encore dans les
bourgs de nos campagnes. En Belgique, dit M. V.
Brants (2), « les ruraux se mettent aussi à faire
« leurs provisions dans les magasins de la petite
« ville voisine... Du haut en bas de l'échelle des
« clientèles, il y a un goût croissant pour la fourni-
« ture en magasin, de préférence à la commande. »

Pour répondre à ces désirs du consommateur, il
fallait bien, comme le dit M. du Maroussem, qu'à
côté des petits ateliers de haut luxe, fabricant directement sur commande, des ateliers se créâssent pour
ne plus faire chacun qu'un genre de meuble ordinaire, de qualité inférieure, sous des dehors artistiques. Le « camelotage » exigeait la spécialisation du
travail. C'était un moyen certain d'arriver à fabriquer à bas prix. Mais ce fut aussi la cause de la sou-
mission des petits fabricants vis-à-vis des magasins
dont ils devenaient à peu près les seuls fournisseurs.

La même spécialisation fut de règle dans l'industrie du vêtement confectionné où règne, comme
on sait, le *sweating-system*. Mais qu'on ne s'y

____

(1) Du Maroussem. — La question ouvrière, tome II, *les
Ébénistes du faubourg Saint-Antoine*, p. 45.
(2). V. *Réforme sociale*, 1er mars 1902.

trompe pas. Ce n'est point absolument à cause de la basse qualité de leurs produits que certaines industries sont atteintes de *sweating-system*. C'est parce que, à fabriquer les objets d'une banalité courante et prévue, une foule d'ouvriers *unskilled* viennent apporter leur concours et se résigner, dans leur isolement, à l'acceptation des conditions offertes.

Cependant, il est juste de le dire, tous ces inconvénients pourraient disparaître, si le consommateur ne venait les maintenir par son ignorance ou son insouciance de la situation faite aux ouvriers « sweated ». Il ne s'imagine pas la pression qu'il exerce sur le salaire des travailleurs, en recherchant, quand même et toujours, un excessif bon marché (1). Ce n'est pas tout, en effet, de considérer à quel usage matériel, intellectuel ou moral nos achats peuvent servir. Il faut encore envisager, suivant la pensée de Ruskin (2), la condition d'existence faite aux producteurs des objets achetés. Malheureusement, est-il besoin de le dire, nous ne faisons guère, en notre esprit naturellement égoïste, de semblable considération. « La femme qui achète, dit Mme Henriette Jean « Brunhes (3), ne sait pas la puissance qu'elle a en « tant que « consommateur » sur le monde du com- « merce et sur le monde du travail. Elle ne songe

(1) V. sur ce point : Emmanuel Rivière, *l'Influence du consommateur sur le salaire.*

(2) Cf. J. Ruskin, *Unto this last.*

(3) H.-J. Brunhes, *les Ligues de consommateurs.* **L'Association cathol.**, 15 nov. 1901, p. 385-386.

« pas à augmenter par ses achats le bien-être de
« ceux qui fabriquent et de ceux qui vendent...
« En règle générale, la femme achète au meilleur
« marché. »

On se félicite souvent, comme d'une bonne action,
d'avoir acheté des objets à des prix dérisoires. Bien
des femmes, et du meilleur monde, sont à l'affût
des « soldes » (1) mises en vente, à des dates fréquentes, par tous les magasins, et plus d'une riche
élégante se flattera, dans un salon, d'avoir « profité
d'une occasion exceptionnelle ». Hélas! que d'étour-
derie et que d'ignorance se cachent souvent dans
les âmes les plus loyales et les plus généreuses! Ce
sont les mêmes personnes qui donneront un louis
à une quête, qui font le succès de tel magasin
où l'on vend « pour rien ». Et pourtant la vraie
« charité », la plus belle, n'est pas celle qui se
montre, certains jours, en toilette tapageuse,
derrière un comptoir de vente, et se désintéresse
ensuite du sort des travailleurs. Assurément, si
beaucoup d'œuvres de bienfaisance sont un prétexte
aux petits commérages et au flirt, il en est beaucoup
d' « intelligemment conçues et qui seront toujours
indispensables, mais nous croyons que la femme
riche a le devoir et le pouvoir de faire d'abord bien
davantage, qu'elle doit travailler à diminuer la
souffrance des ouvrières, non pas durant trois jours
par an, mais tous les jours, non par un acte extraor-

(1) Ces prétendues soldes sont souvent des articles neufs à
peine terminés.

dinaire, mais par les actes ordinaires et répétés de sa vie quotidienne. (1)

C'est pour ne pas comprendre cette responsabilité de chaque jour, que la femme — nous pouvons en dire autant de l'homme — exerce, sciemment ou non, une véritable pression sur le vendeur des produits fabriqués par les ouvriers « sweated ». En courant, pour ainsi dire, après les objets « bon marché », les clientes des grands couturiers aussi bien que celles des magasins de confection favorisent étrangement l'abaissement des salaires. Cette femme, qui achète un costume au rabais, « ne se demande jamais si, pour confectionner ces robes, ces manteaux ou autres articles achetés à des prix dérisoires, l'ouvrière n'a pas été réduite au salaire de famine » ; cette riche élégante « ne se demande jamais si, pour confectionner ces robes, ces manteaux ou autres articles achetés à des prix exorbitants, l'ouvrière a reçu un juste salaire ».(2) « La rage des acheteurs à acheter au meilleur marché, dit Mᵐᵉ Lowell, est la force terrible qui broie la vie de l'ouvrier, et il est étrange que des hommes et des femmes, qui reculeraient d'horreur à la pensée d'acheter des marchandises volées, se félicitent d'avoir pu se procurer des articles à très bon marché ; et n'est-ce pas en volant des heures de travail à d'autres hommes, à des femmes et même à des en-

(1) H.-J. Brunhes, *op. cit.*, p. 387.
(2) Mᵐᵉ H.-J. Brunhes, *op. cit.*, p. 386.

fants qu'on arrive à vendre ces articles à très bon
marché ! » (1)

On s'expliquera facilement les résultats auxquels
ces diverses raisons peuvent conduire, si l'on songe
au nombre excessif d'ouvriers venant offrir leurs
bras, dans les industries soumises au *sweating-system* (2). La fécondité des classes pauvres est telle,
qu'il en résulte une véritable surpopulation. Celui
qui ne possède rien procrée sans prévoyance. Montesquieu le disait : « les gens qui n'ont absolument
rien... ont beaucoup d'enfants. C'est qu'ils sont dans
le cas des peuples naissants : il n'en coûte rien au
père pour donner son art à ses enfants, qui même
sont, en naissant, des instruments de cet art (3). »
Il est vrai que le besoin d'imitation (4) a toujours
régi les diverses classes des sociétés et que le régime démocratique favorise, plus qu'aucun autre,
l'ascension sociale, en proclamant la précellence de
l'individu, sa supériorité sur le groupe familial, en
élevant à la hauteur d'un dogme le principe de l'instruction égale pour tous, et, partant, en ne donnant foi que dans la vie orgueilleuse des idées in-
dépendantes de toute tradition. Mais si l'égalité des
désirs est ainsi reconnue, l'inégalité des forces n'en
subsiste pas moins, on pourrait même dire avec

(1) Mrs Russell Lowell, *The Consumers' Leagues*, p. 1, cité par
Mme H.-J. Brunhes, *op. cit.*, p. 399.
(2) V. chap. IV.
(3) Montesquieu.: *Esprit des lois*, livre XXIII, chap. XI.
(4) V. Tarde, *les Lois de l'Imitation*.

plus de vigueur. Les individus, ayant le droit de s'élever mais n'en ayant souvent pas les moyens, cherchent à faire disparaître tous les obstacles matériels à cette élévation : ils limitent le nombre de leurs enfants (1). Cependant, comme le dit justement M. Nitti (2), « l'intensité de cette force ascensionnelle et par conséquent le nombre plus ou moins grand de sacrifices que l'on est porté à faire pour s'élever, se proportionne non au désir, mais à la possibilité de s'élever. » Par conséquent les ouvriers qui ne possèdent rien ne seront pas arrêtés dans leur prolifération par tous les désirs des classes riches, et, cette fois, du moins, la réalité donne raison aux théories les plus subtiles. On connaît assez la surabondante fécondité des pauvres (3). Qu'elle ait de meurtrières conséquences, nul ne songe à le nier. Elle fait la joie des capitalistes, en leur permettant d'avoir des travailleurs à bas prix, mais cause la misère de bien des petits ménages. Si tant d'ouvriers sont réduits à travailler au rabais, cela tient, en grande partie, au nombre immense de

(1) Arsène Dumont a donné le nom de capillarité sociale à cet effort des individus pour s'élever au-dessus de leur milieu et à la baisse de natalité qui en résulte. V° son livre *Dépopulation et Civilisation*.

(2) Nitti, *op. cit.*, p. 199.

(3) V. Cheysson, *Journal de la Société de statistique*, 1883. A. Dumont, *op. cit.* J. Bertillon, *le Problème de la dépopulation*. Guyau, *l'Irréligion de l'Avenir*. Ch. Richet, *Revue des Deux-Mondes*, 1er juin 1882. Levasseur, *la Popul tion française*, t. III. Nitti, *op. cit.*, livre second. Turquan, *Population et Dépopulation*.

ceux qui s'offrent. Il suffisait d'indiquer la question pour en faire deviner toute l'importance.

Telles sont, à notre avis, les grandes causes, d'ordre général, qui ont présidé à l'avénement du *sweating-system*. Elles ont servi de base, pourrait-on dire, à d'autres faits plus particuliers, dont l'ensemble détermine et fait pénétrer le sens d'une expression intraduisible.

Pour mettre plus de clarté dans une matière assez obscure, nous rechercherons, à propos de l'industrie du vêtement, quels phénomènes ont pu développer les germes du *sweating-system*. On verra, du même coup, par quelle série de procédés, dépendant les uns des autres, les fabricants sont parvenus à obtenir l'ouvrage à un bon marché excessif.

Ce fut d'abord la transformation du travail à la semaine en travail aux pièces. Loin de nous la pensée d'incriminer une institution aussi raisonnable. Le travail aux pièces est le seul qui, lorsqu'il est praticable, proportionne exactement la rémunération de l'ouvrier à l'ouvrage effectué. C'est donc un mode distributif de richesses très juste. Son avantage est incontestable pour le travailleur, qu'il laisse indépendant et auquel il permet de gagner beaucoup en travaillant longtemps. Ce dernier avantage n'en paraît pas un. Beaucoup y voient un paradoxe. Les revendications des ouvriers ne sont-elles pas l'affirmation la plus naturelle de leur dégoût des labeurs prolongés? Il n'en est rien, en réalité. S'ils demandent peu de travail pour un salaire élevé, c'est dans l'espoir de faire des heures supplémentaires, qui leur seront plus payées que les heures normales, généralement à double tarif.

Le genre d'ouvrage, où devait s'infiltrer le *sweating-system*, facilitait l'usage du travail aux pièces, en même temps qu'il encourageait la fabrication en chambre pour le compte d'un magasin. Du travail aux pièces au travail à domicile il n'y avait, en effet, qu'un pas. Ce pas fut franchi, nous le verrons tout à l'heure.

Presque au moment où s'opérait cette transformation, que beaucoup d'ouvriers ont regardée comme une calamité (1), l'usage de la machine à coudre venait faire une révolution dans toutes les industries rattachées à la couture. En facilitant la fabrication, en supprimant, dans une grande quantité de travaux, la personnalité de l'ouvrière, la machine à coudre permettait, d'autre part, de faire l'ouvrage bien plus vite qu'à la main. Le bon marché des produits se trouvait ainsi encouragé, dans l'intérêt du consommateur. Mais toute médaille a son revers. En rendant plus aisé l'apprentissage du métier, la machine à coudre nivelait, il faut le reconnaître, toutes les capacités et classait les ouvrières de l'aiguille sur le même rang. La catégorie des « unskilled » se trouvait accrue, c'est-à-dire des travailleurs dont le métier s'apprend aisément, et qui, par là-

____

(1) Les ouvriers reprochent au travail aux pièces de ne favoriser que les bons ouvriers, et d'être désavantageux aux ouvriers médiocres.

même, ne peuvent exiger un salaire aussi élevé que
ceux dont l'initiation, quelle qu'elle soit, a été longue
et onéreuse. De l'aveu des juges les plus compé-
tents en la matière, la machine à coudre a déterminé une transformation radicale dans les industries de la couture (1). Elle aurait causé, assure-t-on,
une réduction des salaires. M. Levasseur fait
remarquer, à ce sujet, dans son bel ouvrage sur
l'Ouvrier américain (2), qu'avant l'invention de la
machine à couper, c'est-à-dire en 1869, les tailleurs
américains gagnaient 30 dollars (150 fr.) par semaine.
Quelques années après, en 1883, ils ne gagnaient
plus hebdomadairement que 15 dollars (75 fr.) (3).

Mais l'effet le plus important de la machine à
coudre et l'un des plus curieux, celui qui domine le
sweating-system, a porté sur la fabrication des
vêtements tout faits à l'avance. Ce qu'on appelle la
confection n'existait pas autrefois. L'étoffe, destinée
à l'habillement, était achetée à une foire et donnée
à un ouvrier, chef d'atelier, qui s'installait à la
maison ou à la ferme et recevait un salaire à la
journée. Cette combinaison usitée dans les campagnes
a disparu graduellement dans les villes et tend
même à disparaître dans le monde des paysans.
Encore une tradition qui s'en va. Les couturières
n'iront bientôt plus travailler de village en village.

(1) V. *Labor and Capital*, I, p. 748.
(2) Levasseur, *l'Ouvrier américain*, tome I, p. 359.
(3) D'autres causes expliquent encore cet abaissement des
salaires aux Etats-Unis. V. chapitre IV, 1re partie.

Elles feront chez elles les vêtements qui leur seront commandés.

A côté de ce tailleur, qu'on peut appeler tailleur à façon, on vit apparaître, au commencement du xixe siècle, les maîtres tailleurs, cumulant le commerce et l'industrie. Dès ce temps, on trouvait déjà cependant de simples marchands d'habits. Pour nous borner à Paris, ce type devenu légendaire du marchand d'habits, dont les cris troublent encore aujourd'hui les rues paisibles de la rive gauche de la Seine, se rencontrait dans la vente des vieux vêtements. C'est là, chez l'ancêtre du moderne « chand d'habits », qu'il faut chercher le premier stade du négoce des vêtements confectionnés et du *sweating-system* qui s'y rattache. « Tandis que, originaire_ « ment, dit M. Schwiedland, les grands tailleurs « revendaient les vêtements qui, leur ayant été « laissés en compte, s'entassaient chez eux, à des « marchands spéciaux et alimentaient la vente des « fripiers, les colporteurs s'emparent, vers 1825, de « ces articles et vont essayer de les placer dans les « provinces. » Le *Temple* était, à Paris, le centre de ces groupes commerciaux.

Le dernier mot n'était pourtant pas dit. Il fallait créer vis-à-vis du magasin de défroques le magasin d'habits neufs faits à l'avance. La confection ne devait pas se limiter aux vêtements de gueuserie. Un mercier, M. Parissot, qui tenait, dans la Cité, une boutique, à l'enseigne de la Belle-Jardinière, s'imagina, en 1826, de reprendre la tentative des fripiers de l'ancien régime, qui, sous le règne de Louis XVI, avaient eu « l'insolence de tenir des habits neufs tout faits. » Il ne vendit d'abord que le vêtement d'ouvrier, puis la veste de gala du prolétaire, et le succès vint si bien couronner l'entreprise que la classe moyenne se précipita vers ce magasin nouveau genre pour s'y approvisionner elle-même. L'essor fut si vif que le petit magasin de Parissot, qui n'occupait, au début, qu'un espace de 12 mètres carrés, put s'annexer, en 1866, 25 maisons voisines et s'installer rue du Pont-Neuf avec tout le luxe possible.

La *Belle-Jardinière* eut, chez nous, des imitateurs. Ce furent le Bon-Marché, le Louvre, le Printemps, etc. (1). Tous ces magasins commencèrent par la confection bon marché, et durent une partie de leur succès à la « vente des vêtements fabriqués en gros pour des moyennes de taille ».

Non seulement le public prenait très vite l'habitude de s'adresser à eux pour l'achat de vêtements, mais il y recourait encore pour l'acquisition du meuble, surtout du meuble courant. On vit alors le Louvre, le Bon-Marché, le Printemps, le Bazar de l'Hôtel-de-Ville, vendre des salles à manger, salons, chambres à coucher, d'une banalité incroyable, et d'un bon marché stupéfiant. Une série de procédés permirent, en effet, à ces mêmes maisons de diminuer les frais de fabrication. Quelles

(1) Voir sur cette histoire des magasins parisiens de nouveautés, d'Avenel, *le Mécanisme de la vie moderne*, 1ʳᵉ série.

furent les victimes de cette réduction du prix de revient ? les petits fabricants, fournisseurs du magasin.

Jusqu'ici, nous avons envisagé, en eux-mêmes, tout un ensemble de faits, qu'il est permis de regarder comme ayant déterminé le *sweating-system*. Il ne nous reste maintenant qu'à montrer l'applica-cation de ces faits à l'Angleterre, puisqu'aussi bien c'est en ce pays, et limitées d'abord à l'industrie du vêtement, qu'il faut rechercher les origines d'une expression tombée depuis dans le langage économique courant.

Nous le disions plus haut : le travail à la semaine (regular work) s'était tranformé, au début du dix-neu-vième siècle, en travail aux pièces, faisant perdre beaucoup de son importance au travail en l'atelier patronal. Mais ces transformations ne furent pas sans amener une modification curieuse, au sujet de laquelle l'exemple de l'Angleterre nous paraît signi-ficatif. La substitution du *regular work* en *under-the-bed work, in slop*, s'est opérée avec beaucoup de précautions, dont le résultat le plus net a été l'apparition d'une institution, qu'on peut regretter, mais qui se trouvait, semble-t-il, dans la logique des choses. Les patrons exigeaient souvent des ouvriers travaillant pour eux en chambre des garanties de solvabilité. C'est qu'ils avaient fréquem-ment lieu de craindre le gaspillage des étoffes don-nées à confectionner. Ils se défiaient de l'honnêteté de leurs employés et c'est pour calmer leur suspicion qu'ils exigèrent des garanties. Le tailleur londonien dut déposer une somme de 5 livres sterling (125 fr.) ou se faire cautionner. Cela fut gros de conséquence. Tous les tailleurs ne purent offrir les gages réclamés. Ne furent en état de les donner que ceux qui tenaient eux-mêmes une petite boutique de draps. Il arriva donc que ces seuls petits marchands-tailleurs furent en relation immédiate avec les grands magasins. Mais les autres continuèrent cependant à travailler. Ils étaient le nombre. Ne pouvant plus obtenir d'ouvrage directement du gros marchand, ils en obtinrent de celui qui remettait les garanties exigées. Et ainsi apparut, tout naturellement, un intermédiaire, *middleman*, appelé déjà aussi *sweater* (celui qui fait suer).

Ces faits, constituant l'origine même du *sweating-system*, se passaient vers 1835 Les salaires des tailleurs de Londres se trouvaient réduits, par suite du profit de l'intermédiaire et sous l'influence du goût public pour le bon marché qui venait encore amincir la part du gain. Les patrons ne se plaignaient pas de cet état de choses. Il les dispensait de s'adresser à des centaines d'ouvriers et ne les mettait en relations qu'avec quelques personnes responsables (1). Il est juste de le dire, le nombre grandissant

(1) En 1844, 72 marchands-tailleurs et magasins du West-End faisaient travailler sous leur surveillance ; 270 faisaient travailler partie sous leur surveillance, partie à domicile...;112 seulement ne faisaient travailler qu'à domicile. Vers 1849, il n'y avait plus que 60 marchands-tailleurs faisant travailler dans leurs

de ces intermédiaires ou *contractors* les rendit bientôt aussi malheureux que les ouvriers qu'ils employaient et que, selon les termes de l'expression, ils faisaient suer *(sweatee)*. Il étaient, en effet, trop souvent, en nombre excessif et se livraient entre eux à une concurrence acharnée, pour obtenir les commandes des magasins, Les contractors, les subcontractors, les sub-sub contractors ne se comptaient plus. Vers 1850, écrit M. Sayous, à qui nous sommes redevable en cette matière, « l'ouvrier tailleur, en « relations directes avec les marchands ou les grands « magasins, devint... toujours plus rare (1). »

Par suite de cette concurrence des *sweaters*, le salaire des ouvriers *sweated* se trouvait fort amoindri. C'était entre eux, du reste, un véritable *struggle for life*. Ils voyaient leur situation empirée par l'arrivée continuelle à Londres, de nouveaux immigrants, sans ressources, réduits à accepter des salaires de famine, en abaissant du même coup la rétribution des ouvriers indigènes. Les *sweaters* pratiquaient, d'autre part, un véritable racolage, pour se procurer des ouvriers *unskilled* peu exigeants dans leurs prétentions. Il n'était pas rare de voir les femmes des *sweaters* rechercher partout les travailleurs inexpérimentés, ne connaissant pas le taux des salaires, et les embaucher.

ateliers; tandis que plus de 220 faisaient exécuter l'ouvrage au domicile de l'ouvrier.

(1) A. Sayous. *Revue d'économie politique*, octobre-novembre 1899.

On trouvait, en un mot, les misères d'aujourd'hui.
L'avilissement des salaires se trouvait encore
développé par l'emploi de la machine à coudre,
dans tous les métiers de l'aiguille. Nous n'avons
point la prétention de revenir sur ce que nous
avons dit plus haut au sujet des inconvénients
de la machine à coudre, mais de montrer seulement
en quelques mots. la vérification des explications
antérieures. On lui reproche de spécialiser à l'infini
les travailleurs, et le spectacle de l'*East-End* londonien, vers 1850, ne peut qu'affermir la portée de ce
grief. Telle ouvrière faisait exclusivement alors les
boutonnières, telle autre les coutures, telle autre ra-
battait les fils. Or, ce régime, qui permet de faire
vite et bien est, on peut le dire, un régime d'abaissement du salaire, car l'ouvrier, ainsi parqué dans sa
spécialité, ne saurait montrer de grandes exigences,
si, comme nous le supposons, il n'a pas reçu une
solide instruction professionnelle, lui permettant de
passer d'une partie d'un métier dans une autre.

Ce caractère de la spécialisation du travail (2),

(1) « La machine à coudre, dit Mᵐᵉ Paul Vigneron, loin d'ap-
« porter une amélioration à la condition des ouvrières, semble
« avoir empiré leur sort, en permettant d'organiser le système
« des confections à bon marché. Ces confections, par grandes
« masses, avilissent le prix du travail et spécialisent les ou-
« vrières. » *Réforme sociale*, année 1901, IIᵉ série, p. 827.

(2). On retrouve la même spécialisation dans l'industrie du
meuble. Dans une même partie de l'ébénisterie, le même ouvrier
fait toujours les ajustages, le même fait toujours les vernis-
sages, ou passe à la couleur, destinée à donner au bois blanc

consécutif, dans les industries de la couture, à l'emploi général de la machine à coudre, a certainement diminué les salaires, à Londres, aux environs de 1850. Une ouvrière anglaise gagnait alors une moyenne de 2 sh. 10 d. 1/4 par semaine. En défalquant le prix des aiguilles, du fil et de la lumière, le salaire de cette ouvrière se réduisait à 2 sh. par semaine, soit 2 fr. 50. Il résulte de l'enquête du *Morning-Chronicle*, qu'en 1849, 14.000 ouvrières étaient employées dans les *slop works* (travaux à domicile) de Londres, et sur ces 14.000, 10.000 seulement avaient moins de 20 ans. Leurs salaires étaient dérisoires, et les abus dont on se plaint, de nos jours, avec amertume, étaient si grands que beaucoup de femmes consentaient à demander à la prostitution des ressources que le travail honnête ne pouvait leur donner. Lors d'un meeting de travailleuses tenu au mois de décembre 1849, on demanda combien d'ouvrières avaient gagné 8 sh. (10 fr.), pendant la semaine précédente. Personne ne répondit. On demanda combien avaient gagné 7 sh. (8 fr. 75). Encore pas de réponse. Mais 5 femmes avaient gagné 6 sh. (7 fr. 50) : 28 en avaient obtenu 5 (6 fr. 25) ; 12 en avaient reçu 4 (5 francs.)

    142 avaient gagné 3 shillings.

    150 avaient gagné 2 shillings.

    71   —   2   —

la teinte du noyer ou de l'acajou. Tel ouvrier dirige la scie circulaire appelée fraise, tel autre conduit la machine à canneler, à raboter ou à faire les oves, etc.

223 n'avaient point de travail.

88 dépendaient étroitement de leurs maîtres.

Après 1850, le nombre de marchands-tailleurs tenant atelier s'accrut, avec les mêmes résultats. Lors de la guerre de Crimée, des ouvriers travaillant pour des sub-sub-sub-contractors faisaient des vêtements militaires, à raison de 6 pence par jour (0 fr. 60) pour 18 heures de travail, ce qui donnait une somme de 1 penny (0 fr. 10) pour 3 heures de travail.

Tous les abus du *truck-system* se joignaient à cette réduction du gain quotidien. Les sub-contractors logeaient souvent leurs ouvriers et leur donnaient pension. Beaucoup tenaient accessoirement un débit de vins et contraignaient les ouvriers à venir y boire, pour être occupés. L'immoralité n'était pas moins grande, si l'on songe que le travail se faisait en chambres étroites, à l'atmosphère viciée, où s'entassaient hommes, femmes et enfants. Tous les caractères du *sweating-system* se rencontraient déjà dans toute leur hideur.

L'ouvrage était donné au moins offrant (underselling). Le soumissionnaire (*sweater*) divisait son lot en petits lots et faisait, à son tour, une série de soumissions entre les travailleurs de l'East-End. C'est ce que dit en propres termes M. T. Hughes, dans son ouvrage *A lecture on the slop system* (1) paru en 1852. Les ouvriers étaient « swea-

1) Cité par M A. Sayous.

ted », c'est-à-dire asservis par des intermédiaires. Pour 17 heures de travail ils gagnaient 1 sh. (1 f. 25) et par semaine de 4 à 4 sh. 6 d. (5 fr. à 6 fr. 60 c.)

Tous ces abus ne firent que se développer, à tel point que, vers 1885, une grande partie de l'ouvrage était achevée, à Londres, par des *sweaters*, en dehors des grands ateliers. Les ouvriers de fabrique s'émurent de cette situation, non pas seulement pour des raisons d'humanité, mais bien plus à cause de la concurrence qui leur était faite par les travailleurs en chambre. Il y eut des réclamations, des polémiques dans les journaux. L'opinion publique fut agitée. C'est dans ces conditions qu'intervint l'enquête ordonnée par la Chambre des Lords, afin d'examiner la condition des travailleurs de l'East-End. Une commission (*select committee*) fut nommée par la Chambre Haute d'Angleterre, en 1888, pour étudier spécialement le *sweating-system*, pendant que la Chambre des Communes chargeait un autre comité de faire une enquête sur l'immigration (1). Les comptes-rendus du Select Committee de la Chambre des Lords sont extrêmement intéressants. Malheureusement ils fourmillent d'erreurs, et la vérité générale ne se dégage pas assez nettement du fouillis des dépositions personnelles. Du grand nombre des témoins entendus (il y en eut 291), de la nature de leurs réponses, jetées pour ainsi dire à l'aventure, est résulté, comme on l'a dit, un véri-

(1) House of Commons. *Report from the Select Committee* on Emigration and Immigration. 1888.

table labyrinthe. Un économiste américain, Joseph Lee, a pu comparer avec assez d'humour le *Report of the Select Committee* à une série de petites bandes de papier, qui auraient été jetées pêle-mêle au fond des poches et retirées ensuite au hasard, pour être imprimées dans le désordre de leur découverte.

A côté de cet important document et du rapport de la Chambre des Communes, un certain nombre d'ouvrages d'un caractère privé ont paru sur la question, en Angleterre. Nous citerons, notamment, l'intéressant ouvrage de M. Charles Booth, *Life and Labour of the People in London* et le volume de M. David Schloss (1) qui résume brièvement l'enquête de la Chambre des Lords). Une femme de grand talent, miss Beatrice Potter (Mme Sydney Webb), a consacré, de son côté, divers articles à l'étude de la vie ouvrière à Londres.

Postérieurement au grand mouvement déchaîné contre le *swating system,* le *Board of Trade* publiait un rapport, en mai 1894, « en réponse aux questions posées au Parlement ». Il avait pour objet la concurrence des immigrants, dans l'industrie de la chaussure, et les effets de l'immigration sur le travail des femmes (2).

Telle est, en résumé, l'évolution du *sweating-*

(1) *Methods of industrial remuneration.*
(2) *Board of trade.* Reports on the volume and effects of the recent immigration from Eastern Europe into the United-Kingdom. Londres, 1894.

system en Angleterre. Si nous passons en Amérique, nous lui retrouvons mêmes origines et même histoire. On peut dire, avec M. Levasseur (1), que l'apparition du *sweating-system* a coïncidé, de l'autre côté de l'Océan, avec le développement de la confection bon marché. Autrefois, en Amérique, les trois quarts des vêtements étaient faits sur commande. En 1890, la confection toute faite entrait dans la proportion des trois cinquièmes, pour les vêtements d'hommes et de femmes, dont la valeur dépassait 300 millions de dollars. Le mal s'est d'autant plus étendu aux Etats-Unis que les classes ouvrières et les classes moyennes n'achètent plus de vêtements sur mesure, qui sont d'un prix à peu près inabordable et se trouvent, en fait, réservés à l'aristocratie de la terre ou de l'argent. Ainsi qu'en Angleterre ou en n'importe quel autre pays, la confection, qui procède par grandes masses d'habits faits à l'avance, et n'exige pas le fini de la « mesure », use considérablement du travail en chambre et surtout du travail exécuté par les pauvres gens. Comme, aux Etats-Unis, le nombre en est considérablement accru par l'arrivée continuelle de nouveaux immigrants sans habileté professionnelle et dans le plus triste dénuement, la concurrence se

(1) Les Américains s'accordent à reconnaître la valeur éminente de l'ouvrage de M. Levasseur sur *l'Ouvrier américain*. C'est un livre admirable, nous disait M. Cohn, professeur à l'Université Columbia, et rien n'a été fait de mieux sur le *sweating-system* aux Etats-Unis que le chapitre consacré par M. Levasseur à cette question.

donne libre carrière et contribue à la dépression des salaires, dans les industries où se jettent ces miséreux, et qui sont, précisément, les industries atteintes par le *sweating-system* (1).

Depuis longtemps, le travail à l'entreprise était florissant de l'autre côté de l'Océan. A quelle époque précise a-t-il déterminé le *sweating*? Il est impossible de songer à le dire avec exactitude. Pour M. Levasseur, ce serait en 1863 que le « système de la sueur » aurait été pratiqué dans l'État de Massachusetts. Au dire du chef du bureau des statistiques du travail de Boston, M. Horace Wadlin (2), il serait apparu le jour où beaucoup de maisons de vente ont donné l'ouvrage à des sous-entrepreneurs. C'est donc la substitution du travail en chambre au travail à l'atelier patronal qui aurait marqué le point de départ du *sweating*.

Un fait particulier au Massachusetts est venu renforcer le travail à l'entreprise et en développer les abus. C'est, d'après les écrivains américains, l'incendie de Boston. Ce désastre, qui détruisit, en 1872, une grande quantité d'établissements industriels et de magasins, développa la prospérité des *contractors* en leur donnant, comme dit M. H. Wadlin, « une opportunité dont ils profitèrent aussitôt ». La majeure partie de l'ouvrage, qui

(1) *Seventh biennial report of the Bureau of labor statistic.* Illinois, p. 358.

(2) *Report of the Committee on Manufactures on the Sweating-System*, p. 227.

s'exécutait jusqu'alors en manufacture, fut faite en chambre ; par la force même des événements, ce qui n'avait été, au début, qu'une nécessité, tendit vite à devenir une chose normale. Ce n'est pas le moment de faire l'étude du *sweating - system* aux États-Unis. Nous verrons, dans un autre chapitre. les raisons pour lesquelles il a pris en ce pays un développement si exagéré. Constatons simplement l'extrême misère des ouvriers et ouvrières en confection au milieu du xixe siècle (1). Les enquêtes faites à ce sujet sont relativement récentes, mais le mal qu'elles ont découvert à l'attention publique n'en existait pas moins auparavant.

Ce n'est guère que depuis une douzaine d'années que les Américains se préoccupent sérieusement du *sweating-system*. En février 1892, la Chambre des Représentants de Washington ordonnait une enquête sur la question et chargeait le Comité des manufactures de la mener à bonne fin. Après avoir tenu session, à Washington, New-York, Chicago et Boston, le Comité a publié un intéressant rapport.

Le bureau de la statistique du travail d'Illinois,

---

(1) Dans son ouvrage sur *les États - Unis contemporains*, M. Claudio Jannet cite le cas d'une ouvrière en robes, travaillant dans un établissement de confections en gros, qui vint à Boston, en avril 1868, sans y connaître personne. Elle trouva une pension, rue X..., à 5 dollars par semaine, travailla pendant 3 mois, à raison de 7 à 8 dollars par semaine, pour un labeur de quinze heures par jour. Cette femme tomba malade d'excès de travail et fut envoyée à l'hôpital, sortit sans avoir un *cent* en poche et dut travailler huit jours avant d'être payée.

a consigné beaucoup d'observations importantes sur le *sweating - system* dans le *Seventh Biennial Report*. On y trouve l'étude des *sweatshops* de Chicago.

En 1894, le Département du Travail des Etats-Unis a publié un rapport statistique de 613 pages, bourré de chiffres, sur *The Slums of great Cities* (Les bas quartiers des grandes villes), qui demeurent, si l'on peut dire, le centre du *sweating-system*.

A côté de ces publications officielles(1), et de même qu'en Angleterre, le *sweating* a été étudié dans des ouvrages privés, notamment par J.-A. Riis dans *The Children of the Poor* et par L.-A. Banks dans *White Slaves, or the Oppression of the Worthy Poor*. Les auteurs de ces deux livres envisagent, plutôt que l'étude du *sweating-system*, certains des éléments dont il se compose.

Quoi qu'il en soit, et sans qu'il faille s'attarder plus longtemps à une sèche nomenclature de documents bibliographiques(2), il ne faudrait pas conclure de leur date récente de publication, que le

---

(1) Ce ne sont pas, bien entendu, les seules qui aient paru, relativement au *sweating-system*. On peut même dire que tous les documents émanés des différents Offices du travail des États-Unis intéressent, par quelque côté, la question qui nous occupe. On a grand profit à les consulter sur un point de détail, tant est complexe le *sweating-system*.

(2) Nous noterons, pour être complet, les deux rapports publiés en Australie par une commission du gouvernement de Victoria, l'un sur l'industrie du vêtement, l'autre sur l'ébénisterie. Ces publications remontent aux années 1893 et 1894. Nous revien-

sweating-system est une chose absolument nouvelle. Comme nous le disions au début de ce chapitre, il n'est point apparu subitement. Il a subi, au contraire, une assez lente préparation. Tant de phénomènes y ont coopéré, qu'il est malaisé de les débrouiller tous. Mais n'eût-elle que ce résultat, l'étude de ses origines suffirait à nous empêcher de voir dans le *sweating-system* une création voulue, systématique de certains patrons, dans certaines industries. Il n'y a rien de calculé dans son existence, qu'un certain nombre de faits a préparée. Tel qu'il est, il ne dépend point de la volonté d'un homme de le faire apparaître, pas plus qu'il ne serait en son pouvoir d'y mettre un terme. C'est une situation mêlée, qui a conservé sa complexité première, et qui ne saurait, d'ailleurs, disparaître qu'avec la lenteur qu'elle a mise à se développer. L'étude que nous allons en faire maintenant montrera, nous l'espérons, la portée de cette remarque essentielle.

drons, du reste, sur les résultats de ces enquêtes, au cours de notre étude.

Le *sweating-system*, moins développé qu'en Angleterre ou aux États-Unis, n'a donné lieu, chez nous, à aucune enquête gouvernementale. Il a fait l'objet, comme on sait, de deux intéressantes monographies de M. P. du Maroussem sur l'Industrie parisienne du jouet et sur les Ebénistes du Faubourg Saint-Antoine. Nos ouvrages d'économie politique lui font tous une petite place.

CHAPITRE III

« LES ÉLÉMENTS DU SWEATING—SYSTEM »

C'est une infirmité de l'esprit humain de ne pouvoir embrasser d'un coup toutes les qualités d'un objet. Nous avons besoin de faire des divisions artificielles qui correspondent assez mal à la réalité, mais qui nous permettent du moins d'en avoir une vue plus nette. En disloquant ainsi le *sweating-system*, nous lui faisons perdre assurément ce qu'on en pourrait appeler la couleur. Il ne vit en effet que par la réunion de chacun des éléments que nous allons isoler puis étudier successivement. Il forme un tissu extrêmement serré. Aussi bien, quand cette analyse sera terminée, n'aurons-nous pas encore là clef du *sweating*. Certaines conditions, d'une extrême importance, et tenant au milieu social, sont, en effet, nécessaires à son éclosion. Elles lui donnent une telle force que, sans elles, on peut dire qu'il n'existerait pas.

I. — Le grand magasin

Et tout d'abord, à la base du *sweating*, nous rencontrons le grand magasin de vente. Le fait est indéniable, mais il importe d'en préciser le sens et d'en mesurer sagement l'étendue. Si le magasin est intimement lié au *sweating-system*, il n'en est pas le seul élément ni même le plus important.

Il serait téméraire d'affirmer qu'il ait fait naître, par lui-même, le *sweating-system*. Il vaut mieux dire, en ajoutant un peu : le magasin se lie au *sweating-system*, quand il vend l'article de pacotille. Cette remarque était nécessaire avant d'aller plus loin. Nous en trouvons aussitôt l'application dans l'industrie du meuble. Il ressort avec évidence de l'intéressante monographie de M. du Maroussem sur les *Ébénistes du Faubourg Saint-Antoine* (1) que le *sweating-system* ne s'applique bien qu'à la partie de l'ébénisterie ayant trait au meuble courant (salon ordinaire, meuble noir et ivoire, tables vide-poches, tables toilettes, chambres Louis XVI, salles à manger Henri II). Et la raison de cet état de choses se conçoit facilement, si l'on songe que, dans toutes les spécialités précitées, les ouvriers sont isolés, n'ayant pas besoin d'être groupés, comme il le faudrait pour la fabrication des chaises « où le « tournage joue un rôle important, pour la spécia-« lité des pianos et orgues, où l'entente de plusieurs « corps d'état est indispensable, pour celle des meu-

---

(1) *Op. cit.*, chap. III et VI.

« bles avec application de bronze, où l'outillage
« cesse d'être accessible à tous, et où ciseleurs et
« monteurs doivent maintenir avec les ébénistes
« une entente de tous les instants (1). »

Ce serait donc une grave erreur de croire que les fabricants en chambre avec lesquels traitent les maisons de gros soient tous atteints par le *sweating-system*. Beaucoup de petits ateliers sont assez prospères, même dans les industries les plus endommagées, nous le constaterons ultérieurement. Un voyage au centre de l'*East-End* londonien ne laisse pas d'offrir, à cet égard, la plus grande utilité. Un certain nombre d'ébénistes vivent honorablement tout en travaillant pour les magasins de *Curtain-Road*. Nous en avons rencontré beaucoup, de ces artisans aisés, dans le quartier populeux de *Tower-Hill*. D'une façon générale, on peut affirmer avec M. Charles Booth que le *sweating-system* ne frappe pas ceux des petits patrons, ébénistes ou autres, qui font l'objet de luxe.

Chemin faisant, nous aurons l'occasion de revenir sur le lien qui unit le grand magasin au *sweating-system*. Certes, les abus ne manquent pas, venant des grandes maisons de vente, mais le mal existe souvent, sans qu'il y ait de leur part volonté de nuire et d'abuser du travail. Le *sweating-system* est avant tout la résultante de divers phénomènes économiques qui viendront permettre au magasin

---

(1) Du Maroussem, *op. cit.*, p. 196-197.

de se procurer des objets de basse qualité, à des conditions infimes de bon marché, parfois même au-dessous du prix de revient. Si l'on peut ainsi dire, le magasin profite donc du *sweating-system* plutôt qu'il ne le crée. Les éléments primordiaux qui caractérisent aujourd'hui le *sweating-system* et en font quelque chose de distinct du *sweating* (1) sont les suivants :

I. Travail au domicile de l'ouvrier, dans de mauvaises conditions hygiéniques.

II. Exagération des heures de travail.

III. Extrême modicité des salaires.

Si à ces trois phénomènes nous supposons jointes certaines conditions tenant au milieu social, nous serons, croyons-nous, en présence du *sweating-system*.

II. — Le travail à domicile et le « Sweater »

Du fait même du travail à domicile nous n'avons rien à dire. C'est une institution très sage, très heureuse, qui se présente ici, malheureusement, dans

(1) Le *sweating-system* ne se confond pas en effet avec le *sweating*, comme le remarque fort justement M. Sayous. Il y a *sweating*, dès lors qu'apparaît l'exploitation, quelle qu'elle soit, si, par exemple, « le principal locataire d'une maison sous-loue quelques chambres à des prix excessifs, profitant, sans la moindre retenue, de la misère d'une famille en quête d'un logis et de son désir invincible de demeurer dans tel quartier plutôt que dans tel autre..., si la foule houleuse d'un port de mer « crimps » les matelots à peine débarqués. » Au contraire, le *sweating-system* ne s'applique qu'au contrat de travail,

de telles conditions qu'elle apparaît comme déna-
turée. Envisageons, pour un instant, la seule industrie du vêtement, la plus atteinte de *sweating-
system*. Les ouvriers travaillant pour magasin de
confection sont éparpillés, d'ordinaire, aux quatre
coins d'une ville, Paris, Londres ou New-York. La
pulvérisation des ateliers est, comme on l'a dit, de
règle en cette matière. La seule agglomération qui
s'y rencontre est l'atelier patronal, ne comprenant
que les coupeurs et les « pompiers ». Les coupeurs,
leur nom l'indique, taillent les étoffes d'après des
mesures spéciales; les pompiers réparent, après
essayage, les fautes qui ont été commises. En dehors de ces deux catégories, les travailleurs de couture pour magasins sont disséminés en chambres.
C'est sur ces façonniers que pèse le *sweating-system*.
Ils se divisent en apiéceurs, giletiers et culottiers.
Leur triste situation justifie-t-elle cependant la con-
damnation du travail à domicile? Nous ne le croyons
pas. Le travail en chambre, que trop d'abus dépa-
rent, offre en lui-même assez d'avantages pour qu'on
n'en souhaite pas la disparition. Il laisse l'ouvrier
à son foyer, relève la dignité de l'homme en maintenant son indépendance et permet à la femme
d'apporter un supplément au budget familial, sans
pour cela lui interdire de vaquer à ses occupations
domestiques. Aujourd'hui surtout que tant de femmes
désertent leur foyer pour aller travailler en manufactures, délaissent le ménage et jettent les enfants
aux dangers de la rue, il nous paraît injuste de vou

loir supprimer le travail à domicile sans chercher à le rajeunir et à le revivifier.

Que le travail à domicile conduise à de graves abus, le *sweating-system* suffit amplement à le démontrer, mais qu'il mérite de disparaître, nous n'osons pas l'admettre, tout en reconnaissant qu'en l'état actuel de l'industrie le travail en grands ateliers suscite souvent moins de critiques.

Dans ce que nous venons de dire, nous n'avons pas supposé d'intermédiaire entre le magasin et l'ouvrier. Mais on peut concevoir une autre hypothèse. Très souvent surgit un entrepreneur en sous-ordre. Les formes qu'il peut revêtir sont éminemment diverses. Le mécanisme de la distribution de l'ouvrage, dans certains métiers, nous permettra de les apprécier. A Londres, comme à New-York ou à Paris, « le travail n'est généralement pas exécuté, « dans la petite industrie, sous la direction des « marchands eux-mêmes, lorsqu'il s'agit de seconde « ou de moindre qualité (1). » La division extrême du travail, qui règne aujourd'hui, facilite cet état de choses. Dans l'industrie du vêtement, en particulier, les fabricants en gros tiennent rarement atelier. Ils traitent même de moins en moins avec les ouvriers.

Si nous passons à l'industrie de la chaussure, mais surtout de la chaussure de fantaisie et de basse qualité, nous devons reconnaître que, seul, le coupage du cuir est généralement fait à l'atelier patro-

---

(1) Sayous. *Musée social*, avril 1902.

nal. Le *piquage* de la tige (*closing*), le *montage*, l'assemblage des talons et le *finissage* (*finishing*) sont faits à domicile.

L'ébénisterie se pratique de plus en plus en petits ateliers, bien que la vente du meuble se concentre, comme nous l'avons dit, en quelques grandes maisons.

Dans ces conditions, le « petit maître » s'impose, et, de fait, nous le rencontrons dans toute la petite industrie. Pour plus de clarté, nous allons envisager successivement quelques-uns des métiers atteints de *sweating-system*.

a) L'industrie du vêtement.

En face de l'atelier patronal, réduit à quelques ouvriers, se dresse l'armée des « apiéceurs » en chambre. A l'atelier patronal se rattachent, nous le disions plus haut, les coupeurs, les apprêteurs et les pompiers, personnel assez restreint, qui a une tâche relativement difficile, mais qui travaille d'ordinaire dans de très bonnes conditions sanitaires et gagne des salaires assez élevés (1). Une fois coupée aux ciseaux ou à la scie à ruban, l'étoffe faufilée est envoyée aux couseurs de grandes pièces. Ceux-ci répartis, généralement en France, deux à deux dans d'étroites chambrettes, et qui à Paris notamment se logent au haut des vieilles ruelles du quartier de l'Hôtel-de-Ville, réunissent les étoffes, construisent les manches, pressent et cambrent.

(1) V. sur ce point, *Office du travail*, L'industrie du vêtement à Paris.

Ce sont les apiéceurs, que, dès 1856, rencontrait M. Focillon, et que l'on trouve aussi bien dans le vêtement pour hommes que dans celui pour dames.

Mais à côté de ces ouvriers éparpillés, certains plus puissants réussissaient chez nous, au milieu du siècle dernier, à s'élever au-dessus de la foule et à employer avec eux un certain nombre d'ouvriers « brûlés », comme on dit en argot de tailleurs, c'est-à-dire disqualifiés ou récemment arrivés à Paris. Ces apiéceurs plus puissants ou « apiéceurs à cheval » commandaient dix ou vingt personnes. C'était pour la France l'équivalent des « sweaters » anglais.

Aujourd'hui, ces entrepreneurs n'ont fait que grandir. Les magasins ne peuvent plus se passer de leur concours, qui se manifeste à tous les moments de la vie du vêtement.

Ce sont eux qui créent la mode. Sans doute, les dessinateurs et aquarellistes donnent leurs modèles au magasin, et les « premières » s'assurent si ces aquarelles « tiennent bien »; mais souvent aussi la création de la mode n'a pas d'autres origines que l'inspiration subite et féconde d'une ouvrière un peu raffinée, qui découvre et saisit au vol l'idée qui surgit tout à coup devant ses yeux d'artiste, à la sortie d'un grand mariage ou dans une promenade à travers les quartiers élégants d'Hyde-Park ou des Champs-Élysées.

Là ne se borne pas le rôle des entrepreneurs. Il est plus important, lorsqu'il s'agit de la fabrication proprement dite. Un célèbre couturier du quartier de l'Opéra, qui vend des robes de 400 à 1.200 francs et plus, et a pour clientèle la haute aristocratie et les riches étrangers, a délaissé peu à peu le système de l'atelier patronal. Dans cette maison onze ateliers sont installés dans l'immeuble même; mais au dehors existent six grands ateliers.

Ce que nous disons de la France n'est pas moins exact en ce qui concerne l'Angleterre. Le « magasin de vêtements en gros » ne fabrique généralement aucun habit. C'est au *sweater* qu'incombe le soin d'organiser le métier, de le diriger, à la façon d'un véritable patron. Les tailleurs riches de Londres ont un atelier dans la maison même où se trouve le magasin. Ils ne s'adressent donc pas en principe (1) aux *contractors* de Whitechapel; cependant tous les tailleurs, de moyenne ou de petite importance, y ont recours. Souvent les étoffes sont fournies toutes coupées aux *sweaters*, mais, parfois, ces derniers ne reçoivent aucune fourniture du magasin. M. Sayous nous en donne la raison. « La majorité « des fabricants en gros de vêtements pour dames », « *qui ne sont pas juifs,* ne connaissent point le côté « technique du métier (2). Pour devenir « manufac- « turier » un petit capital suffit. Un bureau dans les

---

(1) M. Sayous fait en effet remarquer, d'après le rapport de la Chambre des Communes, que beaucoup de marchands *fashionables* de *Regentstreet* sont en contact avec des *sweaters* de Whitechapel, qui se chargent d'exécuter pour eux l'ouvrage.

(2) V. J.-A. Dyche. The history of the mantle trade in England (*the Jewish Chronicle* 22 avril 1898).

« environs de *Saint Paul-Churchyard*, une plaque
« avec l'inscription « Wholesale Ladies' Jacket and
« Mantle Manufacturer », quelques vêtements pour
« garnir les rayons ; et voilà la maison prête à fonc-
« tionner. Des annonces dans les grands journaux
« réclament des (outdoor) mantle makers ». Aussi-
« tôt, les offres arrivent. L' « industriel » demande
« des modèles. Les « sweaters », au bout d'une ou
« deux semaines, en fournissent et fixent le prix de
« leurs reproductions. Les commis-voyageurs par-
« tent en campagne.

« Supposons qu'un modèle ait plu à quelques
« clients. Ne croyez pas que le « manufacturier »
« chargera nécessairement son auteur de son exé-
« cution. Fort souvent, il s'adressera à quelque
« autre « sweater », prêt à faire des conditions plus
« favorables, ainsi parce qu'il est obligé d'organiser
« une « équipe » complète pour la saison prochaine
« et disposé à toutes les concessions en attendant le
« moment des ordres (1). »

Le magasin n'a que des avantages à retirer de cet
état de choses. Il peut « se mettre en affaires » avec
un léger capital et n'a point à surveiller ses ouvriers (2). Il verse un prix de façon à l'entrepreneur,

---

(1) Sayous, *op. cit.*, p. 273-274.

(2) Nous devons dire cependant que dans le vêtement de
femmes, au moins le vêtement « habillé », l'atelier extérieur se
fait plus rare que dans le vêtement pour hommes. La cause en
est facile à saisir. « La couturière tient à avoir son personnel
sous la main, afin de lui imprimer sa direction artistique, que
rien, à son avis, ne peut remplacer. De plus, le métrage des

qui est presque toujours l'ancienne « première »
d'une grande maison de couture, et se décharge de
toute responsabilité. La « première », avec le prix de
façon qu'elle reçoit, pourvoit aux frais de son atelier. Les bénéfices qu'elle réalise sont sa propriété.

b) L'ébénisterie.

L'ébénisterie nous met encore en présence du
« contractor ». Mais il importe ici de ne pas exagé-
rer. Ce qu'on désigne souvent du nom de *sweater*
n'en a pas la réalité. C'est du moins ce que semble
prouver l'examen impartial du procédé curieux qui
porte, à Paris, le nom de « trôle » et, à Londres,
celui de *hawking* (colportage). Un ouvrier en chambre vient de terminer une armoire, un buffet. Il a
besoin d'argent, ayant à payer son propriétaire, son
marchand de bois ou de vernis. Dans quelques jours,
il n'aura plus de pain. Il lui faut donc vendre à tout
prix les meubles à peine achevés. La trôle ou le
hawking lui en fournit le moyen. Le « trôleur » parisien du quartier de la Roquette ou de Charonne (1)
charge un « charabanier » de transporter les meubles
dans une voiture spéciale, puis d'aller les vendre à
la foire du samedi. Les commissionnaires des grands

étoffes ne peut être établi avec la netteté familière aux maîtres
tailleurs, qui, à cet égard, n'ont jamais un instant d'hésitation
en présence d'une jaquette ou d'une redingote à exécuter.
L'imprévu, l'inspiration jouent un grand rôle... c'est encore le
chef d'atelier seul qui peut la diriger. (V. *Office du travail.
L'industrie du vêtement*).

(1) V. Du Maroussem, *Ébénistes du faubourg Saint-Antoine*,
chap. IV

magasins les examinent et quand la nuit tombe ils les achètent à vil prix au « trôleur » aux abois. Les petits ébénistes de l'*East London* n'agissent pas différemment. « A court d'argent, dit M. de Rousiers (2), ils promènent leur meuble sur une char. rette à bras et vont l'offrir aux portes des magasins de gros, parfois à des particuliers qui passent. Aux approches de Noël, alors que le travail se ralentit partout et que tout Anglais pense au *pudding* familial, les offres de ce genre se font plus fréquentes et l'on voit des meubles vendus aux deux tiers de leur valeur. » On distingue aussitôt les conséquences désastreuses de cette situation. Quand bien même on n'en ferait pas une variété du *sweating-system*, en se basant, comme nous l'avons fait longtemps, sur l'absence de convention entre le magasin et le petit fabricant isolé, elle n'en resterait pas moins la source des formes indubitables du *sweating-system*. Peu importe, en définitive, que les maisons d'ameublement du faubourg Saint-Antoine ou de *Curtain Road* renvoient tout l'ouvrage à faire à des « sweating-shops » de *Bethnal Green* ou de Whitechapel. Le marchand qui peut acheter au trôleur « ne consentira pas au fabricant des prix élevés lorsqu'il lui fera une commande. A son tour, celui-ci paiera peu ses ouvriers ; le prix de la main-d'œuvre baissera partout (2). »

Telle est, en effet, la situation actuelle. Par suite

(1) P. de Rousiers, *la Question ouvrière en Angleterre*, p. 143.
(2) P. de Rousiers, *eod. loc.*, p. 143.

de leurs relations avec les porteurs de meuble, les
agents des magasins connaissent certains petits
fabricants du faubourg Saint-Antoine. Ils s'adressent
à eux et leur « accordent » des commandes. « Si la
« spécialité du petit patron porte une marque ori-
« ginale, dit M. du Maroussem (1), défense lui est
« faite d'exposer en son nom et de vendre directe-
« ment à qui que ce soit. Si la spécialité est banale,
« la concurrence affolée des patrons voisins amè-
« nera le même résultat, parce que bientôt l'atelier
« ne travaillera plus que pour le grand magasin ou
« le commissionnaire. »

c) L'industrie de la chaussure.

Nous le disions plus haut, la situation des ouvriers
cordonniers, travaillant aux chaussures de pacotille, n'a rien d'idyllique. Une notable partie de
l'ouvrage se fait à domicile, sous la direction des
sweaters. C'est le piquage, le montage et le finissage. Le piquage, au dire de M. Sayous, n'a pas été
l'objet de plaintes particulières. Il n'en est pas de
même du montage ni surtout du finissage. Le petit
maître passe un marché au rabais pour une certaine
quantité d'ouvrage qu'il fait exécuter par de jeunes
ouvriers.

Avec le finissage, c'est-à-dire le dernier coup de
main donné à la chaussure, règne la plus grande
division du travail. La bottine va des mains des
coupeurs à celles des finisseurs. Nous verrons plus
loin quelle est la situation faite à ces deux catégo-

(1) *Op. cit.*, p. 203.

ries d'ouvriers. Pour l'instant nous nous bornons seulement à retracer, à grands traits, le mécanisme de la distribution de l'ouvrage et à esquisser le rôle du *sweater*.

Jusqu'ici, nous n'avons aperçu en lui qu'un véritable travailleur, à qui n'incombent pas les charges de la vente. Que nous ayons envisagé l'industrie du vêtement, de la chaussure ou du meuble, le *sweater* nous est apparu comme le premier ouvrier de l'atelier qu'il dirige. Malheureusement, il existe une invincible tendance à ne faire de lui qu'un spéculateur. Il faut convenir que le mot lui-même de *sweater* (1) est bien fait pour induire en erreur et ne nous laisser voir dans le «petit maître» qu'un exploiteur. Les documents anglais et américains sont pour beaucoup aussi dans cette conception. D'après le rapport de la Chambre des Lords (2), le *sweater* serait « un homme, qui ne contribue au travail ni « par un capital, ni par son habileté, ni en supportant les moindres risques ». Un déposant américain disait de son côté : « Le *sweater* est tout homme qui, occupant directement un certain nombre de gens (hommes, femmes et enfants), leur paie des salaires insuffisants et cherche à tirer des bénéfices

----

(1) M. Sayous fait cependant remarquer que l'étymologie du mot *sweater*, ne suppose aucunement « l'acte de tirer un profit du travail d'un autre ». « Tout au contraire, dit-il, dans l'industrie de la chaussure, on nomme encore *sweater* « celui qui sue », celui qui est *sweated*, l'ouvrier et non le patron. (*Report on the sweating-system*, t. I, p. 36). V. Sayous, *op. cit.*, p. 281.

(2) *Report on the sweating-system*, t. I, p. 35.

de leur exploitation. » Il y a là, selon nous, une fausse généralisation. Tous les *sweaters* ne sont pas des spéculateurs. Nous avons entrevu et nous verrons plus loin que ce sont généralement des ouvriers. Tous ne font pas des profits illégitimes et ne méritent pas toujours la responsabilité d'un état de choses très complexe, dont ils sont les premières victimes.

Les *sweaters*, dont la conduite est la plus critiquable, sont ceux dont la fonction se borne à distribuer l'ouvrage. Ceux-là ne sont pas, en effet, ouvriers comme les autres. Ils reçoivent du magasin toutes les fournitures nécessaires, n'ont, par conséquent, aucune dépense à faire en achat de matières premières. Leur rôle consiste à répartir l'ouvrage venu du magasin entre les travailleurs à domicile, à fixer la date de rentrée du travail, à l'examiner et à le reporter au magasin, après acceptation. Ces *sweaters*, répartiteurs d'ouvrage, se rencontrent, avant tout, dans la lingerie. Dans cette industrie, les ateliers tenus directement par les grandes maisons sont fort rares, et, partant, la présence d'intermédiaires devient plus urgente que jamais.

Elle n'est pas moins développée dans la fabrication de la dentelle. Après avoir choisi un dessin et décidé quel point traduira le mieux l'idée du dessinateur, « l'entrepreneur commercial fait choix (1) des

____

(1) Les détails que nous donnons s'appliquent de préférence à l'industrie dentellière belge, mais aussi bien la Belgique n'a-

personnes qui exécuteront le travail (1) ». D'ordinaire, il recourt directement à un intermédiaire qui sera tantôt un « facteur » ou une « factoresse », tantôt un couvent. « D'une façon générale (2), on peut dire que les fabricants n'ont pas de « rapports avec la main d'œuvre. » C'est donc aux entrepreneurs à distribuer l'ouvrage entre les ouvriers. Leur rôle est d'autant plus utile que la fabrication des dentelles n'exige pas d'installation coûteuse. Si, en effet, certaines dentellières travaillent dans les ateliers des fabricants, la plupart d'entre elles exécutent l'ouvrage à domicile. Toutes les ouvrières chargées du « corps de la dentelle » ne quittent pas leur demeure. Durant l'hiver, elles se tiennent près de la croisée ou sous la clarté de la lampe, et, quand les jours d'été sont revenus, elles abandonnent leur chambre pour travailler sur le pas de la porte. C'est même un tableau des plus jolis que ces groupes de dentellières assises à l'ombre de leurs maisons et mêlant au cliquetis de leurs fuseaux le joyeux éclat de leurs conversations et de leurs rires.

En même temps qu'il leur donne ses instructions, le facteur remet aux ouvrières le fil à dentelle et le «patron» sur lequel elles devront travailler. Quand l'ouvrage est terminé, l'ouvrière l'apporte au bureau

---

t-elle pas le monopole de fait d'un art aussi exquis que celui de la dentelle? V. Carlier de Lantsheere. *Musée social*, déc. 1901.

(1) Verhaegen, l'Industrie dentellière en Belgique. *Réforme sociale*, 1er juin 1901.

(2) Verhaegen. *Op. cit.*, p. 846.

de l'intermédiaire, à moins que ce dernier ne le lui reprenne lui-même, ce qui a lieu d'ordinaire dans les campagnes.

Quoi qu'il en soit, le « facteur en dentelle » n'est jamais qu'un répartiteur d'ouvrage. Il possède, le plus souvent, les connaissances techniques du métier. « Un grand nombre de « factoresses » ou courtières en dentelle, dit M. Verhaegen (1), sont elles-mêmes d'anciennes ouvrières », et résident au milieu des travailleuses qu'elles occupent. Mais beaucoup ne cherchent dans leurs fonctions qu'à pressurer les dentellières et à s'enrichir le plus rapidement possible.

Il importe donc essentiellement de distinguer parmi les *sweaters* ceux qui sont de vrais industriels et ceux qui ne sont que répartiteurs d'ouvrage. Quand le petit maître « est lui-même son meilleur ouvrier », les Américains disent que le travail a lieu en « sweatshop ». Dans ce cas, le *sweater* préside à la fabrication, travaillant lui-même avec ses ouvriers, aussi durement qu'eux. « S'agit-il, par « exemple, dit M Sayous (2), de « finir », *à domicile*, « des bottines ? C'est le « petit-maître » qui, le plus « souvent, se charge de l'acte le plus délicat, — « coupe avec un certain art les semelles encore sans « forme et égalise les divers morceaux de cuir dont « se compose le talon (*knifing*), — tandis que des

(1) Verhaegen, *op. cit*, p. 848.
(2) Sayous. L'entre-exploitation des classes populaires à Whi-, techapel. *Musée social*, avril 1902.

« travailleurs moins habiles donneront le dernier
« coup de main (*finishing*). »

Quand, au contraire, l'ouvrage est fait dans le
« room » de l'ouvrier, celui-ci est isolé ou réduit
à recevoir l'aide des membres de sa famille. Ce cas
se présente surtout lorsque le *sweater* n'a qu'à
distribuer l'ouvrage, mais l'ouvrier *sweatee* peut
cependant travailler seul, à son domicile, bien que
le *contractor* soit lui-même « industriel » et groupe
autour de lui un certain nombre de travailleurs.

Le point de ressemblance entre les *sweaters* est
que tous jouent le rôle de placeurs. Qu'ils soient
fabricants ou distributeurs d'ouvrage, ils ont pour
fonction de s'interposer entre le magasin et l'ouvrier. Ce qui fait naître l'abus, c'est la présence
d'innombrables intermédiaires et sous-intermé-
diaires, jointe, nous le verrons, à la concurrence
excessive que se font entre eux les misérables de
Londres ou de New-York.

La légende veut que le *sweating-system* pro-
vienne toujours du *sweater*. C'est un point sur
lequel il est bon de s'arrêter un instant. Les attaques
faites aux *sweaters* ont été si violentes qu'il est nécessaire d'examiner dans quelles mesures elles se
justifient.

On a dit, au moment où fut dirigée l'enquête de
la Chambre des Lords : Les ouvriers sont écrasés,
« crushed », par les *sweaters*, qui les traitent en
parias. La presse anglaise caractérisait le *sweating-
system* en l'appelant « l'esclavage des blancs », et

désignait au mépris public le *contractor*, véritable bourreau de toute une armée de pauvres gens. On reprochait surtout aux *sweaters* de retenir de force les ouvriers qu'ils avaient embauchés, de les laisser dans une ignorance totale des conditions économiques générales, et d'empêcher les immigrants, qui forment le plus fort contingent de *sweatee*, d'apprendre la langue et les usages du pays.

Il y a, dans ces griefs, plus de déclamation que de vérité. Nous verrons, dans un autre chapitre, à quoi tient la déplorable condition des « sweated », mais, dès maintenant, nous pouvons affirmer que leur méconnaissance de la langue et des usages anglais n'est pas le fait des *sweaters*. Assurément, dit Joseph Lee, le *contractor* se garde bien d'enseigner la langue aux arrivants de tout pays, qui demandent à être embauchés (1), mais cette fonction de pédagogue, outre qu'ils seraient souvent inaptes à la remplir, les *sweaters* n'en sont pas chargés.

Et sans parler même de ces derniers, croit-on que l'ouvrier « sweated » ait bien le goût d'aller à une école du soir perfectionner son instruction ? Il ne cherche, avant tout, qu'à travailler le plus possible, à plaire au *contractor* qui l'emploie. A vrai dire, cette raison ne l'excuse pas de demeurer dans l'ignorance. Nous croyons, au contraire, que si les miséreux, et particulièrement les Juifs qui débarquent à Londres comme à New-York, n'étaient pas aussi

____

(1) Il y a cependant des preuves du contraire.

dépourvus qu'ils sont, ils ne sentiraient plus l'invincible besoin qui les pousse à s'unir à leurs coreligionnaires. Mais à peine débarqués, « les voilà ins- « tallés, dans les quartiers qu'occupent ceux qui « s'expriment dans la même langue et sont soit ori- « ginaires du même pays, soit unis à eux par les « liens de la parenté ou de l'amitié. Leurs compa- « triotes se trouvent rarement dans une position « meilleure ; ils ne peuvent procurer aux nouveaux « venus que leur misère et leur ouvrage mal « payé. La conséquence en est l'aggravation des « abus (1).»

Enfin, pourrait-on dire, les *sweaters* sont, dans la généralité des cas, d'anciens petits ouvriers, qui se sont élevés, à force d'épargne, à une modeste situation, dans laquelle ils s'acharnent à travailler et sont, comme le dit M. Sayous, leurs meilleurs ouvriers. Les petits *sweaters*, vrais industriels, sont en effet plus nombreux que les gros *sweaters*, simples spéculateurs. Ils forment la majorité. Ce n'est pas d'après la minorité des puissants *contractors*, qu'il faudrait tirer une conclusion rigoureuse, quant à l'ignorance où sont plongés les *sweatee*.

La légende veut encore, avons-nous dit, que les *sweaters* ne soient jamais que des exploiteurs, gardant pour eux la plus grande partie du gain qui devrait revenir à l'ouvrier. Qu'il en soit ainsi dans

(1) *Report on the sweating-system,* t. I, p. 31. — *Report on immigration,* p. 63.

bien des cas, c'est une chose certaine, mais ce qui vient en alléger aussitôt l'importance, c'est le nombre vraiment exagéré des *sweaters* et la course au rabais à laquelle ils se livrent tous auprès du magasin, et qui ne peut manquer de diminuer leurs propres bénéfices.

Mais, dira quelqu'un, cette concurrence des *contractors* entre eux n'empêche pas les ouvriers de souffrir? Bien plus. Elle ne peut faire que les plonger dans plus de misère, en les contraignant à se contenter de salaires excessivemen réduits : car enfin, dit-on, il faut bien que le *sweater* réalise un certain profit, et par conséquent plus le prix offert par le magasin se trouve abaissé, plus le salaire de l'ouvrier se trouve lui-même diminué.

La question revient donc à savoir si, en tout état de cause, les *sweaters* réalisent des profits exorbitants et font descendre les salaires au-dessous du taux normal. Le meilleur moyen d'arriver à s'en rendre compte était de se mettre aux affaires et d'essayer d'obtenir du travail d'un grand magasin, tout comme un *sweater* ordinaire. Des expériences ont été tentées, en Angleterre. Aucune n'a produit l'effet que l'on pouvait supposer. M. David Schloss, qui avait eu, l'un des premiers, l'idée de voir s'il était possible d'élever le salaire des ouvriers « sweated », imagina de former une association coopérative, dans laquelle les ouvriers associés se seraient partagés les bénéfices. « On pou-
« vait penser, écrit M. Schloss, que l'argent empoché
« par les *sweaters* passerait avec le nouveau sys-

« tème dans la poche des travailleurs. » C'était, en
somme, un essai digne d'encouragement. Il ne suffisait que d'un contremaître à appointements fixes.
On pouvait même faire qu'un ouvrier se chargeât
du travail de répartition et de direction de l'ouvrage.
Sait-on quel a été le résultat ? Le salaire des ouvriers,
indépendamn.ent de tout bénéfice à partager, a
absorbé entièrement le profit que devait, semblait-il,
réaliser le *sweater*. Il a été impossible de payer la
surveillance. On avait voulu donner aux travailleurs un salaire qui leur permît de vivre. L'expérience est venue démontrer la témérité d'une pareille entreprise.

Un autre essai de suppression du *sweater* fut
tenté, au mois d'avril 1888, par le Révérend James
Munro et diverses autres personnes. — Il ressort,
dit Joseph Lee, de la comparaison entre les salaires
payés par Munro et ceux qui étaient accordés par
Mark Moses et autres grands fabricants de vêtements
de Londres, que Munro payait des salaires inférieurs
à ceux de la moyenne.

Enfin, une expérimentation faite, dans la chemiserie, par William James Walker, a convaincu ce
dernier du fait que les tailleuses pouvaient vivre,
mais que les fabricants ne le pouvaient pas.

Tous ces essais curieux sembleraient donc démontrer l'innocuité des *sweaters*. Il faut « reconnaître
« cependant, dirons-nous avec M. Sayous (1), que...

(1) *Op. cit.*, p. 275.

« si les purs exploiteurs sont peu nombreux, très nombreux sont les semi-exploiteurs », les petits ouvriers
un peu aisés désireux de conserver une certaine part
des sommes reçues du magasin. Mais, le plus souvent,
la demi-exploitation des *sweaters* ne se produit, si
j'ose dire, qu'indirectement. Elle est exploitation
pour l'ouvrier, sans mériter ce titre vis-à-vis du
contractor. « Les entrepreneurs, qui sont légion,
« dit Mme Sydney Webb (1), demandent les plus
« fort rabais. Il faut alors peu payer l'ouvrier. Hélas !
« cela ne les enrichit guère. Les *sweaters* sont pau-
« vres. En 1882, ils recevaient 90 cents pour divers
« articles. En 1892, ils ne recevaient que 24 cents. »
Pendant longtemps Mistress Sydney Webb avait
cru devoir faire retomber tous les abus du *sweating-
system* sur le sous-entrepreneur. Mais dans le rapport présenté au Congrès coopératif de Rochdale,
elle reconnut l'inexactitude de sa première opinion.
« Dans l'industrie des vêtements et des chaussures
« à bas prix, qui est entre les mains des Juifs, là où
« le travail est fréquemment aux mains des sous-
« entrepreneurs (*sweaters*), ces intermédiaires, au
« lieu de jouer le rôle de gros parasites, font un
« travail aussi dur, sinon plus, que les exploités et
« souvent gagnent moins que le machiniste ou le
« repasseur qu'ils ont à leurs gages (2). »
Mais il ne reste pas moins vrai que les « petits-

(1) *Revue d'Économie politique*, 1893, p. 963 et suiv.
(2) Mme Sydney Webb, *op. cit.*, p. 964.

maîtres » ont une forte tendance à « garder pour
« eux une quotité illégitime des sommes qu'ils reçoi-
« vent pour le travail à faire (1) ». Voici, d'après
M. Burnett, quel était, au moment de l'enquête de
la Chambre des Lords, le chiffre moyen des bénéfices des *sweaters*. Sur un paletot dont la façon
était de 1 shilling 2 pence (1,45), le prélèvement du
contractor se montait à 35 cents (0,35 c.). Les
sweaters ayant 8 ouvriers gagnaient 19 francs net
par jour. Dans l'industrie de la chaussure — ou
plutôt dans la partie de cette industrie, qui a trait
au *finissage*, — le coupeur (*knifer*) ne manque pas
une occasion d'imposer aux *finishers* une diminution
de salaires (2). Il leur prépare du travail et conserve
la moitié de la somme versée par le magasin de
chaussures.

Le petit-maître touche 7 £ 10 pour le finissage de
25 douzaines de chaussures (ce qui représente le
travail d'une semaine). Il garde pour lui 3 £ 15, sur
lesquels il faut déduire 3 sh. 4 pour le loyer, 2 sh. 6
pour le gaz, 4 d. pour le transport des chaussures
et 12 sh. 6 pour les frais du fil, du papier, de la
couleur et des tasses de thé qui doivent être servies
aux ouvriers (3).

Les *sweaters* d'Amérique font souvent aussi des
prélèvements excessifs, d'autant plus choquants
qu'ils tiennent généralement leurs ouvriers dans

(1) *Report on the Sweating-System*, t. 1, p. 36.
(2) *Report on the Sweating-System*, t. I. p. 37.
(3) *Report on the Sweating-System*, t. I, p. 36-37.

des logements d'une insalubrité manifeste, dépassant en horreur ceux de Whitechapel. Mais, chose curieuse, cette sorte d'asservissement ne se produit que peu à peu, par suite de l'obligation où ces ouvriers se trouvent de faire une tâche plus importante, chaque semaine, pour un prix qui ne varie pas. D'après Abraham Bisno (1) les *sweaters* abaissent, d'année en année, les salaires de leurs employés. Si, par exemple, un magasin donne au *sweater* 1 dollar par habit à confectionner, l'ouvrier ne recevra que 70 cents. Deux ans après, en supposant que le magasin donne encore 1 dollar, le *sweater* ne remettra plus à l'ouvrier les 70 cents qu'il lui versait autrefois. — Un *contractor*, Patsy Riley (2), prétendait que le gain des *sweaters* était à peu près du double de celui de leurs ouvriers. S'il faut en croire Riley, lorsqu'un vêtement est payé $ 1,50 à un ouvrier on peut être sûr que le *contractor* a gardé $ 2,50.

Voici, d'après M. Timm (3), quelle serait la moyenne des salaires payés, en Allemagne, par les entrepreneurs, et la somme des profits réalisés par eux :

Un ouvrier-entrepreneur pour confections de

(1) *Report of the Committee on Manufactures on the Sweating-System*, p. 93 et suiv.

(2) *Op. cit.*, p. 135 et suiv.

(3) Das Sweating-System in der deutschen Konfections-Industrie. Im Auftrage des Vorstandes des verbandes deutscher Schneider und Schneiderinner und verwandter Berufsgenossenchaften Joh. Timm, Flensburg, 1895.

manteaux, habitant le quartier de Berlin connu sous le nom de Wedding, occupe, pendant la saison, 15 ouvrières, travaillant à domicile. Il leur donne 40 pfennigs (0,50 c.), pour 2 jaquettes qu'elles parviennent à faire en un jour. Il a, d'autre part, 15 ouvrières, garnisseuses et finisseuses de jaquettes, et leur donne 50 pfennigs (0,62 1/2) par jaquette.

Le patron du magasin donne à l'entrepreneur 1 mark. 60 (2 fr.) par pièce.

En 6 jours de travail, 15 ouvrières à façon livrent donc : 180 pièces à 40 pf., soit 90 francs.

Donc les 15 premières ouvrières gagnent . . . . 90 fr. 00

Donc les 15 autres ouvrières gagnent 112 50

L'entrepreneur paie de plus, par semaine, au rabatteur 26 25

Total. . . 228 fr. 75

Il paie donc par semaine un total de 228 fr. 75 ou 183 marks.

Il reçoit du patron pour 180 pièces (à 1 mk 60 par pièce). . . . 288 marks (360 fr)

Comme il verse à ses ouvriers la somme totale de. . . . . 228 fr. 75

Il fait le profit de.. 360

228 75

Total. . . . 131 fr. 25

L'entrepreneur gagne 131 fr. 25 par semaine, d'où il faut déduire les frais de chauffage et d'éclairage.

En Allemagne, pays d'exploitation de l'ouvrière de l'aiguille, si l'entrepreneur reçoit du patron 3 à 3 mk 50, il donne à l'ouvrier 2 à 2 mk 50. Telle est la moyenne reconnue.

Une action intentée par une couturière contre un entrepreneur devant le Conseil des Prudhommes de Berlin, le 3 mars 1894, est, à ce point de vue, typique. Le litige était basé sur là retenue, faite illégalement par le *sweater*, du salaire exigé pour la confection de cinq costumes de garçons, et le montant de la somme due à l'ouvrière n'était que de 1 mark 25 (soit 1 fr. 56) au total!

En France, les entrepreneurs n'ont pas été critiqués avec moins d'animosité qu'à l'étranger. Ici encore, les abus sont grands, et se sont développés, par suite de l'intérêt des grands magasins à mettre en quelque sorte l'ouvrage en adjudication. Les conditions nouvelles du travail par grandes masses suscitent l'emploi d'intermédiaires, destinés à éviter aux magasins la recherche des ouvriers. C'est ainsi que pour leurs travaux de basse confection et de lingerie le *Louvre* ou le *Bon-Marché* recourent à d'importantes entrepreneuses, qui font exécuter l'ouvrage en un court délai, le vérifient, et le livrent tout prêt, tout ficelé, voire même enrubanné, s'il s'agit de lingerie, en boîtes spéciales au nom du magasin qui n'a plus alors qu'à procéder à la mise en vente. Les entrepreneuses gardent une part du salaire alloué (1).

Souvent, il faut l'avouer, elles n'ont d'autre bénéfice que celui qu'elles réalisent sur les prix de façon versés. Et à côté de cela, nous voyons des prélèvements exagérés. C'est dire que la plus grande diversité règne en cette matière. Certains entrepreneurs de la région lyonnaise parviennent à faire de grands profits. Les contremaîtres et contremaîtresses, qui occupent de deux à trois cents ouvriers pour le compte des grands magasins, nous disait un tisseur des environs de Lyon, prélèvent sur le salaire des ouvriers une part excessive. Cela saute aux yeux de tous, ajoutait-il, car ce sont des gens qui, partis de très bas, sans grandes ressources, arrivent rapidement au bien-être, puis à la fortune.

La retenue opérée sur le salaire des ouvrières lyonnaises, s'élève à peu près au quart du prix alloué par le fabricant au magasin. Sur un salaire de 1,50, qui est un salaire moyen, les entrepreneuses en passementerie gardent généralement 0,25 centimes.

Leur prospérité fréquente est encouragée par les fabricants eux-mêmes, qui ont tout intérêt à ne pas tenir des carnets de compte pour chaque ouvrière. Au lieu de s'adresser aux passementières, aux enjo-

____

(1) Pour faire quatre vestons, l'entrepreneur a besoin de deux apprêteuses. Il donne à l'une 3 francs, a l'autre 2, mais, comme le magasin lui accorde 16 francs, c'est donc une somme de 11 francs qui lui reste (V. *Office du travail*, La Petite Industrie, t. II, p. 314).

liveuses et aux brodeuses, ils ont recours à une entrepreneuse qui garde pour ses soins et son bénéfice une partie du prix de façon.

L'écueil de la sous-entreprise est en effet que les fabricants ou les magasins n'élèvent pas leur prix par cela seul qu'il se rencontre une personne de plus : l'entrepreneur. Ils se basent pour établir le prix de façon d'un article sur ce qu'il demanderait de travail à une ouvrière, et c'est le résultat de ce calcul qui sert à établir le salaire, comme s'ils le donnaient directement à l'ouvrière, sans le faire passer par les mains du placeur. Il faut donc bien que ce dernier trouve quelque part son bénéfice. Il le prélève sur la somme allouée par le magasin. Le prélèvement s'explique par ce fait que les fabricants ne majorent pas plus leurs prix, que s'ils traitaient immédiatement avec les ouvrières.

Jusqu'ici nous n'avons supposé que des retenues proprement dites de salaire en espèces. Mais souvent viennent s'y joindre les pratiques coupables du *truck-system*, c'est-à-dire du paiement en nature tendant à frustrer l'ouvrier d'une partie de la somme qui devrait normalement lui appartenir. Souvent en effet le *sweater* loge et nourrit ses ouvriers, ce qui, en soi, ne serait pas un abus, si ces actions ne constituaient, pour celui qui les fait, un nouveau moyen de diminuer les salaires. « Parfois, dit, à ce sujet, « M. Georges Bry (1) les ouvriers dénués de tout ac-

____

(1) G. Bry. *Législation industrielle*, p. 55.

« ceptent pour salaire la nourriture et le logement
« ou des bons d'une société de consommation, dont
« celui qui les emploie est actionnaire. » La plus
fréquente et la plus honteuse de ces pratiques diverses, celle qui est comme l'accompagnement du
sweating-system, a trait à la sous-location des logements populaires.

Les maisons de *Whitechapel* comprennent généralement de sept à douze pièces. Le « petit-maître »,
qui ne peut pas s'offrir le luxe d'un pareil logement,
le sous-loue en partie à ses ouvriers, avec la pensée
de réaliser un certain bénéfice. « Supposons, écrit
« M. Sayous (1), qu'une maison revienne à 1 £, par
« semaine, y compris les impôts. Sur les douze
« pièces dont elle se compose, le logeur en gardera
« deux pour lui et les siens; il en louera dix, au
« prix moyen de 3 sh. 6 d. Il aura un abri et gagnera
« hebdomadairement 15 sh. D'autre part, le travail-
« leur marié et père de famille, qui a besoin de deux
« chambres, paiera 7 sh. de loyer pour un salaire
« moyen, inférieur souvent à 25 sh.; plus du quart
« du gain normal sera dépensé au seul logement! »
Par suite de l'accroissement de l'immigration
juive, à Londres, la demande de chambres s'est considérablement augmentée. Les *house-sweaters* en
ont profité pour élever leurs prix, dans une proportion de 70 0/0 de l'ancienne valeur des loyers.

Quand les ouvriers logés veulent restreindre leurs

(1) V. Sayous, *op. cit.*, p. 316.

dépenses, on leur donne un réduit infect ou une partie de la cave. Le plus souvent d'ailleurs, le *sweater* contraint celui qu'il loge à se dépouiller des objets dont il est propriétaire. Ne peut-il payer que difficilement, le *sweater* lui demande un gage, qu'il sait bien devoir conserver. Gages sur gages s'accumulent, et voilà le sous-locataire devenu le serf de son propriétaire.

D'autre fois, le *truck-system* se présente sous une forme encore plus déguisée, nous voulons parler de l'obligation où se trouvent les ouvrières d'acheter chez le *sweater* les objets nécessaires à la consommation. Les enquêtes faites en Belgique sur l'industrie dentellière sont, à cet égard, très significatives. Beaucoup de « facteurs » tiennent une boutique d'étoffes, de mercerie, d'épicerie, de légumes, etc. Quand ils délivrent l'ouvrage aux ouvrières, — mais, surtout, lorsque ces ouvrières sont des femmes de la campagne, ce qui est très fréquent en Belgique — ils parviennent presque toujours à leur vendre quelques objets. Au début, l'ouvrière n'ose pas refuser, mais peu à peu le facteur réussit à placer un nombre plus considérable d'articles, pour une valeur qui dépasse le salaire auquel les dentellières ont droit. Il en résulte bientôt un véritable asservissement.

« Parfois, dit M. Verhaegen (1) les fournitures...
« consistent en fil à dentelle, et l'on voit alors cette

—————

(1) Verhaegen, *op. cit.*, p. 852.

« chose étrange, cet abus qui n'a peut être pas son
« pareil dans les annales de l'exploitation des tra-
« vailleurs : l'ouvrière recevant comme salaire une
« marchandise qui retournera plus tard à son patron
« lorsqu'elle l'aura transformée par le travail de
« ses doigts ! »

Les *sweaters* méritent aussi le mépris des ouvriers pour leurs procédés immoraux. Les enquêtes anglaises et américaines ont révélé sur ce point des exemples scandaleux. Le secrétaire de la ligue contre les « Tenement-houses » de New-York nous parle de l'immoralité des *sweaters,* qui ne font travailler que les femmes qui leur sont complaisantes. » C'est un fait bien connu, dit John Crowley (1), « et je pourrais donner le nom des femmes et des « jeunes filles qui ont été victimes de la poursuite « amoureuse des *sweaters.* » Une ouvrière a déclaré en propres termes à Crowley que la raison pour laquelle elle se laissait entraîner, c'est que si elle ne le faisait pas, d'autres camarades de *sweatshop* (atelier de *sweater*) la remplaceraient, en lui faisant perdre son travail. Il n'est pas besoin de s'étendre plus longtemps sur un fait connu, et qui n'est pas l'apanage du *sweating-system.* M. Gladbach, conseiller d'industrie pour Dusseldorf, Neuss, Barmen, Elberfeld, dit que dans ces villes manufacturières « les jeunes ouvrières ont beaucoup à souffrir, parce « que les distributeurs du travail sont des jeunes

---

(1) *Report of the Committee on Manufactures,* p. 108 et suiv.

« gens qui aiment à le donner à celles qui ne sont
« pas les plus prudes. » On pourrait multiplier les
exemples. Mais peut on affirmer qu'ils tiennent au
sweating, au point d'en faire une partie intégrante ?
On a dit à juste titre : « Partout où le travail des
« femmes dépend de la bonne volonté de l'homme,
« patron ou contremaître, la corruption est fatale. »
Je me bornerai à rapporter ce propos récent d'une
ouvrière en parapluies d'une fabrique de l'Ouest :
« Je n'ai jamais pu faire de parapluies de soie, parce
« que j'ai voulu rester honnête. Le contremaître n'en
« donne qu'à celles qui se livrent à lui. »

Les entrepreneurs d'ouvrage dans la petite industrie méritent donc souvent les critiques qui leur
sont adressées, sans qu'il faille les incriminer tous,
en bloc. Il en est parmi eux de très honnêtes et de
fort utiles. On a trop vite fait de les accabler d'un
mépris total, qui ne laisse pas d'être exagéré. Ici
comme ailleurs, la vérité réside en un juste milieu.

Parmi ces intermédiaires, il en est d'un genre
particulier, près desquels nous voudrions nous
arrêter un instant puisqu'aussi bien ce sont, chez
nous, les plus utilisés de tous. Nous avons nommé
les ouvroirs et couvents de femmes. Ces maisons (1) « traitent avec le magasin et font ef-

(1) Ce n'est pas seulement en France que les couvents de
femmes servent d'intermédiaire entre les fabricants et les
ouvrières de l'aiguille. Ils sont, pourrait-on dire, à la base de
l'industrie dentellière en Belgique. Dans un grand nombre de
couvents belges, les fillettes apprennent à faire la dentelle.

« fectuer la commande... par les enfants ou les
« jeunes filles auxquelles elles apprennent à tra-
« vailler. »

On entend généralement par ouvroirs, en prenant
cette expression dans un sens plus restreint que
désignerait mieux le vocable ouvroir externe, des
établissements dans lesquels « les directeurs et
« directrices sollicitent la commande de travaux
« qu'ils distribuent ensuite aux personnes qui se
« présentent » (1). Le mot ouvroir n'a plus dans
ce cas le sens d'orphelinat ou d'école professionnelle
de jeunes filles. Il remplit véritablement alors le
rôle d'entrepreneur.

C'est là, dit-on, qu'est l'abus. Les directeurs d'ouvroirs, qu'ils soient laïques ou congréganistes (2),
gardent pour eux à peu près tout le prix de façon
donné par le magasin et ne laissent aux ouvriers
qu'un très modique salaire. Ce seraient les entre-

D'autre fois, les ouvrières adultes, mariées ou non, demandent
au couvent de leur procurer du travail. Enfin, les nombreux
béguinages endormis dans les Flandres, où des vierges dévotes
s'assemblent « dans la verdure et la paix des banlieues » pour
égrener d'éternels rosaires et tisser de fine dentelle, sont très
appréciés des fabricants pour leur honnêteté, leur exactitude et
le souci qu'ils ont de ne faire, en général, que les ouvrages
d'une grande valeur artistique.

(1) V. *Réforme sociale*, année 1901, tome II, p. 278.

(2) On compte à Paris : 67 orphelinats dirigés par des religieuses catholiques, 5 par des diaconesses protestantes, 8 par
des laïques. On compte 30 écoles professionnelles de filles ayant
une direction catholique, 15 ayant une direction laïque, 6 muni-
cipales. Il y a 16 ouvroirs externes pour femmes.

preneurs les plus détestables. La question vaut qu'on s'y arrête un instant.

Et d'abord, que sont en réalité les ouvroirs? Ce sont, à proprement parler, des asiles, des ateliers de charité où les femmes et les jeunes filles — nous ne songeons qu'à elles en ce moment, mais le fait serait aussi vrai des hommes — se réunissent pour travailler sous une direction ou viennent demander des travaux à emporter à domicile. Le but principal des ouvroirs et autres maisons analogues est de substituer les secours du travail à ceux de l'aumône. Ce n'est point ici le lieu d'étudier leur fonctionnement. Il ne s'agit que de voir en quelle façon ces établissements servent d'intermédiaire et jusqu'à quel point ils pèsent sur le travail de ceux qu'ils emploient.

Si l'on se borne à un examen tout extérieur des ouvroirs, sans chercher à en exprimer ce qu'on pourrait appeler la philosophie, on peut s'étonner de les voir accepter souvent des magasins des prix inférieurs à ceux de la localité. La chose est malheureusement difficile à contrôler avec exactitude, car les ouvroirs ne livrent guère leurs secrets. Il est néanmoins certain que le travail s'y fait au rabais. Mais la remarque énoncée plus haut suffit, il nous semble, à enlever beaucoup de valeur à la critique. Ces établissements font travailler, comme on l'a fort bien dit, « moins en vue de réaliser des bénéfices pécuniaires que dans un but d'apprentissage ou de moralisation ». Ils ne sont pas dans une situation identique à celle des autres entrepreneurs. Les ouvroirs externes distribuent les travaux commandés aux personnes qui se présentent et les paient quand ils sont remis, mais en ne prélevant sur le salaire que la somme nécessaire à solder les frais généraux de l'établissement. Comme, d'autre part, ces frais généraux sont souvent payés par la charité, les ouvroirs peuvent donner à leurs ouvrières des salaires assez élevés. Nous réservons pour plus tard la question de savoir s'ils exercent une dépression sur le marché, par leur acceptation de prix inférieurs. Pour l'instant, notons seulement qu'ils ne font pas de prélèvements exagérés. Ils en font même moins que les entrepreneurs ordinaires, car, « tandis que l'entrepreneuse fait un métier, et pèse « autant qu'elle le peut sur le salaire des ouvrières, « l'ouvroir externe fait œuvre charitable et distri- « bue à l'ouvrière l'intégralité ou la presque inté- « gralité du prix auquel l'ouvrage a été consenti. « Nous sommes donc en présence d'une institution « digne des plus grands éloges, puisqu'elle favorise « la vie de famille, en procurant du travail à domi- « cile et contribue à augmenter la quotité du salaire « féminin (1). »

Par ailleurs, ces établissements font si peu de profits exagérés, qu'ils sont obligés d'avoir recours à la charité, afin de parvenir à équilibrer leur budget. Il en est de même de ces maisons de refuge

____

(1) V. *Réforme sociale*, *op. cit.*, p. 282-283.

connues sous le nom de maisons du Bon-Pasteur.
Qu'elles acceptent trop souvent des prix dérisoires,
c'est une question sur laquelle nous reviendrons.
Mais là encore il faut tenir compte de ce que ces
maisons n'ont pas pour but essentiel le travail et
ne songent pas à réaliser des bénéfices pécuniaires.
Qu'elles ne donnent pas un salaire élevé à leurs
« pensionnaires », c'est-à-dire aux jeunes filles, qui
leur ont été confiées en garde par les particuliers
ou par l'Assistance publique, c'est une chose qu'on
ne saurait contester, malgré la pénurie de docu_
ments sur la matière.

Les Bons-Pasteurs doivent nourrir, loger les personnes qui leur sont remises. Toutes ne travaillent
pas à la couture. Le salaire que verse un magasin,
pour une douzaine de chemises, doit servir, non
seulement à celles qui ont fait les chemises mais
encore à l'entretien de celles qui sont occupées à
d'autres travaux non salariés. Les Bons-Pasteurs
sont obligés de traiter avec les grands magasins de
blanc parce que les subventions de la charité et des
services départementaux de l'Assistance publique
seraient insuffisantes. Les sommes versées par les
enfants sont dérisoires et ne sauraient assurer l'existence de la maison qui les accepte. « En principe, dit
« M. Henri Joly (1), les condititions d'admission
« sont les suivantes : 300 francs une fois donnés
« pour les enfants de 6 à 12 ans; 200 francs pour

(1) V. *Réforme sociale*, année 1901, t. II, p. 295.

« celles de 12 à 15 ans, enfin 150 francs au-dessus
« de 15 ans. Quelques « préservées » paient, sur-
« tout au moment de l'entrée. Mais, en fait, il est
« certain que sur l'ensemble des pensionnaires, les
« deux tiers, au moins, sont gardées gratuitement.
« Pour la classe des pénitentes, « il suffit d'être
« dans les conditions pour lesquelles l'œuvre est
« établie» (on comprend ce que veut dire cet euphé-
« misme) pour être reçue sans la moindre rétribu-
« tion (1). »

« Il est peu de départements, dit encore M. Joly,
« où l'Assistance n'ait recours au Bon-Pasteur. Que
« donnent-ils ? D'abord, ce qu'ils veulent ! Ce sont
« eux qui fixent la rétribution comme ils l'enten-
« dent. Le département qui donne le plus..... c'est
« le département de Seine-et-Oise. Il donne 0 fr. 82
« par jour. Viennent ensuite la Somme, qui donne
« 0 fr. 70, et le Nord, qui paie 225 francs par an.
« Beaucoup versent 0 fr. 50 par jour. Un certain
« nombre se contentent de 100 francs, 150 francs
« une fois donnés. Quelques-uns, après avoir fait
« un versement pour trois, quatre pensionnaires,
« en envoient d'autres, en supplément, pour les-
« quelles il ne donnent rien. Enfin, la Charente-

---

(1) On appelle « préservées » des enfants que leur famille a
confiées aux maisons du Bon-Pasteur, en raison des dangers
auxquels elles n'auraient pas manqué d'être exposées, étant
donné le milieu dans lequel il leur eût fallu vivre. Les « pénitentes » sont des jeunes filles indisciplinées ou vicieuses que
leurs parents, l'autorité civile ou l'Assistance publique ont
placées, dans un but de réforme.

« Inférieure, la Marne, la Meurthe-et-Moselle ont
« ce privilège, que les Bons-Pasteurs d'Angoulême,
« Reims et Nancy acceptent leurs enfants à titre
« absolument gratuit (1). »

Or, veut-on savoir à quel chiffre s'élèvent les
dépenses de l'une des maisons du Bon-Pasteur :
celle de Sens? M. Joly nous en donne le budget,
d'autant plus intéressant que ce monastère reçoit
les plus fortes subventions de l'Assistance publique.

Les dépenses annuelles s'élèvent à 63.360 francs,
non compris les impôts, l'entretien des bâtiments
et les frais généraux. Or, le total des recettes n'est
que de 51.000 francs. C'est donc un déficit de 15 à
20.000 francs.

Mais, pour n'être en perte que de cette somme, le
Bon-Pasteur de Sens doit gagner 33.000 francs par
le travail manuel. Il est ainsi dans la situation d'une
personne, le couteau sous la gorge. Il ne peut guère
discuter les prix à obtenir et se trouve un peu à la
merci de ceux qui l'emploient. Le travail se fait à
très bas prix. C'est incontestable, mais ceux qui
bénéficient de cette situation ce ne sont pas, est-il

(1) V. sur ce point, H. Joly, *op. cit.* p. 296-297. — La maison
du Bon-Pasteur de Nancy a été fermée par décret de M. le Président de la République française en date du 10 mars 1903, à
la suite d'un arrêt de la Cour d'appel de Nancy qui avait con
damné la communauté à des dommages-intérêts envers une
ancienne pensionnaire, Mlle Lecoanet.

besoin de le dire, les maisons dont nous parlons, mais bien plutôt les magasins.

Les chemises d'hommes sont payées, au monastère d'Angers, de 4 fr. 80 à 8 fr. 40 la douzaine. Les ouvrières ayant à faire des chemises à 6 fr. ou à 8 fr. 40 parviennent à gagner 0 fr. 80 par jour, bien que la moyenne soit de 0 fr. 50. Celles qui font des che_mises à 4 fr. 80 la douzaine peuvent obtenir un salaire de 0 fr. 50 à 0 fr. 60 par jour.

Ce sont là des salaires infimes, mais qui sont la conséquence des prix dérisoires faits par les magasins de blanc, et de l'impossibilité de vivre où seraient les maisons du Bon-Pasteur, en donnant à leurs pensionnaires des gains plus élevés.

On nous dira peut-être : Vous n'envisagez en ce moment que la lingerie commune. Oublieriez-vous donc la confection du linge fin et de la broderie? Dans le retentissant procès qui s'est déroulé devant la Cour d'appel de Nancy les 4, 5 et 6 février 1903, les avocats ont fait assez de bruit autour des travaux de luxe exécutés au Bon-Pasteur. Les meilleures ouvrières de cette maison seraient employées à faire « des jours » dans la batiste et la soie. Dans la circonstance, la plaignante, Mlle Lecoanet, « faisait le travail le plus fin » de toute la communauté nancéenne. « Elle faisait des petits carreaux de dessin, en tirant les fils. » Et ces travaux, dit-on, sont payés fort cher. A les exécuter, Mlle Lecoanet aurait pu gagner 5 francs par jour. Mais, d'abord, pouvons-nous remarquer, d'aussi bonnes ouvrières

sont rares au Bon-Pasteur. S'il y a dans chacune de
ses succursales des lingères habiles, il en est peu
qui soient de vraies artistes. Toutes celles qui sont
occupées à la lingerie ordinaire gagnent à peine
autant que les ouvrières libres et nous savons de
reste quelle est la situation des travailleuses de l'aiguille. On affirme encore et l'on soutient que les
jeunes filles du Bon-Pasteur, n'ayant pas de ménage
à tenir, sont dans une situation privilégiée. « Les
pensionnaires faisant des chemises, travail plus
facile et moins appliquant que les «jours », gagnent
plus que si elles étaient libres. C'est déjà un avantage en faveur des ouvroirs. Et puis, la question
n'est pas de savoir ce qu'un travail peut être payé.
Elle est avant tout de connaître quel est le salaire
exactement versé. Il est facile de dire : en travaillant chez elle, une ouvrière gagnerait 2 fr. 25 par
jour. En travaillant au refuge, elle gagne 3 francs.
Sur quoi se base-t-on pour soutenir cette affirmation?
La théorie est souvent démentie par les faits. Quand
bien même au surplus, les chiffres qu'on apporte
seraient conformes à la réalité, il faudrait encore
voir si les pensionnaires du Bon-Pasteur n'ont pas
d'autres occupations que les travaux de couture.
Chacun le sait, ces jeunes filles ne font pas que de
la lingerie et n'est-ce pas ce qu'un inspecteur du
travail, M. Meurdra, reconnaissait formellement
dans son rapport du 25 octobre 1899 sur l'établissement du Bon-Pasteur d'Angers? S'il y a exploitation, l'exploitation vient directement du grand ma-

gasin. C'est lui qui pèse en définitive sur les ouvrières des refuges par l'imposition de conditions trop souvent draconiennes.

On le voit, les entrepreneurs, dans les industries *sweated*, ne méritent pas d'être condamnés en bloc. La plus grande diversité règne à leur endroit et ce serait une aussi grande exagération de les regarder tous comme des êtres malfaisants que de fermer les yeux devant les abus qu'ils déterminent, consciemment ou non.

Mais ce n'est pas tout, le *sub-contractor* n'est pas un élément indispensable à l'existence du *sweating-system*. Ce dernier peut exister sans qu'on y rencontre la trace d'un entrepreneur. Depuis un certain nombre d'années, les magasins, qui avaient été les premiers cependant à recourir à l'intermédiaire (*sweater*), trouvèrent qu'il serait assez simple et plus avantageux de s'en passer. Ils n'avaient pour cela qu'à faire eux-mêmes la répartition de l'ouvrage, au dehors.

Et, de fait, à Londres, au centre du *sweating*, le nombre des *sweaters* a diminué, sans que pour cela la situation générale des ouvriers se soit améliorée. L'enquête anglaise a révélé à ce sujet des faits curieux. Les magasins de nouveautés fournissent souvent le travail directement aux petits tailleurs. Ils ont créé, et la tendance s'accentue, des ateliers dans l'*East-End*, où les ouvriers viennent eux-mêmes chercher l'ouvrage. La distribution en a lieu à certains jours et dans tous les quartiers excentriques.

En procédant de cette façon, les magasins économisent les profits des *contractors*. Ils gardent en effet pour eux la part du salaire qu'ils remettaient auparavant aux *sweaters*. Au lieu de payer un shilling à l'ouvrier, ils lui donnent 10 pence, somme que donnait le *sweater*. Comme il faut 12 pence pour faire un shilling, il leur reste deux pence, que les sous-entrepreneurs empochaient autrefois et qui sont maintenant gardés directement par les fabricants.

Aux États-Unis, nous retrouvons le même fait. Il arrive que dans beaucoup de métiers où les plaintes sont les plus vives contre le *sweater*, ce dernier n'existe pas. C'est ce qui arrive dans l'industrie de la chemise ou du parapluie. Depuis quelques années, ainsi qu'en Angleterre, les commerçants ont trouvé injuste que les intermédiaires missent dans leur poche une partie des sommes qu'ils leur donnaient. C'est donc, ont-ils pensé, que leur rôle n'est pas indispensable. Ils ont alors ouvert boutiques dans les quartiers suburbains des grandes villes et délivrent eux-mêmes l'ouvrage de finissage.

A Berlin, où les ouvriers de la confection sont dans une situation précaire, il n'est pas rare de voir des enseignes, annonçant des fabriques de confection pour hommes et garçons. Mais ces prétendues fabriques ne sont en réalité que des dépôts de marchandises. On y trouve, il est vrai, en annexe, une chambre pour les machines, où sont coupées, d'un coup, de grandes épaisseurs d'étoffes. Il y en a qui coupent jusqu'à 40 épaisseurs en même temps. Cela ne nécessite la présence que de quelques mécaniciens, un ou deux. Les ouvriers en chambre viennent à ce magasin de dépôt chercher les étoffes coupées. Ils y « prennent les pièces et les fournitures « (boutons, doublures, ouate), et ils emportent l'ou- « vrage chez eux pour le finir (1) ».

Fréquemment il y a rapport direct entre le patron de l'établissement et les ouvriers. Ainsi, dans l'industrie de la confection, à Herford, Bielefeld, Worms, il y a du *sweating-system*, bien que l'entrepreneur (Zwischen-meister) soit inconnu et que le patron délivre lui-même à ses ouvriers les étoffes.

En France, les grands magasins de confections connaissent cette manière de faire. Ils ont souvent des magasins dans les faubourgs, pour éviter les frais d'un entrepreneur. L'Office du travail nous en donne un exemple (2) dans une monographie d'un grand magasin du quartier de Vaugirard. Le mode d'organisation de l'entreprise étudiée est un atelier d'*apiéceur à cheval*, mis en régie. « Le grand ma- « gasin de mesure et confection (3) a organisé cet « atelier afin d'avoir toujours à sa disposition un « groupe d'ouvriers de choix... Le chef d'atelier... « commande dictatorialement l'ensemble, sous sa « responsabilité personnelle. Le loyer, l'intérêt et « l'entretien du matériel, tous les frais généraux en

(1) V. Circul. *Musée social*, série A. C. nº 10.
(2) *La Petite Industrie*, tome II, p. 123.
(3) *Eod. loc.*

« un mot, sont soldés par le grand magasin, y com-
« pris le salaire du « chef ».

Le *sweating system* peut donc exister sans *sweater*. C'est pour cette raison qu'il nous semble difficile de dire d'un façon catégorique et sans distinguer : « On doit regarder comme *sweated* toute
industrie où un entrepreneur se glisse entre le patron
et les ouvriers. »

III. — Insalubrité des ateliers

Si le *sous-contrat* n'est pas un élément nécessaire
à l'existence même du *sweating-system*, il en va
différemment des divers phénomènes que nous allons
analyser.

Le premier et le plus frappant c'est l'insalubrité
des ateliers. Là est, pour ainsi dire, l'enveloppe du
sweating, sans laquelle il ne mériterait pas l'étiquette bizarre dont on le décore. Notre but n'est
point d'étudier la question des logements insalubres.
Ce serait sortir du cadre que nous nous sommes
tracé. Ce que nous voudrions envisager, c'est, avant
tout, la situation particulière de certains logements,
en tant qu'ils se trouvent liés à l'existence du *sweating-system*. Puisqu'aussi bien c'est à Londres et
aux États-Unis que se manifestent le plus claire-
ment les abus du *sweating*, c'est à l'Amérique et à
l'Angleterre que nous bornerons l'étude des ateliers
sweated.

Les Américains les rangent ordinairement sous

deux catégories. Ils les distinguent en *sweatshops* et en *tenements-houses.*

On appelle *sweatshop*, disait Abraham Bisno (1) « un atelier (shop), où le travail est fait par des ouvriers sous la direction d'un *sweater.*

On entend par *tenement-house*, toute construction louée à trois familles ou plus, ayant en commun l'usage des escaliers et de la cour. Telle est la définition légale. Mais, au point de vue du *sweating-system,* le *tenement-house,* est tout appartement, toute partie de maison où une famille travaille isolément, pour le compte d'un *contractor*, mais en dehors de sa surveillance directe. C'est du moins, à cette explication que se rallient les témoins entendus dans les différentes enquêtes.

A dire vrai, la distinction (2) entre *sweatshop* et *tenement-house,* lors même qu'elle est justifiée, ne présente en fait aucune importance. Ateliers du *sweater* comme ateliers de famille sont aussi malsains les uns que les autres. On pourrait peut-être se représenter le *sweatshop* comme une grande et belle salle. Il n'en est rien (3). Ce n'est générale-

(1) *Report of the Committee on Manufactures...*

(2) En fait, l'opposition entre *tenement-house* et *sweatshop* n'existe pas. Les *sweatshops* font partie des *tenements-houses.* Mais, dans l'usage vulgaire, on se sert du mot *tenement-house* pour désigner plus spécialement l'atelier domestique (*homeshop*). Qu'on ne s'étonne donc pas de trouver, au cours de cette étude, le mot *tenement-house* employé parfois pour désigner l'atelier du *sweater.*

(3) En disant que le *sweatshop* est une pièce étroite et malsaine nous n'envisageons pas l'atelier des grands ni même des moyens

ment que la chambre même d'habitation du *sweater*.
Dix, quinze, vingt personnes s'y entassent. La situation y est aussi mauvaise que dans l'atelier de la famille. Au dire du témoin précité (1), le *sweatshop* n'est le plus souvent qu'un atelier familial élargi, agrandi par un travailleur un peu aisé. Cet ouvrier qui travaillait chez lui, avec sa femme et ses enfants, s'adjoint bientôt un voisin, puis deux, puis trois, et le *sweatshop* est né. C'est une chose curieuse en effet, de voir les émigrés, principalement les Israélites, aspirer tous à sortir de la condition de simples travailleurs, et s'élever à celle d'employeur. « Les
« Juifs, écrit M. Sayous (2), détestent de voir rému-
« nérer leur activité sous la forme de « salaires » ;
« ils n'aiment que le « profit ». Ils travaillent eux-
« mêmes, lorsqu'ils le doivent pour ne point mourir
« de faim ; mais leur idéal est de vivre du travail
« des autres. S'il y a parmi les Juifs *beaucoup* de
« *sweaters* bons et bienveillants à l'égard de
« leurs ouvriers, le pire *sweater* semble être le
« Juif inhumain, marié à une femme avide et avare
« à l'extrême, par suite du rôle énorme de l'épouse
« dans tout ménage israélite et surtout dans les plus
« prolétariens ». Ce désir de passer de la situation

sweaters, qui ne mérite pas généralement d'être critiqué. Dans le cours de nos explications sur l'insalubrité des logements, nous supposerons toujours l'atelier des petits *sub-contractors*.

(1) *Report* ..., p. 93.

(2) Sayous, *L'entre-exploitation des classes populaires à White-chapel*, p. 286.

« d'exploité à celle d'exploiteur explique l'absence
« de confort des ateliers, tenus par les *sweaters*.
« Dans la chambre, assez grande jusqu'alors, on se
« serre un peu plus pour loger les nouveaux employés
« et, quand il y en a quinze, c'est un véritable enfer. »

Les chambres où travaillent les seuls membres
d'une famille ne sont pas plus hygiéniques. Elles ont
mérité des Anglais comme des Américains l'épithète
de taudis *(dens)*.

A New-York, le travail de finissage se fait à peu
près entièrement en *tenements-houses*. Dans les
seuls « blocks » (1) de Manhattan et des Broux, il y
en a plus de 46.000. Les nouvelles « maisons à logements » sont généralement « bâties sur des ter-
« rains de 25 pieds de large sur 100 de longs (8 × 33
« mètres) et aménagées pour recevoir 4 familles par
« étage. Elles ont 6 ou 7 étages et d'ordinaire on
« compte à chacun une dizaine de pièces (2). »

Chose curieuse, la construction de ces logements
et leur développement ont coïncidé avec l'apparition
et l'accroissement du *sweating-system* aux États-
Unis. D'après M. Levasseur, il n'y avait, en 1838 à
New-York, qu'un seul *tenement*. En 1885, il y en
avait déjà 26.859 et aujourd'hui sur les trois millions
et demi d'habitants de la cité new-yorkaise près de

(1) On appelle block un « pâté » de maisons, taillé ordinairement au carré, et enserré sur ses quatre côtés par des rues ou
des avenues.

(2) Paul Escard. « La question des logements à New-York ».
Réforme sociale, 1ᵉʳ mai 1901, p. 689 et suiv.

deux millions et demi vivent en « maisons à logements ».

Il ne s'agit, bien entendu, que des *tenements-
houses*, contraires à l'hygiène. Malheureusement nous
n'en connaissons pas le nombre exact. Il serait d'ailleurs inutile de s'arrêter à le rechercher, car l'ouvrage effectué sous le régime de la sous-entreprise
n'est pas entièrement exécuté en *tenement-house*.
N'oublions pas celui qui vient de la campagne, et
qu'un grand souffle d'air a pénétré. Mais, une fois la
part faite à cette observation, on peut dire que le finissage est l'œuvre des ateliers insalubres. La chose est
d'autant plus évidente que dans les cités américaines où les *tenements-houses* ne sont pas répandus,
les grands magasins de confections (vêtement, lingerie, etc.) font exécuter leurs travaux dans les villes
où il en existe. Les grandes maisons de Boston
envoient confectionner presque tous les vêtements
de médiocre qualité dans les petits ateliers de New-
York. Le travail a été ainsi soutiré aux tailleurs bos-
toniens. On demandera peut-être pourquoi ? Tout
simplement parce que les directeurs de magasins y
ont trouvé leur avantage. Malgré la distance qui
sépare Boston de New-York, un vêtement fait dans
cette dernière ville revient encore à meilleur marché
que s'il avait été confectionné dans l'autre.

Il n'y a même pas que le finissage qui soit exécuté
en *tenement-house*. Une grande partie de la coupe
des vêtements s'y fait journellement. Les témoins
entendus par le Comité des Manufactures de Washing-

ton sont unanimes à le reconnaître. C'est M. Coggs-well, c'est M. Barnes, qui l'affirment (1). « Les petits ateliers de New-York sont les rivaux les plus redoutables du travail bostonien. »

Depuis longtemps déjà le travail de couture à l'entreprise s'est fait et se fait en Amérique, dans des logements malpropres et sans air, comme par exemple, à New-York, dans les rues Stillman, Beach, Prince, rue de Pitt et rue Merrimac. Toutes les grandes cités de l'Est comptent de nombreux ate-liers antihygiéniques, mais New-York est peut-être la ville qui en renferme le plus.

Quelques détails ne laisseront pas d'être utiles, à ce sujet. « Nous avons visité, dit John Nuhn (2), un « de mes amis et moi, le district du côté est de la « rue Cherry à la rue Houston. Dans ce quartier, « les industries soumises au *sweating*, s'exercent « en *sweatshop*. A Sheriff street, nous avons trouvé « dans un atelier, un *sweater* employant cinquante « personnes. Les planchers de l'appartement étaient « malpropres et jonchés d'étoffes. »

Le Comité de Manufactures de Washington a visité un établissement *sweated* dans l'avenue Newberry (à Chicago). Cet atelier était situé à un second étage au-dessus d'une écurie, et donnait sur une cour. On y accédait par un corridor sale. Entre la partie de la maison située sur la rue et l'écurie

(1) V. *Report of the Committee on Manufactures*, pp. 97, 101 et suiv.

(2) *Report of the Committee on Manufactures.* p. 201.

au fond de la cour, se trouvait un espace de 25 pieds carrés, qui n'était en réalité qu'un « réceptacle de boyaux » . L'odeur était si écœurante qu'il était impossible d'ouvrir une fenêtre sur la cour. Il en résultait, dans la chambre de travail, une atmosphère fétide qui prenait à la gorge. Dix-huit personnes entassées, dans une demi-obscurité, la chaleur humide du poêle et l'odeur de deux cabinets voisins, tout contribuait à rendre l'appartement inhabitable. Et cependant de pauvres gens y travaillaient à des manteaux de dames, de 7 heures du matin à 9 heures du soir (1).

Nous pourrions multiplier les descriptions de semblables ateliers. Nous trouverions partout même manque d'air, et même saleté. Dans une chambre que Mme T. J. Morgan (2) a trouvée rue de la Division Est, travaillaient 64 personnes, dont 39 jeunes filles, 11 hommes, 12 enfants, le *sweater* et sa femme. Les machines étaient au centre de la chambre. Le fourneau à repasser servait à faire la cuisine, et, le soir, des lits étaient dressés sur le plancher. C'est là l'un des traits caractéristiques du petit atelier de *sweating* . La pièce qui sert d'atelier est généralement utilisée comme chambre à coucher, cuisine et salle à manger (3).

(1) *Report...* p. 66.

(2) *Eod. loc.*, p. 72.

(3) V. sur ce sujet le *Report of the Committee on Manufactures,* 1893, le *Seventh biennial Report...* et le Rapport fait pour l'année 1895 par le bureau de statistique du travail de New-York sur

Quand on parle des *sweating-shops*, il ne faut jamais séparer la chambre d'habitation de la salle de travail (1). Les Américains expriment cette double fonction par le mot *tenement-house-workshop* dont M. William Coggswell nous donne la définition suivante : « Le *tenement-house-workshop* « existe, là où des gens vivent dans les apparte- « ments qui leur servent d'atelier » (2). — Si des personnes, habitant une maison, travaillent à un étage et « vivent » à un autre, il n'y a pas là *work-shop*.

La misère des petits *sweaters* explique la nécessité où ils se trouvent de faire servir une même chambre à divers usages. Elle ne leur permet pas d'occuper des ateliers vastes et bien aérés, et les contraint à se contenter des logements les plus sordides. A Boston, l'agent du Bureau du Travail cite une maison (3) où les salles ne sont ni balayées ni lavées, et où les déchets et les cendres viennent s'entasser sur le palier. Une chambre sert d'atelier. On y fait des culottes d'enfants à 6 cents la paire· Quatre machines à coudre sont en mouvement. « Avec l'ouvrage, le charbon, les cendres, les lampes, le pot d'huile, les bouteilles vides, le pain, les os et

le *sweating* dans l'industrie des cigares. On y trouve la reproduction photographique de chambres dans lesquelles travaillent les ouvriers cigariers.

(1) Les petits ateliers de *sweating*, à Londres, présentent le même caractère. V Booth, *Life and Labour...*, t. IV, p. 42.

(2) *Report of the Committee on Manufactures*, p. 100.

(3) *Report...*, p. 234.

la boue répandue sur le plancher, l'odeur de l'appartement est écœurante. »

A Saint-Louis, M. Levasseur a visité, près de la rivière, des ruelles infectes, habitées surtout par des Juifs russes et polonais. — L'éminent économiste a vu, dans un *tenement-house* de Boston, une femme amaigrie et vieillie par des privations de toute sorte. La pièce qu'elle occupait, mal éclairée avec un vitrage donnant sur l'escalier et une fenêtre sur une ruelle, contenait un lit, une commode, un poêle de fonte sans feu et trois chaises. Le mari était assis sur l'une d'elles. Ce pauvre homme était poitrinaire et sa femme cousait des boutons (1).

(1) On se rappelle les pages intéressantes consacrées par M. Paul Bourget au quartier de New-York désigné sous le nom de *Bowery* : « Après avoir cheminé quelques instants..., nous « pénétrons dans un premier logis. Il se compose de deux « chambres au rez-de-chaussée, aussi étroites que des cabines « de bateau. Des hommes et des femmes y travaillent, au « nombre de huit, accroupis dans un air fétide qu'un poêle de « fonte rend plus asphyxiant encore et quelle saleté ! »... Dans le quartier des Juifs « nous visitons plusieurs ateliers, tant « d'hommes que de femmes, où l'on travaille à de la couture. « Nous y trouvons, rangées sous la surveillance du chef, du « *boss*, de patientes et maigres figures masculines toutes velues, « avec un nez infini, de pauvres poitrines féminines creusées, « des épaules aiguisées par la phtisie, des filles de quinze ans, « vieilles comme des grand'mères, et qui n'ont pas mangé un « morceau de viande dans leur vie, toute une lamentable suite « de physiologies de misère. A peine si nous pouvons supporter « l'atmosphère de ces ateliers où le relent des corps mal « soignés se mélange à l'odeur de nourritures gâtées, le tout « exaspéré par la fade senteur du poêle. » *Outre-Mer*, t. I, p. 257-263-264.

Mme B. O. Flower dépeint, dans son ouvrage *Civilization's Inferno*, les horribles misères de Boston et cite, entre autres, une famille vivant dans une cave avec un seul lit pour le père, la mère et la fille. Dans une autre cave, il y a deux lits pour la mère et les sept enfants.

Beaucoup de ces victimes du *sweating*, occupées tout le jour dans un *sweatshop*, logent en garni. C'est ainsi qu'à Boston il y a 270 maisons où on héberge à la nuit, pour une somme variant de 25 à 3 cents.

Quand les *sweaters* logent leurs ouvriers, ils n'ont souvent aucun lit à leur donner. C'est alors une promiscuité comparable à celle de certains intérieurs miniers. Le système nerveux s'exaspère. C'est la neurasthénie avec toutes ses conséquences. Les maladies s'abattent sur ces pauvres gens (1). La contagion se propage et ce peut être un danger pour le consommateur de se servir d'articles faits en *tenements-houses*. La *Consumers' League of New-York* (2) ne cesse d'insister sur ce péril du *sweating-system*. Il est, en effet, hors de contestation que les maladies épidémiques, et principalement la tuberculose, se transmettent, avec une incroyable facilité,

(1) V. *Seventh Spécial Report* etc., p. 97 et suiv.

(2) La ligue nationale américaine des Consommateurs, dont nous dirons quelques mots au chap. V, s'attache à faire connaître au public les abus du *sweating-system* et les dangers qui peuvent en résulter pour l'hygiène. C'est, aujourd'hui, son principal objet.

par les vêtements confectionnés en des ateliers malsains. « Le docteur Annie F. Daniel, médecin du
dispensaire pour femmes et enfants de la ville de
New-York a lu, à l'un des Congrès de la Ligue (1),
un rapport sur cette question ; nous y trouvons les
faits suivants : durant l'année 1900, parmi les familles
d'ouvriers auxquelles le dispensaire a donné des
soins à domicile, on en a compté 179 occupées à
faire des vêtements. Dans la plupart de ces familles
régnaient des maladies contagieuses ou infectieuses,
la plus fréquente étant la tuberculose ; or, cette dernière catégorie de malades travaillait, pour ainsi
dire, jusqu'au jour de la mort (2). »

Il y a d'autant plus lieu d'être inquiet, que 70 0/0
des vêtements exportés par la ville de New-York,
en 1899, ont été faits dans des logements infectés de
bacilles tuberculeux. Et ce sont ces vêtements qui
s'étaleront à la vitrine d'un grand magasin, en attendant que de riches *gentlemen* ou d'élégantes *ladies*
s'en parent amoureusement le jour du Grand Prix
ou du *Horse-Schow* (concours hippique) de New-
York !

Tout conspire, on le voit, à faire de l'atelier de

(1) Tenu en mars 1901.

(2) H.-J. Brunhes. *Les ligues de Consommateurs.* Association
cathol. 15 nov. 1961, p. 402. Au dire du Dr John H. Pryor,
entendu, le 16 novembre 1900, comme témoin. devant la Commission des logements ouvriers, il y avait, à New-York,
20.000 tuberculeux. « On peut donc dire en toute assurance que
la majorité des habitants des « tenements » a la tuberculose
sous une forme quelconque. »

sweating un objet de mépris. Mais ce n'est pas seulement à New-York ou à Chicago qu'il nous apparaît sous cet aspect effroyable. Les *sweatshops* de Londres présentent le même caractère d'insalubrité. Comme pour échapper aux regards des gens du monde, le *sweating-system* s'est installé derrière les brumes de la Tamise, dans cet immense et sombre Whitechapel, qui demeure encore, malgré les transformations qu'il a subies, le pays de la misère, au fond duquel «s'agite tout un peuple bizarre : —faces bestiales, allures suspectes, vêtements sordides. Des malheureux et des bandits. Des errants de nuit et des filous (1). » C'est là, dans « ce royaume fangeux de la misère » qu'il faut aller chercher les ateliers des *sweaters* et les taudis des *sweatee*. C'est dans *Fournierstreet* et *Princeletstreet*, c'est dans *Spitalsquare*, *Pellamstreet*, *Hamburystreet* et *Boothstreet* que sont établis les petits entrepreneurs et leurs ouvriers.

Leurs logements sont misérables, et, comme ceux de New-York, servent à la fois d'atelier et de chambre d'habitation proprement dite. Ils se trouvent, d'ordinaire, en des mansardes ou au fond de caves obscures. Une seule et même pièce sert, dans la plupart des cas, de chambre à coucher, de salle à manger, de cuisine et d'atelier (2). — Dans *Here. Street,* dit l'enquêteur du *Jewish Chronicle* (3), huit.

(1) Jules Claretie.
(2) Booth, *Life and Labour...* t. IV, p. 41-42.
(3) Cité par A. Sayous. *op. cit.*, p. 307 et 308.

à neuf personnes travaillent (à faire des casquettes),
dans une cuisine — pièce misérable et obscure, où
la lumière ne pénètre que par une étroite tabatière. »
L'enquête de la Chambre des Lords (1888) révéla
l'état dans lequel se trouvaient les ouvriers cordonniers. « A Spitalfields, dans Brick-lane, Old-Mon-
« tagne street et les rues environnantes, de même
« qu'autour de la *Commercial Road*, il existe des
« centaines ou des milliers d'étrangers..., qui sont
« employés par des *contractors*, dans des greniers
« et des caves, pendant 16 à 18 heures par jour (1). »
Les ébénistes n'étaient pas alors mieux favorisés.
Ils étaient souvent réduits à travailler en cave. Le
mal était si général, qu'au dire du Révérend Billing, toute la paroisse de Spitalfields était peuplée
d'ateliers clandestins occupés en grande partie par
des immigrés juifs. Les chambres de travail des ouvriers du vêtement, de la chaussure ou du meuble
étaient noires, enfumées, traversées comme à New-
York de l'odeur écœurante des plombs (2). Les tailleurs ou les chemisiers cousaient sur leurs genoux.
Une table aurait tenu trop de place. La description
suivante de Lakeman (3), inspecteur des fabriques,
donne une idée de l'insalubrité des *sweatings-shops*
de Londres : « Les vêtements des ouvriers en cham-

(1) *Report on Immigration*, p. 273.

(2) Aujourd'hui, les odeurs nauséabondes se font de plus en
plus rares, car les inspecteurs se montrent extrêmement rigou-
reux en ce qui concerne les water-closets.

(3) J. Ball Lakeman. *Labor and Life of the People*, II, p. 343.

« bres, dit Lakeman, sont vraiment honteux, et les
« ouvriers paraissent vivre dans la saleté plus que
« dans la propreté. En plusieurs ateliers, se trouve un
« lit sordide, sur lequel sont jetés les vêtements ache-
« vés. Les enfants, nus, sont couchés, pêle-mêle, sur
« le plancher. Les lits sont couverts de casseroles, de
« poêles et d'ustensiles de ménage. Le tout est fort
« malpropre. Les aliments sont épars, les habits
« suspendus à une corde, les cendres volent à l'en-
« tour et l'atmosphère est si épaisse que l'on se trouve
« mal. » Cet exemple est si peu anormal, que Lakeman, à lui seul, en a trouvé quatre-vingt-quinze
autres analogues.

Quand les *sweaters* se chargent de loger leurs
ouvriers, ce n'est souvent que pour leur offrir un
banc, pendant la nuit. Certains doivent coucher sur
le carreau, voire même sur le palier.

Depuis quelques années, cependant, la situation
des petits ateliers de Whitechapel s'est améliorée,
par suite de l'assainissement du quartier, et de la
démolition des anciennes maisons. De nouvelles
constructions se sont élevées, sur l'emplacement des
vieux taudis.

« Le comité sanitaire du bureau juif de bienfai-
« sance (1) a combattu avec un notable succès les
« logements malsains de ces coreligionnaires. » Mais
il n'en reste pas moins vrai que les petits ateliers demeurent toujours contraires à l'hygiène. Toutes ces

____

(1) V. Sayous, *op. cit.*, p. 302.

maisons de souffrance n'ont pas disparu. Il existe
encore beaucoup de mansardes et de caves sans air
que de pauvres gens sont heureux d'habiter, et qu'ils
préfèrent souvent aux grandes casernes que des sociétés de construction ont établies à leur intention.
Les Israélites pauvres ont une telle habitude de la
malpropreté que leurs nouveaux logements redeviennent très vite aussi malsains que ceux qu'ils occupaient autrefois. Tant de siècles de misère pèsent
sur ces pauvres travailleurs que l'injustice du monde
a toujours traités en parias, tant de nuit s'est accu-
mulé sur leur tête, que la lumière les déconcerte,
semble-t-il. En dépit de leur esprit foncièrement
aventureux, ils restent sourds à toutes les transformations qui pourraient améliorer leur sort et c'est
là, de l'aveu des observateurs, l'obstacle le plus sûr
à toute réforme.

Les descriptions d'il y a douze ans n'ont donc pas
perdu leur actualité. Les ateliers des petits *sweaters*
sont, trop fréquemment, hélas! de véritables taudis
(*dens*). « Dans des pièces exiguës, dit M. Sayous (1),
plusieurs personnes travaillent, si rapprochées les
unes des autres que leurs mouvements en demeurent gênés; pour éviter le froid et l'humidité, on vit
en hiver dans une atmosphère surchauffée et malsaine; et, si la misère est intense, la même pièce
servira de cuisine et de dortoir non seulement à une

(1) *Op cit.*, p. 302

famille plus ou moins nombreuse, mais à d'autres personnes. Il n'est point rare de voir, après des heures de travail prolongées, repousser les instruments dont l'atelier est rempli, et les ouvriers eux-mêmes, sinon d'autres malheureux, s'étendre par terre ou sur de méchantes paillasses. » Telle est aujourd'hui la situation de bien des *sweating-shops* à Londres. L'amélioration de ces petits ateliers, puis leur disparition, ne se produiront que lentement et difficilement. Tant que les inspecteurs auront un cœur d'homme, ils ne pourront se résoudre à jeter sur le pavé les malheureux ouvriers *sweated* ; et d'autre part, tant que les travailleurs miséreux, et principalement les immigrés juifs, n'auront pas rompu complètement leurs habitudes invétérées de malpropreté, les réformes seront difficiles à réaliser.

Nous ne dirons qu'un mot des petits ateliers en chambre qui, chez nous, correspondent aux « sweat-shops » de Londres ou de New-York. Si vous voulez en rencontrer, escaladez ces grandes maisons neuves que des spéculateurs avides ont jetées aux quatre coins des villes. Allez encore au fond des faubourgs et regardez cette demeure d'un autre âge qui conserve je ne sais quel air aristocratique avec son porche écussonné, son balcon de fer forgé et ses fenêtres à petits carreaux. C'est un ancien hôtel de financier où s'abritent plus de vingt ménages. Les appartements y sont vastes et froids. La fumée des plats qu'on apprête se mêle à l'odeur fade du poêle allumé. La salle carrelée où travaille toute la famille sert à la

fois d'atelier, de cuisine et de chambre à coucher.
Vous vous récriez peut-être? Il y a pis encore, au
cœur de Paris, près du Louvre et des quais. Certains
petits ateliers n'ont pas même de fenêtre. Entrez
par un beau jour d'été dans l'un de ces misérables
appartements. Dehors, c'est la lumière, c'est le
soleil, le bon air vif. Ici c'est l'athmosphère épaisse,
le clair-obscur d'un tableau de maître hollandais. A
la lueur d'une pauvre lampe, de jeunes ouvrières,
alertes et gaies, cousent des pantalons ou des jupons,
montent des tulles, des ruches ou des fleurs artificielles. N'est-ce pas la misère dans toute son horreur
muette ?

On ne retrouve pas, il est vrai, d'abus aussi criants
dans les ateliers des grands entrepreneurs où la salle
de travail est distincte de la salle à manger. Nous
ne voulons pas dire que l'installation y soit parfaite.
Il s'en faut de beaucoup. L'aération est souvent
défectueuse dans les ateliers de couture à l'entreprise (1) où la distribution semble des mieux entendues pour celui qui ne connaît que le salon d'essayage, ses glaces, ses tapis et ses plantes vertes
sur lesquels se joue la lumière électrique. L'*Office du Travail* constate le fait, tout en lui donnant
une explication, qui suffit à faire rejeter la gravité

(1) Depuis le mois de juillet 1901, la chambre syndicale des
ouvriers tailleurs de Paris, considérant que les ateliers de couture sont fréquemment de vrais foyers d'épidémie, fait donner
des conférences sur l'hygiène et la contagion dans l'industrie
des vêtements.

de la situation sur les nécessités d'organisation du métier. « Les soirs d'hiver, les hommes, accroupis au fonds de ces ateliers (1), en apparence modèles, étouffent. On est contraint d'ouvrir les larges fenêtres, sur les rangs les plus rapprochés du mur de façade. Les rhumes, les phtisies en résultent. » (2)

Si l'étouffement est, en quelque sorte, un vice inéluctable des ateliers de couture parisiens, la malpropreté n'en est pas un. Le seul reproche de quelque valeur qui puisse être fait, touche à l'installation matérielle du local où les repas sont pris. Les entrepreneuses ont en effet l'habitude de nourrir leurs ouvrières ou, du moins, de leur fournir un endroit où elles puissent manger. Des salles sont, généralement, affectées à ce service. Des fourneaux à gaz y sont installés pour permettre aux ouvrières de faire cuire leur déjeuner et le dîner aussi, qu'elles emporteront et mangeront chez elles. « En général, « dépose une patronne (3), récemment encore grande « première de l'un des couturiers les plus connus, « le local affecté au repas est insuffisant pour le per- « sonnel entier... Le retard du déjeuner, ajoute une « grande première, a les plus grands inconvénients « pour les ouvrières habituées des restaurants ou

______

(1) Il s'agit des ouvriers apiéceurs employés dans les ateliers les plus réputés de Paris.

(2) *Office du Travail. La* Petite Industrie, t. II, p. 169.

(3) *Office du Travail.* La Petite Industrie, t. II p. 518.

« des bouillons. A leur arrivée, il ne reste plus que
« des plats réchauffés ou trop chers. » (1)

Dans un cas particulier, nous retrouvons, cependant, la confusion des « sweatshops » d'Angleterre
ou d'Amérique entre la salle du travail et la salle à
manger. Le fait se présente lorsque le coup de feu
des « saisons » oblige les ouvrières de l'habillement
à veiller fort avant dans la soirée. Un repos de vingt
à trente minutes est accordé pour le *goûter* (2), vers
six heures. Les ouvrières qui ne sont pas nourries
par l'entrepreneuse descendent alors chercher dans
les boutiques voisines un morceau de fromage, du
jambon, du pâté, parfois même des gâteaux. Le restaurateur ou le marchand de vin sont trop éloignés.
Il faut revenir manger à l'atelier. Sans s'arrêter un
instant aux vitrines des magasins, elles vont vite
et rentrent en hâte avaler leur dîner sur la table
même qui sert au travail. Un ou deux mots, des
rires énervés, et l'aiguille repart plus vive et plus
alerte jusqu'à onze heures ou minuit.

Quoi qu'il en soit, tous ces abus ne sont qu'un

(1) « Dans une autre maison, non moins fameuse..., l'orga-
« nisation est défectueuse. La salle des repas se trouve dans
« le sous-sol. Pas de fourneaux ni de gaz ; les ouvrières sont
« contraintes d'apporter une lampe à esprit de vin. Espace in-
« suffisant. Il résulte de ce manque d'espace qu'un certain
« nombre d'ouvrières déjeunent debout. Quand l'une des « plus
« anciennes » doit s'absenter, sa place est sollicitée d'avance.
« Les « dernières arrivées dans la maison » restent forcément
« debout. » *Op. cit.*, p. 514.
(2) *Op. cit.*, p. 515.

reflet bien pâle de ceux que nous ont révélés les enquêtes anglaises ou américaines, et si le *sweating-system* a pu se manifester en France, ce n'est pas, croyons-nous, par l'insalubrité excessive et constante des petits ateliers.

IV. — Exagération des heures de travail

En même temps qu'il suppose l'existence d'ateliers insalubres, le *sweating-system* présente comme caractère précis l'exagération des heures de travail. On n'en sera pas surpris, si l'on se rappelle quels ont été ses débuts. A l'origine, enseignent les auteurs anglais, le *sweating-system* ne désignait pas autre chose que *l'overwork*. Nous le disions nous-même dans le chapitre précédent, quand l'habitude de faire exécuter l'ouvrage au domicile de l'ouvrier se fût généralisée, les labeurs exagérés se trouvèrent implicitement encouragés. Le travailleur put régler son travail à sa guise et le prolonger aussi longtemps qu'il lui plaisait (1). *L'overwork* devait donc être et fut en réalité la première manifestation du *sweating-system* ; mais, d'exceptionnel qu'il était d'abord, il ne tarda pas à devenir une chose absolument normale, prenant chaque jour plus de gravité.

______

(1) « L'ouvrier qui travaille aux pièces, dit M. Villey, a intérêt à travailler fort et longtemps. » *Principes d'économie politique*, p. 272.

C'est qu'en effet, le travail n'a pas seulement un caractère personnel. Il présente une portée plus étendue. Que l'ouvrier reste longtemps à l'ouvrage, rien ne saurait s'y opposer, au moins en théorie. Qu'il se lève avant l'aube et veille fort tard dans la nuit, c'est une action qui n'importe qu'à lui et ne relève que de sa liberté individuelle.

Mais où l'abus cesse d'être individuel pour devenir social et justifier, à ce titre, certaines mesures d'ordre général, c'est quand les entrepreneurs font travailler trop longtemps les ouvriers qu'ils emploient. En disant que chacun peut travailler aussi longtemps qu'il lui plaît, nous supposions que ce travail prolongé ne devait avoir aucun effet sur ceux qui ne dépassaient pas la moyenne habituelle des heures de travail, et que la proportion la plus stricte devait être maintenue entre le labeur et le salaire. Du moment où les deux termes s'équilibraient justement, l'ouvrier pouvait réduire ou prolonger sa tâche, à sa guise. S'il tenait à compromettre sa santé, c'était, en tous cas, de son plein gré ; comme le dit M. Villey, nul n'avait le droit de l'en empêcher (1).

Malheureusement, il n'en va plus de même avec le *sweating-system*. L'exagération des heures de travail devient, si l'on peut dire, systématique. Elle s'impose à tous, même à ceux qui ne voudraient pas travailler longtemps. Il se passe, en effet, quelque chose de curieux. Le *contractor* en arrive à consi-

(1) E. Villey. *Principes d'économie politique*, p. 272.

dérer comme normaie la journée longue et à l'ériger
tacitement en journée de travail ordinaire, sans
élever, pour cela, le salaire. Les ouvriers sont assez
bien payés, disait un américain, Maurice Green-
baum (1), la première semaine où le *sweater* les emploie. L'effort qu'ils doivent donner ne semble pas
exagéré. Mais, bientôt, le *sweater*, qui « les a dans
la main », les oblige à travailler plus durement, pour
avoir droit au salaire primitivement accordé. Afin
de l'obtenir, les ouvriers peinent davantage. Au bout
de quelque temps, la besogne devient très chargée,
le salaire tombe très bas, pour ne plus se relever.

On dira peut-être : les ouvriers n'accepteront pas
de pareilles conditions. Ils cesseront de travailler.
Mais on oublie que pour un qui se retirera, dix se
présenteront. Les victimes du *sweating-system*, n'é-
tant avant tout que des ouvriers sans particulière
habileté, des *unskilled*, se trouvent en nombre infini.
Une offre excessive de bras réduit les travailleurs
« sweated » à se contenter des conditions offertes.
Au dire de Greenbaum (2), le fait s'est passé à Boston. Dans ces vingt dernières années, la fabrication
des habits tout faits s'étant considérablement accrue,
les fabricants en gros de Boston ont encouragé la
venue dans cette ville de travailleurs étrangers.
Eblouis par le mirage de belles promesses, les ouvriers sont arrivés en grand nombre. Au début, on

(1) *Report of the Committe on Manufactures*, p. 145 et suiv.
(2) *Op. cit.*, p. 146.

leur a payé les salaires convenus, sans exiger de trop longues journées, mais bientôt il leur a fallu travailler beaucoup plus pour gagner le salaire initial.

La cause de ce mal réside, en grande partie (1), dans le manque d'organisation des ouvriers de la petite industrie, travaillant tant en *sweatshop* qu'en *homeshop*. Comme le dit fort bien M. P. de Rousiers (2), le «*sweating-system* montre la terrible situation d'infériorité et de malaise où se trouvent les « intérêts ouvriers quand des circonstances parti- « culières les empêchent de s'unir entre eux, quand « les individus qui les représentent sont amenés à « se faire concurrence les uns aux autres au lieu de « se soutenir les uns les autres. »

L'enquête de la Chambre des Lords a révélé, sur la question des heures de travail, des abus énormes. Les ouvriers travaillant pour les *sweaters* et qui grouillent, pourrait-on dire, dans tout le quartier de Whitechapel, font des journées de 11 heures, au minimum. L'ensemble des immigrants occupés dans l'*East-End* aux travaux de couture ou de cordonnerie travaille de 14 à 18 heures. Le chiffre le plus fréquemment rencontré est 16 heures pour les hommes et 14 pour les femmes. Mais il n'est pas

____

(1) Ces misères sont dues aussi, pour beaucoup, à l'extrême abondance de la population ouvrière dont on connaît l'étonnante fécondité.

(2) *Le Trade-Unionisme en Angleterre*, p. 18.

rare de trouver des « journées » de 18 à 20 heures. M. Sayous cite (1), d'après le *Report on the sweating-system,* le cas d'un cordonnier, M. Hirsch, qui, pour un salaire de 8 sh. par semaine (10 francs), travaille tous les jours de 6 heures du matin à 10 et 11 heures du soir et le dimanche de 7 heures du matin à 10 heures du soir. On connaît l'histoire de cet ancien instituteur hongrois, Wildeman, qui avait appris le métier de finisseur en chaussures, et restait à l'ouvrage depuis 5 heures du matin jusqu'à minuit. Au bout d'un an, cet homme fut épuisé. Il ne voulut plus travailler que 12 heures de suite, mais, comme son salaire avait été réduit en proportion, il fut contraint à faire 19 heures de travail. On comprend, devant ces misères, que les ouvriers cordonniers de Londres désignent leurs ateliers sous le nom de boucheries (*slaugter-houses*).

Non seulement le travail s'y prolonge fort avant dans la soirée, mais parfois même il dure toute la nuit. M. Arnold Henry White est venu affirmer devant le *Select Committee* de la Chambre des Lords l'existence du travail nocturne, dans l'industrie des chaussures à bas prix. Il devait d'ailleurs en être ainsi, étant données l'irrégularité des ordres du magasin et les alternatives épuisantes de surmenage et de longues accalmies auxquelles les habitudes de la clientèle ont conduit les ouvriers de

(1) Sayous, *op. cit.,* p. 299.

beaucoup d'industries. Les petits-maîtres en cordonnerie, n'ont souvent de commandes du magasin que le soir, vers 7 ou 8 heures, mais, comme l'ouvrage commandé doit être remis le lendemain matin, le travail de nuit devient obligatoire.

Il est d'autant plus pénible qu'il n'est coupé par aucun repos. On pourrait penser que les ouvriers font une ou deux haltes. Il n'en est rien. Ils prennent deux bouchées de pain entre deux aiguillées ou deux coups de marteau, sans quitter la place où ils sont comme rivés (1). Le *sweater* leur donne généralement une tasse de thé Pendant le jour, il leur sert une tasse de café, sans pour cela que les ouvriers aient à quitter leurs outils.

Cette situation honteuse reste à peu près impunie, pour différentes raisons qui n'ont rien perdu de leur force depuis l'enquête de la Chambre des Lords. Il est, d'abord, presque impossible de songer à connaître tous les ateliers des petits *sweaters*. Beaucoup sont situés dans des sous-sols, dans des mansardes ou au fond de cours moisies d'humidité. Les inspecteurs ignorent l'existence de bien des « sweating-shops » et leur surveillance passe à côté, sans pouvoir les atteindre. Ont-ils enfin découvert un de ces « repaires », c'est peine perdue. Le *swea-*

____

(1) « On voit ces malheureux, dit M. G. Bry, travailler quelquefois dix-huit ou vingt heures sans discontinuer, en man-« geant près de leurs outils qu'ils reprennent aussitôt. » *Cours de législation industrielle*, p. 55.

ter, aux aguets, change aussitôt de domicile et le tour est joué(1).

D'autres fois, quand l'inspecteur vient, en pleine nuit, frapper à la porte d'un atelier, on enferme les ouvriers dans une chambre à coucher, s'il en existe, ou bien encore, en un clin d'œil, l'ouvrage est jeté au fond d'un placard, et l'inspecteur ne trouve en pénétrant dans l'atelier que des employés causant et riant dans la fumée des pipes et l'odeur du thé qui bout toujours en vue d'une alerte. « Qu'im-
« porte (2) que le législateur ait interdit l'*overwork*
« pour les enfants et réduit le nombre des heures
« exceptionnelles de travail que les femmes pour-
« raient fournir? A la moindre alarme, les enfants
« et les femmes se retirent dans quelque arrière-
« cour ou dans quelque cuisine, et on les y trouve
« en train de prendre l'air ou de préparer des ali-
« ments ! »

Les abus, tenant au labeur excessif, ne sont donc pas près de disparaître en Angleterre. Il n'en est pas différemment aux États-Unis, où les heures de travail exagérées sont demeurées la forme la plus évidente du « sweating ». Dans les « sweatshops », la journée de travail la moins dure va de 11 à 14 heures. Dans l'atelier de famille, aucune limite n'existe plus. Les ouvriers sont souvent à l'ouvrage pendant 15 heures et plus. Un fait particulier vient

(1) *Jewish Chronicle*, 16 août 1895
(2) Sayous, *op. cit.*, p. 300.

renforcer le principe des longues journées de travail. C'est l'habitude reçue de demander, pour une semaine, un certain montant d'ouvrage. Ainsi, la fabrication de 10, 12, 15 paletots constituera une tâche de six jours et, coûte que coûte, les ouvriers devront l'achever pour avoir droit au salaire de six jours.

Ils commencent, généralement, à travailler à 6 heures, bien que souvent il y ait des familles à l'œuvre dès 4 heures du matin.

M. Barnes (1) disait au Comité des Manufactures qu'il allait à son travail à 5 heures et demie. Il déjeunait, chez lui, avant de se rendre au « sweatshop ». Les jours où il n'avait *rien à manger*, il devait attendre le déjeuner que donne tout *sweater*. Ce repas avait lieu tantôt à onze heures, tantôt à midi, une heure ou deux heures. Il se prenait dans l'atelier même, et non pas sur une table, mais sur les genoux. « C'est qu'il n'y a pas dans les *sweatshops*, dit M. Barnes (2), une heure de repos, comme dans les usines. Le tailleur — on peut en dire autant du cordonnier — prend une bouchée au hasard et continue son travail, en mâchonnant. » Jamais l'ouvrier ne sort de l'atelier pendant la journée. Il ne respire qu'un air enfumé, plein d'odeurs malsaines, pendant 16 à 18 heures.

Les exigences des deux *saisons*, la saison d'hiver

(1) *Report of the Committee*, p. 101 et suiv.
(2) *Report of the Committee on Manufactures*, p. 102-103.

et la saison d'été, contraignent les ouvriers du vêtement à travailler, à deux reprises, d'une façon vraiment excessive. Si la quantité de la production était mieux équilibrée, les tailleurs feraient des « journées » plus courtes ; malheureusement l'irrégularité des ordres jointe à la rapacité de beaucoup de *sweaters* contribue au développement de *l'overwork*. Aux périodes d'extrême activité succèdent les accalmies de la « morte-saison » (1).

Si nous revenons en Europe, nous trouvons de grandes misères dans les professions rattachées à la couture. Oda Olberg nous décrit (2) les abus de l'industrie allemande à domicile et cite l'exemple d'une ouvrière qui se lève à 4 heures du matin, prépare son café et travaille jusqu'à 7 heures 1/2. Vers 8 heures, elle se rend à l'atelier de l'entrepreneur, où elle coud même pendant les repas. A 10 heures du soir cette ouvrière retourne chez elle, emportant des pièces à finir. Elle ne se couche pas avant 11 h. 1/2.

En France, les heures de travail sont souvent aussi très prolongées. Dans les ateliers *en régie* des grands magasins parisiens, les apiéceurs sont occupés à tout moment de la nuit et du jour. L'Office du Travail (3) décrit en ces termes l'un de ces ateliers : « Les ouvriers y sont indépendants ; les

(1) V. *Investigation of Senate Committee on Education and Labor*, I, p. 751.

(2) Oda Olberg. — *Das Elend in der Haus-industrie der Konfection*. Leipzig, 1896.

(3) *Office du Travail, op. cit.*, 165.

« deux vastes salles restent ouvertes même la nuit;
« le gaz toujours allumé invite à reprendre les tâches
« subitement abandonnées ; une commande sur-
« vient, commande impérieuse, urgente, en vue
« d'un enterrement, d'une cérémonie imprévue :
« l'apiéceur, tenu en réserve pour les labeurs inopi-
« nés, dont l'exécution immédiate établit le renom
« de la puissante entreprise, se met à l'œuvre: les
« vingt-quatre heures, trente six heures nécessaires
« s'écoulent sans repos. » C'est là ce qu'on appelle
le coup de feu. Toutes les industries de la couture
le connaissent et aussi le calme qui suit, pénible à
supporter et dont le nom sonne triste comme un
glas : la morte-saison. Dans l'industrie du vêtement
confectionné, la durée du travail suivait, jusqu'en
ces dernières années, une « régularité presque auto-
matique. » Au mois de mai, les marchands de détail
envoyaient leurs commandes pour la saison d'hiver.
Le magasin distribuait les tâches aux entrepreneurs.
Il y avait « presse » jusqu'en septembre. Le travail
reprenait alors peu à peu pour la saison d'été.
Aujourd'hui avec le système de la *petite mesure* (1),
la marche du travail dans la « mesure » et la « confection « se trouve à peu près identique. La morte-
saison est plus pénible pour les apiéceurs et leurs
ouvriers que pour le personnel de l'atelier patronal.
Ce personnel subit plutôt, dans la morte-saison, une
diminution des heures de travail qu'un licenciement.

(1) V. chap. IV, 2ᵉ Partie, p. 210.

Au contraire, les ouvriers des entrepreneurs se trouvent, comme on dit, « débauchés ». « En mettant à part (1) certaines spécialités... la morte-saison comprend deux mois pour les petits ateliers en chambre : 15 décembre, 15 janvier, 15 juin et juillet (quelquefois septembre.) C'est soixante jours à enlever de trois cent dix (dimanches déduits) ; soit *deux cent cinquante à deux cent soixante jours au total.* »

Les femmes (apprêteuses, giletières, etc.) ont le plus à souffrir de la morte-saison. Lorsqu'elles sont employées à la confection pour dames, elles peuvent compter sur une moyenne de 230 jours de travail. En janvier a lieu la création des modèles. Les « anciennes » arrivent en février et travaillent jusqu'en mai. Puis c'est la période du calme. Au mois de juillet, le travail reprend pour durer jusqu'au 15 novembre.

Quoi qu'il en soit de cette situation que nous n'avons point à examiner (2), il importe de remarquer qu'elle n'exclut pas l'acquisition d'autres salaires. Pendant l'accalmie que leur laisse la morte-saison, les ouvrières peuvent se livrer à des travaux différents de ceux qui les occupent pendant 9 à 10 mois de l'année, et par ce moyen dont elles usent en

---

(1) *Office du Travail, op. cit.*, p. 311.

(2) Sur la question de la morte-saison, voir, entre autres : *Office du Travail.* La Petite Industrie, t. II. — Ch. Benoist, *Les ouvrières de l'aiguille à Paris*, 1 vol. — D'Haussonville, *Salaires et misères des femmes*, 1 vol.

général les femmes parviennent à égaliser leur modeste budget et à contenter tout au moins les besoins essentiels à la vie.

V. — Affaiblissement du gain quotidien

L'affaiblissement du gain quotidien fait si bien partie intégrante du *sweating-system*, il en est un élément si important qu'il a pu servir, à lui seul, à le définir. Un *contractor* de Boston, Maurice Green-baum, n'appelle-t-il pas *sweating-system* : « la pression qui force beaucoup d'ouvriers à tra-vailler longtemps pour un prix infime (1). »

On aurait tort, cependant, de ne faire aucune dis-tinction. Prenons, par exemple, l'industrie du vêtement minée, comme on sait, par le *sweating*. Nous ne voyons pas que tous les ouvriers, employés à la fabrication des habits, manteaux, etc., touchent sans exception des salaires extrêmement réduits. A Londres même, les ouvriers de *l'East-End* ne sont pas tous dans une situation misérable. S'agit-il des vêtements sur mesure, les *presseurs* peuvent gagner de 7 sh. 6. d. à 8 sh., les *machinistes* de 6 à 9 sh., le pompier 5 sh. par jour (2).

De plus, les ateliers faisant la confection ne sont pas tous atteints de *sweating-system*. Certains donnent à leurs ouvriers d'assez beaux salaires. Ce

(1) *Report of the Committee on Manufactures*, p. 146,
(2) *Report of the Sweating-System*, t. I, p. 361.

sont les ateliers de grands *sweaters*. Ainsi la maison Mark Moses, que l'on cite toujours avec raison, distribue à ses mécaniciens de 1 à 8 sh., à ses presseurs de 4 à 8 sh.

Où l'abus se produit c'est dans le *sweatshop* servant à faire des objets de basse qualité et surtout dans l'atelier en chambre. Les gains sont alors infiniment réduits. M. Schloss cite une ouvrière de Londres qui travaillait de 6 heures du matin à 8 heures du soir pour ne gagner qu'à grand'peine 1 sh. (1,25) par jour.

Une machiniste chemisière obtient en moyenne de 6,25 à 8,75 par semaine. Et encore cette somme n'est-elle pas nette. Il faut en défalquer 9 pence (0,90 cent.) pour la fourniture du coton et 2 schillings 6 pence (3,10) pour le loyer de la machine.

Au moment où fut dirigée l'enquête de la Chambre des Lords, les ouvriers cordonniers pour magasins ne recevaient que 94 fr. 60 pour la façon de 300 paires de chaussures.

Le *Select Committee* rencontra un ouvrier cordonnier qui ne gagnait, tous frais déduits, que 6 sh. par semaine, et devait avec cette somme nourrir sa femme et ses 7 enfants (1).

Les ébénistes, les chemisiers, les ravaudeurs de vieux habits ne sont pas mieux traités. Une finisseuse de pantalons qui travaille de 6 heures du

______

(1) *Report on the sweating-system*, t. I, p. 63.

matin à 9 heures du soir, ne gagnera guère plus de 7 sh. par semaine (1).

Une femme (2) employée à la lingerie, travaillant 16 heures par jour, gagnait de 5 à 7 sh. par semaine et cette somme n'était pas nette. Elle devait en déduire 2 sh. 12 d. pour l'achat du coton, du fil et l'entretien de la machine à coudre.

Dans l'ébénisterie, certains ouvriers ne gagnent que de 10 à 18 sh. par semaine (12 fr. 50 à 22 fr. 50 c.).

Mme Sydney Webb (miss Béatrice Potter) a vu confectionner dans un atelier 80 paletots à raison de 1 fr. 26 chacun.

La situation n'est pas meilleure aux Etats-Unis. Des femmes de Philadelphie travaillant à domicile, de 8 heures du matin à 10 heures du soir, ne gagnent pas plus de 2 dollars par semaine. C'est là un fait de *sweating*, d'autant plus caractéristique que si les mêmes femmes, dont nous venons de parler, travaillaient dans les fabriques, 10 heures par jour, elles gagneraient par semaine de 3 à 4 dollars.

Pour une journée de 10 à 14 heures, les ouvriers employés à la fabrication des cigares et travaillant à domicile, ne gagnent que de 3 à 6 dollars par mille cigares. S'ils travaillaient en manufactures, ces cigariers obtiendraient 7 à 15 dollars pour la même quantité d'ouvrage fait (3).

(1) *Report on the sweating-system*, t, I, p. 150 et suiv.
(2) *Report on the sweating-system*, t. I, p. 158.
(3) V. *Rapport sur le sweating-system dans l'industrie des cigares à New-York*, 1895.

Il résulte de la déposition du directeur d'un magasin de vêtements de Boston, Sydney Cushing (1), que, seuls, les ouvriers faisant les travaux de finissage sont mal payés. C'est, en effet, la partie de l'ouvrage correspondant au finissage qui est la plus faiblement rétribuée dans les industries atteintes de *sweating-system* (chaussures-vêtement-lingerie). Les « finishers » sont les plus mal payés des ouvriers du vêtement ou de la chaussure. Si une ouvrière piqueuse gagne de 6 à 8 dollars par semaine, si une faufileuse en gagne 9 à 12, la finisseuse n'obtiendra jamais plus de ⅜ 4 à 6 ⅜ (2). Cette opposition entre ouvrières d'une même industrie tient au plus ou moins d'habileté qui les distingue les unes des autres et à la concurrence que suscite tout ouvrage n'exigeant aucune difficulté. Au dire de M. Schloss, le consciencieux historien de la vie ouvrière à Londres, quand l'ouvrage est soigné, lorsqu'il exige une certaine science, les ouvrières ont un salaire assez élevé. Une faiseuse de boutonnières, employée par Mark-Moses, fut mise au travail dans un appartement sous la surveillance du *clerk* de la commission d'enquête. Elle parvint à faire 4 boutonnières en 13 minutes 1/2 et à gagner 9 pence (0,90 centimes) à l'heure. Cette femme pouvait, de la sorte, obtenir plus de 4 schillings (5 francs) par jour (3).

(1) *Report of the Committee of Manufactures*, p. 24 et suiv.
(2) *Report....* p. 231.
(3) V. Schloss. *Methods of industrial remuneration.*
On peut rapprocher de cette observation la remarque, souvent.

Il y a aussi dans le *West-End* de Londres des hommes qui gagnent jusqu'à 56 fr. 25 par semaine. Certains dépassent même 70 francs.

Mais tous ces ouvriers ne sont pas employés au finissage. Ce sont ou des mécaniciens *(machinists)* ou des coupeurs ou des ajusteurs.

Comme les *sub-contractors* emploient de préférence les femmes aux travaux de finissage, ce sont elles les véritables victimes (1) du *sweating-system.*

Dans la maison Cushing, de Boston, elles gagnent de 6 à 9 dollars par semaine.

Un quart d'entre elles reçoivent $ 6 ; un autre quart $ 7,50 ; les autres touchent $ 9.

La moyenne la plus haute des salaires féminins dans les industries « sweated » est, aux États-Unis, de 7 dollars par semaine (1).

faite, suivant laquelle les salaires n'ont réellement subi de hausse que dans les industries où l'outillage mécanique s'est largement développé et perfectionné, non pas qu'à lui seul le machiniste ait été la cause immédiate de l'élevation de salaire mais parce qu'il a déterminé de telles conditions que le groupement des ouvriers devait devenir une nécessité pour la défense d'intérêts souvent différents de ceux du patron. Au contraire, dans les industries où le machinisme n'avait pas triomphé, le même besoin de groupement ne se faisait pas sentir avec la même vigueur et les ouvriers se trouvaient trop souvent sans force vis-à-vis de leurs patrons. On ne peut guère attribuer à d'autres causes l'élevation du salaire des mécaniciens, des typographes ou des ouvriers de l'industrie textile. M. Carroll D. Wright, commissaire du travail aux Etats-Unis donne, à ce sujet, des chiffres pleins d'intérêt.

(1) V. les tableaux comparatifs des salaires et des jours de travail donnés par le *Seventh special Report...* p. 299.

A Chicago, un homme adulte peut gagner en dirigeant une machine de # 16 à # 17. Tous ceux qui ne sont pas *machinists* ne dépassent à peu près jamais # 4 par semaine. Beaucoup même ne gagnent en *tenement-house* que # 2 par semaine, pour un travail quotidien de 12 heures (1). Quand ils sont aidés de leurs femmes et enfants, le salaire global s'élève à six dollars. Les ouvriers tailleurs travaillant en *sweatshops* et interrogés par les comités d'enquêtes ont avoué que les salaires étaient plus bas à New-York que dans aucune autre ville d'Amérique. La raison de ce fait apparaît aisément si l'on songe que la plus mauvaise catégorie de vêtement est envoyée à New-York, de tous les points du territoire de l'Union. La concurrence du travail new-yorkais réduit notablement le salaire des ouvriers des autres cités (2).

La raison de cet abaissement nous est donnée à peu près en ces termes par M. Coggswell, repré-

(1) *Seventh special Report*..... p. 242.

(2) M. Paul Bourget rapporte un échantillon des salaires gagnés dans un atelier de couture du quartier des Juifs, à New-York. « Les chiffres donnés par les partisans de la révolution deviennent, dit-il, affreusement exacts — d'une exactitude, qui, contrôlée de la sorte, serre le cœur. Pour douze de ces petits pantalons d'enfants, sur le drap desquels nous voyons se pencher ces profils creusés de détresse, l'entrepreneur donne soixante-quinze sous. L'ouvrier n'en fait pas dix-huit dans ses meilleures journées, en ne perdant pas une demi-heure..... — Douze chemises..... rapportent trente-et-un sous, et l'ouvrière doit payer son coton sur sa poche ! » *Outre-Mer*, t. I, p. 264.

sentant l'union bostonienne des coupeurs et ajusteurs d'habits. L'infériorité du salaire, dit-il, n'est
que progressive. Elle se produit lentement, pendant que les heures de travail augmentent progressivement. La première semaine de leur embau-
hage, les ouvriers sont bien payés pour la somme
de travail qui leur est demandée. Peu à peu la
quantité d'ouvrage augmente et le salaire reste
stationnaire. S'il existait une forte organisation
ouvrière, des réclamations se feraient jour. Mais
comme rien de tel n'existe avec le *sweating-system*,
qui suppose, au contraire, l'isolement du travailleur en face du fabricant et la persistance du
marché de travail individuel, il en résulte une
absence totale de réclamations. Une fois employés
pour le compte d'un *sweater*, les ouvriers montrent
une héroïque résignation. Ils travaillent de plus en
plus, mais leur gain n'est plus en rapport avec la
quantité d'ouvrage fourni.

Les contractors américains abusent souvent de
cette situation pour opérer des retenues sur les
salaires. Un moyen fréquemment employé sous le
nom de méthode des demi-journées permet d'arriver
pratiquement à ce résultat (1). On livre, par exemple,
à des ouvriers, 24 paletots, avec obligation de les
finir entièrement pour avoir droit au salaire d'une
journée. Les ouvriers en font un par heure et travaillent 18 heures par jour. Or, comme on leur demande

____

(1) V^r *Report of the Committee on Manufactures.*

24 paletots, pour n'avoir pas à réduire leur salaire,
autant vaut dire qu'on ne le versera jamais intégralement. En travaillant 18 heures par jour, ils ne font,
en effet, que 18 paletots, soit 108 par semaine. Il y a
donc 6 heures de retenue à déduire chaque jour
de la somme à leur accorder, soit 36 heures par
semaine, si bien qu'au lieu de toucher le salaire
représentatif de 6 jours de travail, les ouvriers ne
seront payés que comme s'ils avaient travaillé pen ·
dant 4 jours 1/2. C'est un abus monstrueux (1).

Tous ces salaires, lors même qu'ils sont versés
loyalement, sont d'autant plus insuffisants qu'aux
Etats-Unis le coût de la vie est élevé, non seulement
pour l'ouvrier américain proprement dit, mais pour
tous les travailleurs habitant le territoire de l'Union.
On pourrait se laisser illusionner par le chiffre no-
minal du salaire. Il paraîtrait suffisant à beaucoup
de Français. Mais là-bas les conditions de vie sont
plus coûteuses qu'en Europe, même pour les émi-

______

(1) Parfois même, aucun salaire n'est accordé. Certains patrons annoncent qu'ils prennent *girls to learn trade*. Les jeunes
filles demandées viennent et travaillent aux machines à coudre
Elles sont censées en apprentissage, mais le jour où elles réclament un salaire, on les met à la porte. C'est un moyen de
se procurer gratuitement des ouvriers, en renouvelant continuellement les prétendues apprenties. Cet acte frauduleux de
l'employeur est puni, aux États-Unis, de 15 jours de prison et
des frais. Il est à remarquer que les femmes employeuses ne
peuvent pas être emprisonnées. Elles n'ont donc à redouter
que d'avoir à payer l'amende, mais il arrive qu'elles se montrent insolvables, en faisant passer leurs biens sous le nom
d'un tiers.

grants habitués à une vie modeste, non pas peut-être, dès leur arrivée, mais au bout de quelque temps, lorsqu'une certaine assimilation s'est produite.

Les loyers sont très élevés et les dépenses nécessaires à la consommation si absorbantes que le salaire de 5 dollars par semaine est insuffisant à une ouvrière d'Outre-Mer. Avec trois, deux ou un dollars, la femme vivant aux Etats-Unis se trouve plongée dans la plus noire misère (1) Cette élévation du coût de la vie, jointe à la nécessité climatologique de l'accroissement des dépenses, est une chose à laquelle ne songent pas assez les ouvriers d'Europe, qu'attire en Amérique je ne sais quel mirage.

Sans doute (2), les immigrants n'ont pas absolument tort dans leur calcul : car le salaire qui les

(1) A New-York, une mère et sa fille, déchues de leur richesse première par un revers de fortune, travaillaient à des ouvrages de couture à la machine. Elles habitaient deux chambres, dans une maison de la basse-ville, qui leur coûtaient $ 10 par mois. Il leur restait $ 12, 95 sur leur gain et elles ne devaient pas dépenser en nourriture plus de 1. 90 dollars, par semaine. Or voici comment se trouvait organisé leur budget de dépense :

Sucre	23 cents.	Tomates	7 c.	Pommes de terre	5.	0. 35
Thé	15 —	Beurre	30 c.	Pain	12.	0. 57
Charbon	12 —	Lait	15 c.	Colle	10.	0. 37
Huile	15 —	Papier	1 c.	Colle	10.	
				Pommes de terre	5.	0. 31
Choux	5 —	Pain	7 c.	Farine	15.	
				Petits pains	3.	0. 30
						1. 90

V. Levasseur, *l'Ouvrier américain.*
(2) V. Chapitre IV.

attend dans les *sweatshops,* malgré son extrême
modicité, se trouve être encore plus élevé que celui
du pays qu'ils vont quitter. Mais il n'empêche que
la différence ne peut guère avoir d'effet bienfaisant,
si la hausse des salaires est aussitôt détruite par les
exigences de la vie. Les Italiens ne se font pas faute
« de l'avouer. L'un d'eux nous le disait : «A Naples,
« je ne gagnais que quelques sous par jour, mais
« j'étais plus heureux qu'à New-York. Je n'avais
« pas souci d'avoir un logis bien clos, ni des vête-
« ments épais. Qu'importe, ajoutait-il, en son poé-
« tique langage! L'Italien n'a pas besoin d'autre toit
« que le ciel, ni d'autre chaleur que celle du soleil. »
Et cet homme avait raison. Le vent tiède qui passe
dans les rues ensoleillées de Naples, de Caserte ou
de Reggio, rend l'Italien sobre. Avec quelques pas-
tèques, quelques légumes ou des coquillages, il vit
heureux, joyeux, affirmant sa gaieté dans la mu-
sique et les chansons qui en font le plus insouciant
de tous les meurt-de-faim. Mais lorsqu'il arrive aux
États-Unis, tout change. Le climat, plus froid, nécessite l'usage de viande et de boisson. C'est fini des
nuits chaudes où l'on peut dormir dehors et des
journées de paresse où se plaît l'indolence animale
du Napolitain. Tout en voulant garder sa sobriété,
l'émigrant Italien doit forcément dépenser plus que
dans sa patrie.

Si les conditions de l'existence sont si rigoureuses
aux victimes du *sweating-system,* il s'en faut
cependant de beaucoup qu'elles soient propres à

l'Amérique. Le salaire des ouvriers de la confection n'est pas moins réduit, en Allemagne, et toujours par la même raison. Le travail est si facile dans la confection à bon marché, l'imitation des modèles connus s'obtient avec tant de rapidité, que beaucoup de gens peuvent y prétendre. Il en résulte une offre exagérée de main-d'œuvre qui fait baisser les salaires, au-delà de toute mesure. A Berlin, où sont plus de 10.000 entrepreneurs, des ouvriers de toute catégorie, depuis des forgerons, menuisiers, terrassiers jusqu'à des pharmaciens et des instituteurs, sont occupés à la confection.

Les ouvriers berlinois gagnent par semaine de 2 à 6 marks (2,50 à 7,50 c.) pour un travail de 14 à 16 heures.

Quand le *Zwischenmeister* (1) reçoit du patron ou du grand magasin de 3 à 3 m. 50 (3.75 à 4 fr.), il donne à l'ouvrier 2 à 2 marks 50. Ce sont, surtout, ceux qui travaillent aux manteaux qui sont les plus misérables. Les plus habiles d'entre eux parviennent à gagner 10 à 12 f. 50 par semaine. Les ouvrières ordinaires touchent de 6 fr. 25 à 7 fr. 50, et les débutantes de 2 fr. 50 à 3 fr. 75. Comme on l'a dit, l'industrie à domicile n'est point en Allemagne une bien gracieuse idylle.

En France, bien que nous nous ne rencontrions pas tous les caractères du *sweating-system*, les salaires sont souvent fort minimes dans l'industrie

(1) Circul. *Musée social*, n° 10, série A.

du vêtement. Chemin faisant, nous avons eu l'occasion de le constater. Pour éviter des redites, et sans
empiéter sur ce que nous dirons dans le chapitre
suivant, nous nous bornerons à rappeler quel est le
taux moyen du salaire des ouvriers tailleurs pour
magasins. Un apiéceur de redingotes peut gagner,
frais non déduits, 2.240 francs

A égalité de rendement, nous reviendrons plus
tard sur ce point, le travail de la femme est moins
payé que celui de l'homme(1). Une giletière gagnera
de 398 à 1.250 fr. (2). Un atelier familial de deux
giletières gagnera de 945 à 1.000 francs,

Le prix de façon versé aux culottiers dépasse celui
des ouvrières, bien que les culottiers ne travaillent
que 10 heures, et les culottières 12. Une façonnière
isolée touche 969 fr. ; les ouvriers des apiéceurs sont
souvent aussi logés et nourris. S'ils ne le sont pas,
leur salaire s'élève de 4 à 6 francs, pour les hommes,
et de 2 fr. 50 à 3 francs, pour les femmes.

« Les finisseuses des giletières et culottières sont
réduites, dit l'Office du Travail, à 1 fr. 50 et à
2 francs... Aisément congédiés ces ouvriers et
ouvrières ne dépassent pas un total de recettes de
400 francs pour les femmes, 700 à 800 francs pour les
hommes. »

La condition faite aux ouvrières en lingerie laisse

---

(1) V. Mlle Schirmacher, *le Travail des femmes en France.*
(2) Tous les chiffres que nous donnons ici ont été empruntés
à l'Office du Travail français.

encore plus à désirer. Plutôt que de traiter ici la question, nous en renvoyons l'étude à plus tard. Elle trouvera mieux sa place dans ce que nous dirons du *sweating-system* et de la main-d'œuvre féminine.

CHAPITRE IV

LES VICTIMES DU « SWEATING-SYSTEM »

Nous avons analysé le caractère du *sweating-system*, mais nous n'en connaissons pas encore, à vrai dire, les causes profondes, celles qui l'ont développé dans toute son étendue et s'opposeront longtemps à sa disparition. En retraçant l'histoire de ses origines nous avons, sans doute, déterminé les raisons qui nous paraissent en avoir facilité l'avènement, mais, à elles seules, elles n'auraient point conduit aux résultats actuels, sans certaines conditions particulières tenant avant tout au milieu social. Pour le dire d'un mot, « la concurrence intense que se font les êtres miséreux des grandes cités », tant en Angleterre qu'en Amérique, a contribué largement à développer le *sweating-system* et à lui imprimer ce caractère effrayant de gravité qui l'a fait désigner sous le nom de « nouvel esclavage ». Ses victimes peuvent se ranger, nous l'allons voir, en deux catégories : les immigrants et les femmes. L'opposition n'est pas toujours aussi nette que nous semblons le dire, car, bon nombre de femmes « sweated » sont femmes d'immigrés. Si nous faisons une distinction, c'est afin de jeter un peu de lumière sur une matière obscure dont aucun écrivain ne saurait restituer l'effroyable complexité.

I. — Les immigrants et le « sweating-system »

Quand les historiens futurs chercheront à retracer l'histoire vraie de notre temps, leur attention se portera sur l'accroissement continu des grandes villes et le dépeuplement progressif des campagnes L'abandon des champs par les paysans demeure en effet l'un des caractères saillants de notre époque, et l'un des plus désastreux. Il est en France la conséquence d'une diminution de l'énergie et d'une indolence générale. Sans vouloir nous donner le facile plaisir de dire du mal des Français, ce qui est une manie bien française, nous pouvons remarquer chez eux la recherche de plus en plus fréquente des situations fixes de fonctionnaires ou d'employés. Les grands centres urbains exercent sur l'âme des provinciaux un attrait fascinateur. L'offre de main-d'œuvre a bientôt fait de dépasser dans les villes la demande de travail et d'abaisser en définitive le taux des salaires. Que de misères ont surgi depuis que c'est « la terre qui meurt » ! Mais qu'est-ce à dire quand à l'exode rural se joint l'immigration étrangère? Le *sweating-system* y trouve un aliment de force et de durée. On conçoit dès lors l'importance qu'il peut avoir à Londres ou à New-York, ces deux grands ports de débarquement. C'est là qu'il sévit dans toute son horreur.

Depuis plusieurs siècles déjà, la ville de Londres avait à souffrir de l'arrivée continuelle de pauvres gens sans ressources, attirés par le vieux renom de libéralisme de la grande cité britannique, et tout pleins de l'espoir d'y vivre à l'abri du besoin. Au XVIIIe siècle, un certain nombre de Juifs avaient élu domicile à *Goodmansfields* et *Spitalfields* (1). Ils se trouvaient au milieu d'une population de voleurs, de *ruffians,* dans des rues étroites ou au fond de cours malsaines. Au milieu du XIXe siècle, l'immigration ne fit que s'accroître. On vit arriver, à Londres, et par milliers, des Israélites, obligés de quitter la Russie, la Pologne ou l'Allemagne, devant une véritable persécution religieuse et sociale. Ces travailleurs s'établirent là où s'étaient établis leurs coreligionnaires (2), c'est-à-dire au cœur de l'*East-End* et de Whitechapel. Ils formèrent, en peu de temps, une véritable colonie juive et parvinrent, en fait, à détruire l'élément anglais ou irlandais. Ils

(1) V. Sayous, *Semaine politique et littéraire*, 27 avril 1901.

(2) V. sur cette question le très intéressant article de M. A. Sayous : l'Immigration en Angleterre des Juifs russes et polonais, paru en janvier 1900 dans la *Grande Revue.*

arrivaient, on le sait, dans le dénuement le plus complet et se trouvaient livrés, de suite, à la merci du premier *contractor* malhonnête qu'ils rencontraient. Dès 1867, J.-A. Stallard (1) disait dans *London pauperism amongst Jews and Christians* : « La condition d'un Polonais qui débarque à Londres est misérable ; ses besoins, son *ignorance, le rendent* la victime de ses compatriotes. En voici une preuve : un jeune ménage s'échappe de Pologne ; à son arrivée, le mari trouve du travail chez un cordonnier polonais, établi ici depuis quelques années. Le loyer était de 2 sh., le propriétaire de la maison donnait de quoi assurer simplement son remboursement, et laissait l'un et l'autre sans la moindre ressource. » Le mouvement s'est accentué. La paroisse de *Spital-fields* est à peu près entièrement occupée par des Israélites.

On n'oublie jamais, quand une fois on l'a vu, le spectacle des *lanes* avoisinant *Tower Hill* ou *White Chapel*. Ce ne sont que pauvres êtres en haillons, « pauvres petits, déguenillés, courant pieds nus sur le pavé boueux et glacé. » Les femmes « ont un aspect repoussant qui soulève le cœur (2) ; figures bouffies ou ravagées, purulentes ou desséchées, presque toutes portant des stigmates évidents de

(1) Cité par A. Sayous. *L'entre-exploitation des classes populaires à Whitechapel*, p. 283-84.
(2) P. de Rousiers, *la Question ouvrière en Angleterre*, p. 131-132.

vice et de dégradation. Les vêtements qui les couvrent fortifient encore cette impression. Ce sont des loques arrivées à leur troisième ou quatrième propriétaire, défraîchies par la clientèle bourgeoise, usées par les domestiques, tombées enfin jusqu'à elles. » En regardant ces visages pâles, amaigris, ces yeux fièvreux, ces fronts bas sous des cheveux en désordre, on ne se croit plus en Angleterre, mais plutôt sur les bords du Dniepr. La plupart des victimes du *sweating-system* se recrutent en effet parmi les juifs russes et polonais, à tel point « qu'un médecin attaché à un hôpital de Londres n'est pas arrivé à rencontrer dans sa clientèle un seul individu issu depuis deux générations de purs Londonniens. » Au dire de R.-C. Billing, la proportion des Juifs est si grande dans l'*East-End*, que la seule école de *Old Castle Street* comprend 1.500 enfants israélites contre 20 catholiques. A côté de cette école, deux autres, purement juives, donnent asile à 5.000 écoliers. Les parents de ces enfants sont si misérables qu'ils sollicitent presque tous remise des droits scolaires. Ces immigrants sont victimes du *sweating-system*. Ce sont eux qui travaillent 15, 16 et 18 heures par jour. Arrivant, le plus souvent, sans profession définie, ils apprennent en quinze jours à faire une partie d'ouvrage facile. Ils commencent par jouer le rôle de véritables manœuvres. Puis, avec l'intelligence et la souplesse qui les caractérisent, ils parviennent, après quelques semaines, à « faire d'une façon suffisante les objets de médiocre qualité (1) ». Ils y acquièrent même une telle habileté qu'il devient difficile à l'ouvrier anglais d'entrer en lutte avec eux, sur ce terrain. Par des procédés plus ingénieux, plus rapides, ils laissent loin derrière eux le travailleur anglais, plus patient, plus méthodique et généralement aussi plus consciencieux dans la fabrication. Nous avons vu à quel degré d'abaissement tombaient les salaires des malheureux « sweated ». Il ne faut pas en chercher d'autre raison qu'une extrême compétition entre les immigrés. D'après M. Arnold Henry White, les salaires, dans la petite industrie londonienne, ont baissé, vers 1880, c'est-à-dire avec l'accroissement de l'immigration juive à Londres. Au moment de l'enquête de la Chambre des Lords, le prix de main-d'œuvre avait encore diminué. Un travail payé 5 deniers en 1880 n'en valait plus que trois en 1890. On comprend, dans ces conditions, que les meilleurs esprits se soient montrés partisans d'un *alien's act* (2).

Si l'Angleterre est ainsi battue, sur son propre sol, par le flot mouvant des travailleurs étrangers, d'autres pays ne voient pas, avec moins de frayeur, se déverser chez eux de nouveaux immigrants. L'exemple des Etats-Unis présente à ce sujet une éloquente démonstration. Tandis qu'en France le *sweating-system* semble peser de préférence sur la

---

(1) *Report on the sweating-system*, t. III, p. 183.
(2) V. sur cette question, ch. V.

main-d'œuvre féminine, il recrute, aux Etats-Unis, ses victimes parmi les nouveaux débarqués que je ne sais quelle vision de radieux Eden attire en foule de tous les coins du monde.

La présence dans les classes d'en bas, d'un contingent étranger, est « si considérable, qu'à de cer- « taines minutes, l'Américain, né en Amérique de « parents américains, apparaît comme une espèce « d'aristocrate, trop fier pour servir des maîtres « quels qu'ils soient ; trop intelligent pour s'assu- « jettir aux petites besognes de détail, et comme « naturellement destiné par son imagination, par sa « persévérance, par sa volonté, à enrégimenter dans « ses entreprises des cohues d'immigrants, dont il « emploie et paie brutalement la main-d'œuvre. Ce « paradoxe exagère à peine la réalité (1).»

Voici quelle est, en effet, la proportion des immigrants dans la composition de la population aux Etats-Unis (2).

Sur un total de 62.622.250 personnes comprenant 32.057.880 mâles et 30.554.370 femmes, 53.373.703 individus sont nés aux Etats-Unis et 9.249.547 sont d'origine étrangère.

Depuis quatre ou cinq ans surtout, le chiffre des

(1) P. Bourget, *Outre-Mer*, t. I, p. 202.
(2) V. Daniel Bellet, *Journal des économistes*, 15 février 1894, p. 294 et suiv. En ces dernières années, ces chiffres ont été dépassés. C'est 64 millions qu'il faudrait dire. Le contingent étranger s'élève à 11.200.000 hommes (V. les statistiques publiées pour 1902 par les almanachs des journaux américains).

débarquements s'est développé dans une proportion énorme. De 229.299 auquel il s'élevait en 1897-1998, il est passé à 311.715 en 1898-1899, à 448.572 en 1899-1900 et à 487.918 en 1900-1901. De tous ces immigrants les plus nombreux viennent aujourd'hui d'Europe. Ce sont des Allemands (1), des Russes, des Polonais, des Roumains, des Irlandais ou des Italiens. Jusqu'à ces dernières années, l'élément germanique ou anglo-saxon dominait. Les Irlandais venaient en tête avec les Allemands. Mais, aujourd'hui, les peuples du Midi ou de l'Est de l'Europe tiennent la première place. Tandis qu'en 1886-87 les Anglais, débarqués aux Etats-Unis, étaient au nombre de 74.675, ils ne sont plus en 1900-1901 que de 12.915. Les Slaves et les Italiens forment le contingent le plus élevé de l'émigration européenne. Les Russes, les Polonais et les Finlandais sont trois fois plus nombreux actuellement qu'en 1897-1898. Mais les Italiens l'emportent. Les Etats-Unis qui en avaient reçu 39.000 en 1894, en ont accueilli 44.000 en 1895 et 68.000 en 1896. En 1900-1901, ce chiffre a dépassé 125.000, et, en 1902, on l'évalue à 150.000 (2).

Les Français viennent eux aussi, mais pour une

(1) Il ressort d'une statistique que vient de publier le ministère de l'Intérieur de l'Empire allemand que, depuis 1871, plus de 2.550.000 Allemands ont émigré à l'étranger, et que les 9/10 de ce total sont allés aux États-Unis. A eux seuls, les Polonais allemands (province de Posen) ont fourni 740.000 émigrants.

(2) V. pour ces chiffres, *l'Economiste français*, 7 juin 1902.

moindre part, accroître la population yankee. D'après
M. Levasseur (1), 4.939 Français débarquèrent en
Amérique, en 1880, 5.654 en 1881 et 6.685 en 1890.
Depuis lors, le mouvement s'est ralenti.

Les peuples de couleur sont en une proportion
plus faible, dans le contingent total de la population américaine. « L'élément chinois n'entre que
pour une part minime dans le nombre des immigrants, arrivant chaque année aux Etats-Unis. Les
chiffres suivants en font foi. En 1870, la population
totale de l'Union s'élevait à 38.558.371 habitants ;
sur ce nombre, 5.567.229 personnes étaient nées à
l'étranger, dont 63.199 seulement en Chine... En
1880, l'excès de l'élément blanc était de 825.000.
Enfin en 1894 il y avait 54.983.890 blancs contre
7.638.360 gens de couleur.

De 1880 à 1890, les Chinois ont diminué en Amérique. Le taux d'accroissement de leur colonie, qui
comprend 107.475 personnes, s'est abaissé à 1,91 0/0.
Il se relève depuis quelques années, mais sans avoir
rien d'inquiétant.

Loin de se porter du côté des Célestes, les alarmes
des protectionnistes américains mériteraient se
tourner, avec bien plus de raison, vers les immigrants européens. Les lois de protection ont été certainement pour beaucoup dans l'abaissement de la
population exotique, mais, en tous cas, le péril
jaune n'existe pas encore aux États-Unis. Il y a

(1) Levasseur, *La population francaise*, t. III. p. 355.

une concurrence chinoise dans certaines industries. Elle n'a rien de bien effrayant. La main-d'œuvre chinoise est répandue, surtout dans les travaux de défrichement, de dessèchement des marais, daus la pose du ballast des lignes de chemin de fer, où on a été heureux de recourir aux jaunes, pour la raison que les blancs faisaient totalement défaut. Il est vrai de dire aussi que, souvent, lorsqu'ils pouvaient choisir entre les deux genres de main-d'œuvre, « les patrons ont donné la préférence aux Chi« nois, non seulement parce que ceux-ci sont sobres « et laborieux, mais surtout parce qu'ils travaillent « à meilleur compte que les blancs. En Californie, « les Célestes ont ainsi accaparé le monopole de la « fabrication des cigares, en se contentant de 6 dol« lars par semaine, au lieu de 11 que les ouvriers « blancs réclament. Leur aptitude pour les ou« vrages de couture et autres occupations féminines « les a fait employer en grand nombre comme tail« leurs, comme cordonniers. »

Il n'en reste pas moins vrai, malgré cette simultanéité du travail blanc et du travail jaune, que les Européens sont les vrais victimes du *sweating,* étant plus nombreux et plus employés dans les « basses besognes » où précisément le *sweating-system* est si développé. Veut-on savoir quelle est la proportion des étrangers dans les *sweats-hops* des États-Unis, les tableaux ci-dessous, empruntés au « Bureau de la statistique du travail du Massachusetts (1) », donnent les chiffres suivants :

Le premier tableau rend compte du nombre de personnes occupées à Boston par des *contractors*, d'après la nationalité et le sexe des employés.

NATIONALITÉS des EMPLOYÉS	PERSONNES EMPLOYÈS PAR DES				NOMBRE TOTAL des employés
	CONTRACTORS Juifs	CONTRACTORS Américains	CONTRACTORS Irlandais	CONTRACTORS Allemands	
Américains..........	193	27	22	7	249
Allemands...........	1	3	»	2	6
Juifs...............	427	17	»	4	443
Irlandais...........	117	24	26	9	176
Italiens...........	187	23	2	3	215
Portugais..........	6	7	»	»	13
TOTAL.....	931	101	50	25	1.107

Ainsi, sur les 1.107 employés, 448 sont Juifs, 249 Américains ; 215 Italiens ; 176 Irlandais. La plus grande partie de ces travailleurs est au compte des *sweaters* juifs, puisque, sur 1.107 personnes, 931 sont occupées par des Juifs, et 101 seulement par des Américains. Ce seul tableau suffirait donc à montrer que les immigrants concurrencent forte-

(1) *Report of the Committee on Manufactures.,*. p. 230.

ment le travail indigène et contraignent les ouvriers américains à se contenter de faibles salaires, sous peine de ne plus trouver d'ouvrage. Sur les 101 personnes employées par les *contractors* américains, 27 étaient nées en Amérique, 24 étaient Irlandaises, 23 Italiennes, 7 Portugaises, 17 Juives et 8 Allemandes.

Le tableau suivant (1) montre la proportion des mêmes étrangers, classés par sexe :

NATIONALITÉ des EMPLOYÉS	HOMMES	FEMMES	HOMMES et FEMMES
Américains............	34	215	249
Allemands.............	5	1	6
Juifs.................	223	225	448
Irlandais.............	32	144	176
Italiens..............	92	123	215
Portugais.............	5	8	13
TOTAL...	391	716	1.107

Dans toutes les enquêtes faites au sujet du *sweating-system*, les dépositions des témoins abondent sur la question de la concurrence des immigrants. On acquiert la preuve, à les consulter, que les *sweatshops* de New-York ou de Boston sont en grande partie peuplés d'étrangers « unskilled ». M. Coggswell (2) dit que « la nationalité des travailleurs en *sweatshops* est celle des Italiens, des Irlan-

(1) V. *Report...* p. 230.
(2) V. *Report of the Committee on Manufactures*, p. 99.

dais et des Juifs russes et polonais. » Le docteur A. S. Daniel (1), qui visitait les malades dans les *tenements houses*, a répondu au président de l'enquête de 1892 : « En 1891, j'ai soigné 1.457 malades dans les *tenements* du quartier compris entre la 23ᵉ rue et Chatham Square et dans ceux qui vont de Mott Street à l'East-River. Il y a là des centaines de mille personnes. Ces pauvres *sweatees* sont, dans l'ordre de leur importance, des Juifs (Allemands, Russes et Polonais), des Irlandais, des Anglais, des Hongrois, des Italiens, des Bohémiens, des Roumains, des Suisses, des Ecossais, des Espagnols, des Autrichiens, des Français, des Canadiens, des Hollandais, des Gallois, des Danois, Cubains et Suédois. » Tandis que le Dʳ Daniel n'avait soigné que 173 malades ayant des parents américains, il avait, au contraire été appelé près de 395 Irlandais.

« Dans Ridge street, disait-il, c'est à peine si l'on rencontre une famille qui ne soit pas juive. La population, depuis la rue Houston jusqu'à la 14ᵉ rue, est plus mêlée, mais elle appartient surtout aux Bohémiens et aux Roumains, principalement dans la 2ᵉ et la 3ᵉ rues. »

Dans Grand Street, il y avait jadis beaucoup d'Américains ; ce sont maintenant des Italiens et des Chinois. L'est de la *Bowery* (2) est de même occupé par des Juifs.

(1) *Eod. loc.*, p. 181 et suiv.
(2) Le quartier désigné sous le nom de *Bowery* ressemble beau-

En prenant la section au-dessous de Houston street, au nord de Chatham Square et à l'est de la *Bowery*, la proportion de Juifs est à peu près de 8 sur 10 personnes. Tous sont occupés au vêtement, surtout au *finissage* des paletots et des pantalons, et le Dʳ Daniel concluait en ces termes : « C'est l'immigration qui a empiré les conditions » (Immigration has made the conditions worse... I think the immigration of Jews has made it worse in that they are a dirtier class of people and their tenement houses are dirtier, and because they have been very much more numerous of late, especially in this business, and very especially in this district) (1). Ce qu'il dit des Juifs, on pourrait le dire des Allemands et des Italiens, plus nombreux que ne l'exigent les besoins des professions où ils se réfugient dès leur arrivée. Il en résulte une concurrence exagérée entre tous ces travailleurs *unskilled* et forcément une baisse du prix de main-d'œuvre.

On peut se demander, dès lors, d'où naît la persistance de ces pauvres gens à immigrer toujours en Amérique. D'où vient que l'exode continue, des ports de la Baltique ou de la Méditerranée, comme vers une rive enchantée ? La réponse est facile. Il n'est pas besoin d'une longue réflexion pour voir que

coup à Witechapel. Ce ne sont que maisons sordides, s'appuyant les unes aux autres, et formant, dans le brouillard, un sinistre décor. C'est la partie de New-York la plus misérable, qu'habitent à la fois les Juifs, les Italiens et les Chinois.

(1) V. *Report of the Committee on Manufactures*, p. 199.

le fermier irlandais ou le paysan des Calabres n'ont pas tout à fait tort. En gagnant ainsi les États-Unis, ils fuient devant la misère de leur pays. Le dénuement qui les attend là-bas ne sera jamais comparable à celui qu'ils ressentent dans leur patrie. Attirés par de radieux mirages, ils partent, comme ces oiseaux frileux que l'hiver emporte aux pays du soleil. L'accroissement des départs coïncide toujours avec l'envahissement de la misère (1), les statistiques des passagers pauvres sont là pour le prouver. Allemands, Polonais, Russes ou Italiens ne s'exilent que pour ne pas mourir de faim. En fuyant, ils n'emportent point leur âme. Ils la laissent dormir dans leur patrie, et, soutenus par cette pensée réconfortante

---

(1) Quand ce n'est pas la misère qui contraint au départ les immigrants, c'est l'accroissement de la sécurité publique. Cette affirmation semble paradoxale. Elle n'est cependant que l'expression de la réalité, et se vérifie absolument en ce qui concerne les Italiens, dont on connaît la présence dans les *sweatshops* d'Amérique. Avec le développement de la force armée et la recherche par tous les moyens des détrousseurs de grands chemins, un grand nombre d'existences se sont trouvées supprimées, qui trouvaient jusque-là leur emploi dans l'accomplissement d'actes délictueux, et force leur a été de chercher une occupation, peut-être moins conforme à leurs goûts, mais, à coup sûr, plus honnête. Ce phénomène bizarre est prouvé chaque jour dans l'Italie méridionale. « La foule des déclassés, des « déshérités, qui trouvaient leur compte à être les subalternes « du brigandage, tombèrent en disponibilité, et beaucoup de « pauvres gens, auxquels cette institution déchue aurait, si l'on « ose dire, assuré un état social, sont aujourd'hui contraints de « s'expatrier. » V. sur cette question G. Goyau, *Revue des Deux-Mondes*, 1ᵉʳ sept. 1898, p. 154 et suiv.

qu'ils la retrouveront un jour, ils s'embarquent, sur la foi souvent mensongère d'agences interlopes. A peine arrivés, c'est la désillusion. Ils ne peuvent trouver un emploi convenable et deviennent alors la proie des *sweaters* malhonnêtes qui les embauchent à des conditions de misère et se les attachent par tous les moyens usuraires possibles. « Ignorant la « langue du pays, dit le professeur Pietro Sitta (1), « habitués à une vie bien modeste, dépourvus de « toute ressource économique et d'aptitudes spé- « ciales, ils tombent, à peine débarqués, aux mains « de quelque *sweater*, lequel, par des promesses « trompeuses d'un placement profitable et prompt, « les dépouille de tout ce qu'ils possèdent et s'empare « de la moitié de leur paie. »

Mais en dépit de ces ennuis, de ces duretés, malgré la pénurie de leurs ressources, les immigrants acceptent d'autant mieux les salaires les plus bas que ces salaires sont encore pour eux plus élevés que ceux de leur pays d'origine. La justesse de cette remarque se vérifie absolument en ce qui concerne l'Italien (2). Peu exigeant quant au confortable et à la nourriture, n'ayant aucune des habitudes de luxe de l'ouvrier américain, le paysan de la Calabre ou de la Basilicate se trouve plus heureux à

(1) *Revue d'Économie politique*, 1893, p. 829.

(2) Le fait a été signalé par la Société italienne de géographie (1888-1890). V. sur cette question Fr. Nitti, l'*Emigrazione italiana ei suoi avversarii*. Naples ; Roux et Cⁱᵉ.

travailler pour un *sweater*, que s'il fût resté dans ses montagnes sauvages à paître ses troupeaux. Le salaire le plus insuffisant, au regard de l'Américain, peut paraître un trésor à l'Italien, et, pour gagner 2 francs à New-York ou à Boston, il préfère quitter un pays qui ne le nourrit plus. Les rapports envoyés à Rome au ministère de l'Intérieur par les préfets des provinces de l'Italie méridionale donnent tous la même explication des progrès constants de l'émigration : « La misère, toujours la misère (1). »

Il n'y a rien d'étonnant à ce que les immigrés acceptent la première place qui s'offre à eux. Un rien leur suffit ; ce sera toujours plus que dans leur patrie. Et, alors, on les voit s'obstiner à rester dans les grandes villes de la côte, déjà surpeuplées) où l'offre dépasse la demande. Ils se font concurrence entre eux, et, tout en devenant les victimes du *sweating-system*, ils en restent les victimes résignées et le prolongent inconsciemment (2).

(1) V. Georges Goyau, *op. cit.*, p. 154... La misère, disait le préfet de Potenza, « c'est là, sans nul doute, la cause première « qui pousse les agriculteurs, les journaliers et les autres ou- « vriers à quitter le pays ; car les salaires ne leur permettent « pas de faire front aux nécessités les plus urgentes de l'exis- « tence. »

(2) S'agit-il des Juifs de Whitechapel, le fatalisme qui carac- térise les Israélites pauvres, les rend d'autant plus insensibles à la misère, que le sort qui les attend, en plein foyer de *swea- ting*, est encore plus brillant, si l'on peut dire, que celui qu'ils avaient en Prusse, en Pologne ou en Russie. Ils ont une si merveilleuse souplesse et une telle force d'endurance, qu'au dire de M. Arnold Henry White (*Report on the Sweating-System,*

Et c'est par là que le *sweating-system* peut continuer longtemps d'exercer ses ravages. En Australie, par exemple, il ne faut pas chercher d'autre cause au fléau. « Il existe, dit M. Métin (1), dans les grandes « villes de l'Etat de Victoria; il sévit contre les « étrangers, qui, ne connaissant pas la langue ni les « usages du pays, acceptent de travailler à n'im-« porte quel prix pour ne pas mourir de faim. » Depuis la découverte des mines d'or, vers 1845, les immigrants sont accourus de tous côtés et en foule à Melbourne, dans l'espoir d'y faire fortune. Dès 1850, l'Australie, qui ne recevait jusque-là que quelques ouvriers, en vit le nombre grossir. « De 1852 à « 1854, elle reçoit (2) 224.000 émigrants libres, tous « attirés par l'or, et 46.373 émigrants assistés. La « population de la colonie de Victoria, centre prin-« cipal de l'or, passe de 76.000 habitants, en 1850, à « 397.000 en 1856. Victoria est dès lors *la colonie la* « *plus peuplée de l'Australasie.* » Les *squatters* (c'est-à-dire les colons installés sur les terrains vacants et devenus propriétaires de ces terrains) furent débordés. Mais ici, comme aux Etats-Unis, les immigrants restaient dans les ports, où ils grossissaient la population. Les villes s'accrurent ainsi

t, I, p. 37), ils arrivent, au bout d'un mois, à travailler de 18 à 20 heures, sans quitter un instant la place où ils sont assis.

(1) A. Métin, *Législation ouvrière et sociale en Australie et Nouvelle-Zélande*, p. 91.

(2) A. Métin, *eod loc.*, p. 7.

considérablement, au détriment des campagnes mal peuplées. Le phénomène essentiellement moderne et démocratique de la concentration urbaine se produisit avec tous ses effets. Les trois cinquièmes de la population de Victoria se trouvent aujourd'hui dans les villes. « Melbourne, la plus grande cité de l'Australie, renferme presque les deux cinquièmes de la population de la colonie. » Les immigrants étaient, d'ailleurs, encouragés à agir ainsi par la colossale spéculation sur les mines d'or, qui enfiévra tous les cerveaux de 1880 à 1890. Mais, par leur insistance à rester dans les centres d'agglomération, les immigrants se firent une concurrence désastreuse. Les Chinois, surtout, que la trop grande densité de leur population oblige à s'expatrier, vinrent en si grand nombre, que les gouvernements australasiens s'émurent. Nous verrons, dans un autre chapitre, quelles mesures radicales furent prises pour interdire aux Célestes les emplois dans lesquels ils s'étaient jetés, comme la blanchisserie ou l'ébénisterie, et pour entraver ainsi la concurrence faite à la main-d'œuvre indigène. « Ne connaissant pas la langue ni les usages du pays, ils acceptaient de travailler à n'importe quel prix pour ne pas mourir de faim. » Si l'on ajoute que l'homme de race jaune conserve assez longtemps après son débarquement la sobriété qui en fait un ouvrier particulièrement recherché, on aura la raison du développement excessif du *sweating-system* en Australie.

La commission nommée par le gouvernement de

Melbourne, en 1893, pour étudier le fonctionnement d'une loi de protection ouvrière, reconnaissait l'accroissement du travail à domicile et la proportion énorme de Chinois existant parmi les travailleurs en chambre. Les magasins de meubles avaient fermé leurs *ateliers*, pour distribuer l'ouvrage au dehors (1). En 1886, il y avait 64 manufactures de meubles. En 1893, il y en avait seulement 40. Les patrons employaient les Chinois travaillant en chambre, de préférence aux Européens, qui préféraient le travail en fabrique. La raison de ce nouvel état de choses était, outre la suppression des frais généraux, la baisse du prix de main-d'œuvre. Les Célestes consentaient, comme nous le disions tout à l'heure, à faire l'ouvrage pour un prix sensiblement inférieur à celui des ouvriers de race blanche. Les salaires reçus étaient dérisoires. « Les Chinois, dit » encore M. Métin (2) s'offraient au rabais et se « ruinaient les uns les autres : leur nombre, après « s'être élevé de 66, en 1880, à 320 en 1886, retombait « à 246 en 1894. La quantité d'ouvrage restait pourtant la même qu'auparavant : mais, par l'effet « de la concurrence, chaque travailleur devait « accepter une tâche plus considérable et se résigner « à des conditions de moins en moins favorables. »

(1) Nous reviendrons sur cette question dans le chap. V, mais nous pouvons déjà noter que la présence des Chinois n'a pas été la seule cause ni, peut-être même, la plus importante de l'accroissement du travail à domicile.

(2) A. Métin, *op. cit.*, p 92.

On le voit, sans qu'il soit besoin d'y insister davantage, le problème si complexe de l'immigration se lie à la question du *sweating-system*. Il la complique, et, en déterminant une concurrence nouvelle dans uue matière où la concurrence joue déjà le plus grand rôle, il ne peut que lui donner un regain nouveau d'énergie.

II. — Le « sweating-system » et la main-d'œuvre féminine

A côté de l'immigration dont on vient de voir les effets désastreux sur le travail en petit atelier, dans les industries n'exigeant pas une grande habileté technique, une autre cause vient développer, avec autant de force, les abus du *sweating-system*. L'emploi de plus en plus fréquent de la main-d'œuvre féminine accroît et maintient l'ensemble des maux, que nous avons analysés précédemment. La remarque en est facile à faire pour les pays du Vieux-Monde qui n'ont pas sujet de craindre autant que l'Amérique les dangers de l'immigration. En même temps qu'elles aident à son éclosion, les femmes sont au premier chef les victimes du *sweating-system*.

Au premier abord, on s'explique mal qu'il en soit ainsi, Qu'elles soient employées dans la lingerie et la confection, rien de plus naturel. C'est là leur domaine, et les doigts féminins seront toujours plus experts aux travaux de l'aiguille que les doigts lourds de l'homme. Mais cette idée n'a rien par elle-même qui justifie une misérable situation. Avant de chercher à expliquer les raisons de cette infériorité, il est plus simple de constater quelle est la situation de l'ouvrière de l'aiguille.

En France, toutes les femmes travaillant à domicile sont en une condition désavantageuse. Prenons l'industrie de la confection. Les culottières et les giletières de la province arrivent à gagner de 1 fr. 50 à 1 fr. 60 par jour. C'est là le taux moyen de leurs salaires. Celles qui travaillent pour les grands tailleurs sur mesure gagnent 2 fr. 50 par jour, mais celles qui sont employées par de petits tailleurs sur commande peuvent gagner de 3 fr. 50 4 à fr. 50.

Si l'on passe à Paris, des distinctions sont nécessaires. Le salaire quotidien des femmes travaillant dans les ateliers d'entrepreneurs de haut luxe atteint 4 francs par jour. Dans les ateliers d'article ordinaire où le travail se fait aux pièces le salaire varie entre 0,80 c. et 1 fr. 50, 3 fr. 50 et 4 fr. par jour. Les ouvrières aux pièces, avec un salaire hebdomadaire de 15 à 20 francs, gagnent de 390 à 350 francs, pour 26 semaines de travail, ce qui est la moyenne.

Un certain nombre dépasse de beaucoup ces chiffres. Mais toutes ces ouvrières, malgré leur maigre salaire, sont encore les heureuses du métier. Celles qui travaillent en chambre sont très loin de toucher de pareilles sommes. La moyenne de leurs gains est de 1 fr. 50 à 2 fr. par jour, soit 8 à 12 francs

par semaine, de 208 à 312 fr. par an. Il ne faudrait
pas se laisser illusionner par ces chiffres. Les salaires
de 208 ou de 312 francs, ne correspondent qu'à la
moitié de l'année. « Ils n'excluent pas (1) l'acquisi-
« tion d'autres salaires, la spécialité ne coïncide pas
« avec les autres spécialités de la même industrie,
« Il peut y avoir cumul de recettes. Bien plus, inces-
« samment les ouvrières du vêtement passent dans
« les métiers voisins, lingerie, corsets, même dans
« toutes les sections de ce domaine multiple : l'ai-
« guille. Or, les grandes expositions des puissants
« magasins de nouveautés sont là pour prouver que
« tous ces coups de feu exigés par la parure fémi-
« nine s'échelonnent et se succèdent. »

On pourrait même ajouter : jusqu'à ces dernières
années, dans l'industrie du vêtement, la mesure ne
coïncidait pas avec la confection, et les ouvrières de
l'une de ces branches du vêtement pouvaient passer
dans l'autre, quand la « saison » était achevée. Mais,
depuis quelques années déjà, la tendance de la mode
est de plus en plus à la simultanéité de la mesure et
de la confection. Autrefois, l'intervalle qui les séparait
permettait aux ouvrières de la confection de sauter
dans la mesure et de grossir le chiffre de leurs salaires. Cet état de choses ne se produit malheureusement aujourd'hui qu'avec peine, par suite du
« développement même de l'idée de la confection par

_____

(1) *Office du Travail.* **La Petite Industrie, t. II, p. 63.**

la petite mesure » (1). Jadis, les ouvriers de la mesure étaient occupés par les marchands d'habits neufs, dans leurs périodes d'inactivité, c'est-à-dire entre les deux saisons d'hiver et d'été. Mais actuellement « par le fait même que la décroissance « du travail à la série diminue les stocks entas- « sés d'avance, l'époque de presse se trouve reculée « et se rapproche de la période des *coups de feu* de « la mesure. Les chômages, qui semblaient devoir « être comblés, se creusent pour ainsi dire et s'élar- « gissent. C'est un des côtés dangereux de la nou- « velle coutume (2). » Ceux qui étaient employés à la « mesure » ne pourront plus dorénavant travailler à la confection et subiront forcément des chômages.

Veut-on voir maintenant par des chiffres la situation exacte des ouvrières ?

D'après un tableau dressé par l'Office du Travail français et comprenant 500 observations, le salaire des ouvrières dans la « mesure » oscille de 1 fr. 50 à 6 fr. 50, la moyenne est de 3 à 4 francs, le chiffre de 6 fr. 50 est très rare, et les « premières » seules peuvent espérer l'atteindre.

(1) La *petite mesure* est, si l'on peut dire, le trait d'union entre la mesure et la confection. Elle se rapproche de la *mesure* par la coupe et l'individualisation du costume, mais s'en sépare par la médiocre qualité de la matière première et le manque de fini de l'ouvrage. « La petite mesure reçoit son application la plus élémentaire, dans les deux cas suivants : 1° taille anormale non prévue; 2° étoffe manquante, bien que les modèles requis soient présents. » V. *Office du Travail,* la Petite Industrie, t. II, p, 138, 240.

(2) *Office du Travail,* op. cit, p. 216.

Sur les 500 ouvrières monographiées, 8 gagnent
1 fr. 50 par jour ; 25 gagnent 2 francs ; 61 gagnent
3 francs ; 28 gagnent 3 fr 50 ; 33 gagnent 4 francs. Une
seule obtient 5fr.50 et une seule 5fr.75. Prenons une
jupière qui n'a que son salaire pour vivre. Cette ouvrière chôme pendant sept semaines seulement.
Outre son travail pour magasins, elle travaille directement pour clientes et fait aussi des modèles pour
de grandes maisons parisiennes. Cette ouvrière est
donc en une situation relativement avantageuse. Elle
se fait 20 francs par semaine.

A égal rendement, le travail de la femme est partout moins payé que celui de l'homme. Aussi dans
tous les ateliers trouvons-nous l'emploi de plusieurs
giletières, sans compter celles qui travaillent chez
elles et dont la situation est plus défavorable, du fait
de leur isolement. Non seulement le travail de la
femme est moins rétribué que celui de l'homme, mais
il est d'une plus longue durée. Si les culottiers ne
travaillent que 10 heures, les culottières travailleront
12 heures, Les finisseuses d'ouvrage ne gagnent
jamais plus de 1 fr. 50 à 2 francs par jour et sur ce
salaire elles sont obligées de fournir les aiguilles et
le fil. Certains esprits moroses noircissent parfois la
situation déjà bien sombre de ces ouvrières. On nous
citait, recemment, le cas d'une femme ne gagnant
que 0,15 centimes pour la façon d'une culotte d'en-
fant et obligée, au surplus, de faire les fournitures nécessaires. Or voici quelle est la vérité : le
magasin de confection ne donne que 0,15 centimes,

assurément, mais les conditions du travail ne sont pas tout à fait celles qu'on laissait supposer. La culotte est coupée, apprêtée et faufilée. Le travail de l'ouvrière se réduit au finissage, ce qui facilite singulièrement la besogne et permet de faire chaque jour une certaine quantité de culottes. Il n'en reste pas moins vrai que la situation n'a rien de séduisant : car l'ouvrière ne gagne pas plus de 0,50 centimes par jour.

Si l'on passe à la lingerie, les salaires sont encore plus bas, à cause de la division du travail poussée à l'extrême. Plusieurs personnes interviennent en effet dans la fabrication d'une chemise d'homme. La toile remise par le magasin de blanc à une entrepreneuse est coupée et assemblée par elle. Puis la *monteuse* fait le point des poignets, du devant et du col. La *finisseuse* pique à la machine et le travail revient à l'entrepreneuse qui coud les boutons et livre la chemise au magasin. Sur le prix de façon donné par le fabricant, l'entrepreneuse garde 0 fr. 25 par chemise. Comme elle peut faire de 5 à 6 chemises par jour, elle gagne donc ainsi de 1 fr. 25 à 1 fr. 50. La monteuse gagne de 1 fr. 25 à 1 fr. 75 par jour. La finisseuse reçoit 0,50 centimes par chemise et en fait 2 par journée de 12 heures.

Les ouvrières en manchettes reçoivent un franc pour 12 paires de manchettes. La piqueuse de faux-cols en fait 12 par jour et gagne 1 fr. ; la boutonniériste en faux-cols reçoit 0 fr. 20 pour 36 boutonnières.

L'industrie du corset présente une extrême variété,
quant au salaire, par suite de l'habileté plus ou
moins grande des corsetières et de la qualité des
articles fabriqués. A côté du corset de luxe, réservé
aux élégantes, se place le corset à bon marché
réservé aux femmes du peuple ou de la petite
bour geoisie. Les ouvrières occupées au corset de
luxe (faufileuses, monteuses, piqueuses, et finisseuses), gagnent de 1 fr. 80 à 2 fr. 40 par jour (1).
Celles qui sont employées au corset à bon marché
fait à la machine, et dans lequel la division du travail est extrême, gagnent de 1 fr. 25 à 2 francs par
jour, au maximum, et cela pendant 9 mois de
l'année.

Les ouvrières en chaussures pour magasins sont
plus ou moins payées, selon la difficulté de l'ouvrage. Les piqueuses reçoivent pour une paire de
bottines 0,45 centimes et pour une paire de souliers
ordinaires 0,20 centimes ; or, ces travaux exigent,
l'un 3 heures, l'autre 1 heure et demie de préparation.

Les boutonniéristes reçoivent environ 2 francs
pour 100 boutonnières.

Les ouvrières en parapluie sont dans une aussi
pauvre situation, car dans toute la parasolerie la
division de l'ouvrage est infinie. Une série d'opéra-

(1) V. Hector Lambrechts, *le Travail des couturières en
chambre*. Bonnevay, *les Ouvrières lyonnaises travaillant à domicile*.

tions se succèdent. L'ouvrière en chambre reçoit d'un employé spécial du magasin les étoffes taillées, avec les manches et les branches. Elle les emporte en paquet à son domicile, coud les bandes de soie ou de coton entre elles et les fixe aux branches de baleine ou d'acier. La façon d'un parapluie est plus ou moins payée, suivant qu'il s'agit de la soie ou du coton. L'ouvrière d'un parapluie en soie gagne 0 fr. 60 par parapluie, mais, comme elle doit se procurer les fournitures, son salaire s'abaisse à 0, 55 centimes. Une ouvrière habile peut faire un parapluie en deux heures. En dix heures de travail elle pourrait gagner ainsi 2 fr. 75. La confection d'un parapluie de coton est payée 0, 18 centimes, mais l'ouvrière peut en faire un par heure, soit, pour une journée de 10 heures, 1 fr. 80.

On pourrait continuer l'énumération des salaires moyens touchés par les ouvrières de l'aiguille, mais les quelques chiffres donnés, se référant spécialement aux industries *sweated*, montrent assez, semble-t-il, en leur brutalité, l'infériorité du gain féminin.

L'exemple des États-Unis prouve encore mieux jusqu'où peut aller l'exploitation de la femme au moyen du *sweating*. On sait qu'en Amérique le nombre des ouvrières est fort grand. « En 1850, dit M. Lepelletier (1), le *Census* enregistrait 325.922

(1) Lepelletier, le Travail des femmes aux États-Unis, *Réforme sociale*, 1ʳᵉ décembre 1901, p. 784-785.

femmes âgées de plus de 15 ans employées dans les manufactures à des titres divers et ce nombre représentait 23 0/0 du total de la population ouvrière. En 1870, on en comptait déjà 353.997 et, en 1890, leur nombre atteignit 846.614, soit une augmentation globale de 620.690 ou de 270 0/0. Si à ces chiffres l'on ajoute le nombre des femmes employées dans l'agriculture, les pêcheries, les mines les professions libérales, les services domestiques, le commerce et les transports, on obtient un total de 1.836.288 en 1870, de 2.647.157 en 1880 et de 3.914.571 en 1890, et l'on constate que, tandis que le nombre des travailleurs hommes augmentait en vingt ans de 76,04 0/0 seulement, celui des femmes croissait de 113,19 0/0, pendant la même période. »

La proportion des ouvrières n'a fait que s'accroître de décade en décade. Toutes les professions, peut-on dire, sont aujourd'hui envahies par les femmes, et avant toutes autres, celles qui sont atteintes de *sweating*, c'est-à-dire la confection, la lingerie, la bonneterie et la chemiserie, en un mot, comme le dit M. Lepelletier, « les industries qui ne supposent qu'un effort musculaire modéré ou qui exigent des capacités professionnelles spéciales et d'une habileté technique particulière que la femme possède à un plus haut degré que l'homme. »

Mais à ce fait d'ordre général vient s'en joindre un autre tout particulier. C'est « la décroissance marquée du nombre des femmes mariées employées dans l'industrie, à partir de la vingt-cinquième année ». Le *Fourth annual Report of the Commissionner of labor* enregistrait, en 1888, que sur 17.427 ouvrières recensées, 15.387 vivaient dans le célibat, 1.038 étaient veuves, 43 divorcées, 274 séparées et 745 étaient mariées (1).

Un rapport plus récent de la Commission du travail accentue encore cette décroissance. 1.067 établissements recensés en 1895 comprenaient 70.921 femmes célibataires et seulement 6.775 femmes mariées, 2.011 veuves et 36 divorcées. « Les célibataires formaient ainsi 88,57 0/0 du total, les femmes mariées 8,47 0/0 seulement, les veuves 2,51 0/0, et les divorcées moins d'un dixième pour cent.

Que prouve cette diminution sensible des femmes employées dans l'industrie, à compter de 25 ans? Tout simplement que les femmes mariées d'Outre-Mer n'éprouvent aucun plaisir pour le travail « hors du home ». Ce fait tient à un ensemble de conditions économiques toutes spéciales, profondément différentes de celles auxquelles nous sommes habitués. Une fois mariée, l'Américaine ne cherche plus dans le travail la source unique de ses revenus, ou, si elle le fait, c'est en restant au foyer.

Bien plus, avant même son mariage, la jeune Américaine ne connaît pas l'isolement de l'ouvrière française. Sans parler du respect qui l'entoure, la jeune fille du Nouveau-Monde n'est point seule. Son existence se passe en famille, dans la paix et l'intimité

____

(1) Cité par Lepelletier, *op. cit.*, p. 788.

du «home», loin des nombreux dangers de la vie en garni. L'enquête de 1888 sur le travail des femmes dans les grandes villes nous fournit à cet égard des renseignements caractéristiques. Nous y voyons que, sur 17.427 ouvrières recensées, 16.534, soit près de 95 0/0, vivent dans leur famille ou reçoivent l'hospitalité dans des familles amies ; il n'en est que 709 qui prennent pension dans des *boarding houses* et 184 seulement qui logent en garni (1). »

La vie en famille estdonc la règle avant ou après le mariage. Mais si ces conditions économiques permettent aux femmes vivant ainsi de se contenter d'un faible salaire en montrant peu d'exigences, elles exercent par contre un désastreux effet sur celles qui ne le peuvent pas, c'est-à-dire celles qui, pour des raisons diverses, sont privées du chef de famille, père ou mari, et doivent demander toutes leurs ressources au travail. Les explications que nous donnerons plus loin de ce phénomène en montreront l'importance en ce qui concerne le *sweating-system*. Nous ne ferons, pour l'instant, que constater l'infériorité du salaire dans les industries où se pratique l'exploitation des besoins de l'ouvrière. Dans son bel ouvrage sur l'ouvrier américain, M. Levasseur nous montre certaines femmes obligées d'accepter la somme infime de 60 à 70 cents par jour, parfois même de 2 dollars par semaine, et cela pour un travail quotidien de 12 à 16 heures. « Ici c'est une coutu-

(1) Lepelletier, *op. cit.*, p. 790,

rière qui finit des manteaux au prix do 3 à 10 cents la pièce et gagne 3 dollars en trois semaines..., ailleurs, c'est une femme qui coud des pardessus au prix de 1 dollar la douzaine et qui, pour arriver à faire vivre sa famille, fait travailler avec elle ses deux fillettes de 6 et de 7 ans. »

On a pu voir ailleurs à quels salaires dérisoires le *sweating system* réduisait les ouvriers.

Le *Seventh Biennial report* nous cite le cas de deux Italiennes veuves avec enfants, vivant dans un sous-sol humide qu'elles louent 3 dollars. En 13 semaines elles ont gagné 9,37 dollars à coudre des manteaux. Deux de leurs enfants étaient nourris à la crèche. Elles-mêmes sont chauffées par le bureau d'assistance du Comité (1).

Une Italienne de 32 ans et sa fille de 11 ans, finissant des manteaux pour 4 à 8 cents ont gagné ℔ 11,29 en 9 semaines.

Miss Helen Campbells rapporte dans *Prisoners of poverty* le cas d'une vieille Suissesse, veuve d'un ivrogne, qui terminait sa vie en gagnant 2 dollars par semaines à coudre des boucles pour un bandagiste (2). Une autre femme (3), dont le mari était mort, et qui devait élever trois enfants, gagnait 60 cents par jour à faire des trous de boutonnières.

Citons pour terminer un exemple typique, rap-

(1) *Seventh biennial Report...*, p. 365.
(2) Helen Campbells, *Prisoners of poverty*, p. 124.
(3) Helen Campbells, *Prisoners of poverty*, p. 87.

porté, du reste, par M. Levasseur. « Une veuve, qui
« avait connu des jours meilleurs, s'était logée avec
« sa fille dans deux chambrettes du bas New-York.
« Les deux femmes avaient d'abord vécu convena-
« blement, gagnant ensemble parfois jusqu'à 15 dol-
« lars par semaine. Mais la mère était tombée
« malade, les prix de façon avaient été réduits et
« depuis un an et demi la fille qui soutenait seule le
« ménage ne se faisait jamais plus de 80 cents par
« jour. Ces deux femmes tenaient exactement leurs
« comptes : # 22,95 pour le dernier mois inscrit, sur
« lequel il fallait en donner 10 pour le loyer; avec
« le reste, elles devaient se nourrir, se chauffer,
« s'éclairer, se vêtir; ne possédant qu'une seule
« paire de chaussure, elles ne pouvaient sortir
« ensemble. »

Avec ces salaires, dont on retrouverait des exemples analogues, il est impossible à des femmes seules
de vivre, que ce soit aux États-Unis ou en France. Il
leur faut alors, de toute nécessité, chercher, ailleurs,
un supplément de ressources. Non seulement l'ouvrière à vingt sous par jour toute l'année ne peut
pas vivre de son travail, mais l'ouvrière à 4 francs
par jour en est le plus souvent incapable, car, pour
elle, ce salaire relativement élevé ne correspond qu'à
une courte période de l'année. « Voici scrupuleuse-
ment copié, dit M. d'Haussonville (1), le budget par
mois d'une ouvrière en couture de Paris : nourri-

(1) D'Haussonville. *Salaires et misères de femmes*, p. 88.

ture (pour le moins) 60 francs (1) ; chambre, 9 francs ; blanchissage, entretien, frais de toilette, 12 francs ; soit 81 francs de dépenses mensuelles. Mais c'est un budget de stoïque, car celle qui l'a dressée ajoutait : « Après s'être privée de tout, lectures, promenades, théâtres, etc » : s'être privée de tout, à Paris, pendant toute l'année, à vingt ans !

Mettons maintenant en regard les recettes : 4 francs par jour, les dimanches et jours de fête non compris, soit 100 francs par mois, en moyenne. Tant que le travail dure, c'est-à-dire pendant huit mois, la couturière en question peut donc mettre de coté 19 francs par mois et aborder la morte-saison avec 152 francs d'économies. Mais si, pendant les quatre mois de morte-saison, elle ne gagne rien et continue de dépenser 81 francs par mois (324 francs pour les quatre mois), les 152 francs d'économies sont vite mangés et elle termine son année avec 200 francs et plus de dettes. » Et, comme le remarque fort bien M. d'Haussonville, le problème est encore plus difficile à résoudre pour celles qui gagnent moins de 4 francs.

On dira, peut-être : Il n'y a là qu'un état transi-

(1) Ici, nous nous permettrons de trouver un peu exagéré le chiffre de 60 francs donné par l'éminent académicien comme chiffre minimum de la dépense en nourriture d'une ouvrière. Assurément, nous n'avons pas la pensée de dire qu'une ouvrière ne puisse dépenser 60 francs pour se nourrir. Ce que nous voulons affirmer c'est qu'il est possible de trouver à Paris des pensions de moins de 60 francs.

toire devant cesser avec le mariage. Soit ! mais, en attendant, l'ouvrière peut mourir de faim. Le directeur des Grands Magasins du Louvre, M Honoré, nous disait à ce propos : « Si les salaires sont insuffisants, c'est peut-être pour le bien de l'ouvrière, car la femme n'est pas faite pour vivre isolée. Si elle n'a plus de famille et qu'elle n'entre pas en ménage, elle a à sa disposition les communautés, orphelinats, maisons de famille. La femme ne doit pas vivre seule. »

Hélas ! cette vérité prend bien les airs d'un paradoxe, et, pour défendre une idée juste, faut-il donc laisser subsister des misères ? En raison, et ce ne serait que justice, la femme devrait avoir droit à toucher une somme égale au rendement de son travail. Or, dans l'état actuel, l'ouvrière a besoin de chercher ailleurs le complément de ressources insuffisantes. Il lui est manifestement impossible de vivre avec le produit de ses œuvres. Qu'on ne s'étonne donc pas, après cela, de la voir céder « au double instinct du cœur et de la nature. » La *faim lente*, comme disait Fourier en un langage expressif, précipite souvent ces pauvres êtres à une vie de honte. « A dire les choses net, écrit Jean de Bonnefon (1)... la fille du peuple, ouvrière, n'a qu'un moyen d'existence : la prostitution (2)... Il est impossible qu'elle

____

(1) J. de Bonnefon, *les Belles Œuvres... et les autres*, p. 116.

(2) Aussi catégoriquement présentée, cette affirmation perd une grande partie de sa valeur. Que l'insuffisance des salaires

vive de son travail. La statistique faite par les écrivains, depuis Jules Simon jusqu'à Charles Benoist le prouve. »

Il est juste d'ajouter aussitôt en manière d'adoucissement : les ouvrières honnêtes qui résistent, et il y en a beaucoup, doivent supporter les plus dures privations. Nous avons là sous les yeux le budget d'une chemisière gagnant 0,90 centimes par jour. Voici quels sacrifices cette pauvre fille s'impose afin de rester vertueuse :

Une livre de pain . . .	0,15 centimes
Fromage . . .	0,20
Légumes . . .	0,30
Total. .	0,65 centimes.

détermine un certain nombre d'ouvrières à se livrer à la débauche, la chose est certaine ; mais que « la fille du peuple, ouvrière, n'ait qu'un moyen d'existence : la prostitution », voilà qui passe singulièrement la réalité. Si tant d'ouvrières se prostituent, c'est moins par impossibilité de suffire à leurs besoins que par suite d'une exagération de leurs désirs et d'une tendance de plus en plus fréquente à l'oisiveté. Les motifs qui, de leur aveu, les poussent à se jeter dans le vice sont ou le peu de goût pour le travail ou le besoin immodéré de parures ou encore, et plus souvent, les tentations de la jeunesse et les périls incessants de la rue. L'ouvrière d'aujourd'hui — je ne parle pas de l'ouvrière absolument chrétienne — possède un certain sens de la dignité et se trouve le plus souvent à mi-chemin de la vertu rigide et du vice. Elle accepte « un ami », sans y être contrainte par la nécessité, sans voir une affaire dans sa liaison, cédant plutôt à la caresse des mots enjôleurs que lui murmurent, à la sortie de l'atelier, le « monsieur âgé », l'étudiant ou l'employé.

Cette ouvrière ne mange de viande que le dimanche. Pour boisson elle a l'eau d'un puits voisin. Il lui reste 0,25 centimes pour le loyer, le vêtement et l'entretien. Elle loge avec une de ses amies, modiste, et toutes deux mettent en commun leurs recettes, en payant par moitié les dépenses communes!

On s'explique, en voyant ces misères poignantes, que tant de filles du peuple se laissent aller au vice ou se mettent, comme on dit, en ménage, entendez en faux ménage. Le danger de « la faute » est d'autant plus grand et l'épreuve plus pénible pour elles, que l'habitude professionnelle les élève naturellement au-dessus de leur milieu, en fait des êtres un peu à part, d'une nature mi-plébéienne, mi-aristocratique, et, leur donnant de continuelles préoccupations de luxe, les rend ainsi plus faibles contre tous les entraînements.

Mais pourquoi, direz-vous, la femme a-t-elle besoin de chercher un complément de ressources ? Pourquoi son travail ne lui permet-il pas de vivre, dans le cas où il assurerait à l'ouvrier de beaux salaires ?

On ne peut expliquer la chose qu'en se basant sur une vieille idée économique, qui n'est elle-même que la conséquence de cette loi fondamentale de notre destinée qui condamne et prescrit l'isolement. Les misères que nous étudions en ce moment n'ont pas de raison plus profonde ni plus certaine. Et c'est ainsi, nous l'allons voir, qu'une seule idée conduit souvent à des résultats sociaux incalculables. D'ordinaire, le coût de la vie entre en considération dans la fixation du salaire. Il n'en est pas la cause dominante, mais l'un des éléments. Généralement, quand l'homme (1) accepte un salaire, il estime mentalement ce que ce salaire représente pour lui de choses fongibles. Il voit si avec 2, 3 ou 4 francs, il pourra se procurer les biens nécessaires à son existence, non pas, comme le disait Turgot, de façon à l'empêcher de mourir de faim, mais de manière à tenir compte des exigences de son milieu. De son côté, le patron calcule ce que le travail de l'ouvrier produira, et c'est du résultat de cette double estima·tion que naît la fixation du salaire.

Mais quand il s'agit d'une ouvrière, les besoins de conservation et le rendement du travail ne servent plus de base à l'établissement du salaire. En vertu d'un vieux principe, il est *supposé* ne devoir être qu'un *appoint*. On s'imagine toujours, en effet, d'une façon presque inconsciente, que la femme n'a pas besoin de travailler pour vivre. Elle est *censée* faire, en tout état de cause, partie d'un petit groupement social. Tantôt c'est le père de famille, chef de ce groupement, qui fournit les ressources intégrales, nécessaires à la nourriture et au logement. La jeune fille ne demande alors à son travail que de pourvoir à sa toilette et à ses menus plaisirs. Son salaire n'est, en réalité, qu'un appoint. Tantôt c'est

(1) Par là nous entendons aussi bien le marché individuel de travail que le marché collectif fait par les syndicats.

le mari, chef d'un autre petit groupement, qui apporte au foyer son gain de chaque jour et se charge de faire vivre sa femme. Cette dernière se livre aux travaux domestiques. Si elle s'occupe à différentes besognes salariées, ce sera en dehors des heures consacrées aux soins du ménage, et pour accroître son bien être. Ici encore nous serons en présence d'un salaire d'appoint. Mais — et c'est là que nous voulons en venir — la nature humaine a beau se montrer exigeante sur la quotité des jouissances, ces dernières ne réclament pas, même avec le progrès de la civilisation, une satisfaction aussi prompte que les besoins nécessaires. Et surtout, comme il n'en va plus ici de la misère ou de l'aisance, de la vie ou de la mort, comme l'ouvrière vivant en famille avec le père ou le mari ne cherche pas dans le travail à soulager ses besoins essentiels, mais à se procurer un surcroît de bien-être, elle peut, dès lors, offrir son bras à n'importe quel prix. Elle travaille en quelque sorte à la façon d'un amateur. Or, les amateurs ont toujours été les plus terribles ennemis des professionnels. Ceux-ci sont, dans l'hypothèse, victimes de la *compensation de bénéfices* qui se produit chez les ouvrières amateurs entre le modique salaire d'appoint et les ressources principales. Il faut qu'avec ce supplément, les professionnelles acquièrent le nécessaire, car il est devenu comme de règle que la femme ne travaille jamais que pour s'offrir un supplément de bien-être. C'est là une idée que vient hélas ! démentir l'exemple de chaque jour. Ne voyons-nous pas, fréquemment, les filles ou les femmes d'ouvriers travailler aussi longtemps que leurs pères ou leurs maris et quitter, dès l'aube, la maison pour aller en un atelier d'où elles ne reviendront que le soir? La théorie raisonnable du salaire d'appoint cause donc le plus grand tort aux ouvrières qui demandent au travail autre chose que de pourvoir à leurs menus plaisirs ou à leur toilette, puisqu'elles lui demandent de ne pas mourir de faim. Or — dans la matière qui nous occupe — ce sont les *isolées* qui souffrent de cette fausse généralisation de l'idée du salaire d'appoint. C'est parmi celles qui n'ont ni père ni mari pour leur donner un salaire intégral, qu'il faut chercher les victimes du *sweating-system*. Et puisqu'aujourd'hui l'ouvrier ou l'employé répugnent absolument au mariage, la femme du peuple se trouve en quelque sorte broyée par un principe qui n'est en lui-même que l'expression d'une idée très noble et très juste qui commande aux hommes de ne pas vivre seuls.

« Sauf les exceptions malheureusement assez nombreuses, dit l'Office du Travail (1), la femme en notre société se trouve le plus souvent comprise dans un groupe : la famille. Ce groupe a son chef qui apporte lui-même un salaire calculé le plus souvent de façon à subvenir aux besoins de l'ensemble. La femme n'a donc à se préoccuper que d'un sup-

____

(1) *Op. cit.*, p. 317.

plément : d'un appoint ». Mais ce n'est pas tout que d'examiner en lui-même cet appoint. Il faut encore l'envisager dans ses conséquences et noter plutôt la répercussion qu'il a sur les *isolées* cherchant un salaire intégral. Beaucoup de façonnières en chambre pour grands magasins sont femmes de ménage, concierges. Il y a même des épouses de petits fonctionnaires, qui cherchent dans la couture un salaire d'appoint. M. du Maroussem (1) cite le cas d'une giletière pour grande maison de confection parisienne qui fait des gilets à 0,60 et 0,70 centimes. Elle travaille huit heures par jour et gagne environ 1.800 francs. Mais de cette somme il faut défalquer 1.100 francs de salaires payés à deux ouvrières finisseuses ou, comme on dit, deux *petites mains*, plus 100 francs de frais de travail. Il lui reste donc 600 francs. « La modicité des bénéfices semblerait, « dit-il, exclure la possibilité de continuer cette « entreprise. Toutefois la façonnière ne se trouve « nullement résolue à supprimer cet atelier qui lui « fournit un *salaire d'appoint*. Son mari, en effet, « relève de l'un des services administratifs de la « Seine ; l'emploi, bien qu'inférieur, entraîne l'allo- « cation gratuite du logement ». Les exemples analogues sont fréquents de femmes cherchant dans la couture un appoint au salaire marital. L'Office du Travail en donne un certain nombre. C'est un ate-

(1) V. Office du Travail, t. II, p. 288-289.

lier du quartier Montsouris (1) de façonnière giletière, livrant directement au guichet de plusieurs
grandes maisons de confections en gros. Le personnel comprend la façonnière, sa petite fille et sa nièce,
âgée de 11 ans. Le total des recettes, pendant l'année,
s'élève à 1.189 francs : « La façonnière est concierge
« d'une maison ouvrière. Par suite, elle économise
« les frais d'éclairage et le loyer. Mais le service de
« la loge l'empêche fort souvent de se mettre à sa
« tâche avant 11 heures du matin. Son mari est
« coupeur dans une maison de tailleur sur mesure,
« mais ne peut obtenir que le patron consente à se
« rattacher le petit atelier domestique ». Le salaire de la femme n'est donc ici qu'un salaire d'appoint.

C'est encore un petit atelier de vêtements pour
dames (2), ne formant qu'une industrie annexe, ne
rapportant qu'un salaire d'appoint. Le salaire principal est gagné par le chef de famille, ouvrier méca-
nicien, payé 0,90 centimes l'heure.

Dans le vêtement d'homme sur mesure, la con-
tinuation du travail, malgré la modicité des recettes,
s'explique par un point de vue courant chez les
ouvrières. Pour elles, le salaire n'est pas destiné « à
subvenir à la totalité des besoins de la famille mais
à lui procurer un supplément de bien être » (3)

(1) Office du Travail, *op. cit.*, p. 287.
(2) Office du Travail, *op. cit.*, p. 410.
(3) Office du Travail, *op. cit.*, p. 189.

Parfois, la proportion se trouve renversée en vertu d'un fait curieux. Cela se produit dans les familles ouvrières quand le mari, employé au dehors comme maçon, serrurier, zingueur, etc., a de fortes dispositions à ne rien faire. Il chôme fréquemment. Sa femme tient un petit atelier de couture, et, grâce à une clientèle de quartier, recrutée parmi les domestiques, les épouses de petits commerçants, ou les riches mondaines qui préfèrent le travail consciencieux des ouvrières en chambre, le mari peut conserver ses habitudes de fainéantise et vivre du salaire de sa femme.

M. du Maroussem rapporte, dans l'un de ses livres (1), que la femme d'un *trôleur* piémontais de la rue d'Avron complétait le gain du chef de famille (1.233 francs), en terminant des jerseys de femmes pour une maison de confection du boulevard Voltaire. Dans une famille de la rue Tison, le père « trôlait », la femme « confectionnait, pour un magasin de fleurs de la rue Bonne-Nouvelle, ces branches de muguet que les commissaires des fêtes ont coutume de mettre à leur boutonnière. » Pour une grosse (144 grappes), elle recevait 1 fr. 10. Beaucoup de femmes sont ainsi heureuses de trouver du travail à faire chez elles. Même si elles ne gagnent qu'un franc ou même 0,75 c. par jour, elles acceptent avec bonheur ce pauvre gain, qui ne les empêche pas de vaquer à leurs besognes ordinaires (ménage, racom-

_____

(1) *Les Ébénistes du faubourg Saint-Antoine.*

modage, visite au lavoir). M. du Maroussem cite, en ce sens, la femme d'un trôleur, qui parvenait à gagner annuellement 300 fr., en travaillant 4 heures par jour, avant le lever et après le coucher des enfants.

Nos grands magasins parisiens mettent continuellement en pratique la théorie du salaire d'appoint. Ils recherchent peu le travail des isolées (jeunes filles seules, veuves) et donnent, en général, l'ouvrage aux épouses d'ouvriers ou d'employés, moins exigeantes dans la discussion des prix. M. le député Delbet le rappelait, au XXᵉ Congrès, tenu, en 1901, par la Société d'Economie sociale. « A Châtellerault, disait-il, les hommes travaillent en grand nombre à la fabrique, les grands entrepreneurs envoient du travail en quantité énorme et les femmes acceptent des prix très minimes, puisqu'il s'agit pour elles d'un travail d'appoint. » Les magasins de nouveautés de Paris distribuent l'ouvrage, autant que possible, dans les centres ouvriers (le Creusot, Montceau-les-Mines, Lille, Roubaix), aux femmes des travailleurs occupés en fabrique. Le Louvre envoie l'ouvrage à faire dans les centres d'usines, depuis les villes de tissage jusqu'aux forges. Dans ces endroits, en effet, les patrons ont souvent organisé des ouvroirs. A la différence de l'industrie minière, la métallurgie n'employant à peu près que des hommes, beaucoup de femmes ne trouveraient pas, dans la localité où travaillent leurs maris, le supplément de ressources nécessaire au ménage. De concert avec les industriels, le directeur du Louvre

envoie l'ouvrage de basse confection et le fait achever à leurs moments de loisir par les épouses, les
mères ou les filles d'ouvriers. Ces travaux sont une
source de bien être pour la population des centres
métallurgiques, mais ils causent préjudice aux professionnelles de la couture, et, dans l'hypothèse, aux
ouvrières parisiennes. Il faut bien le dire, cependant,
les ouvrages délicats n'émigrent pas ainsi. Mais
l'effet n'en est pas changé pour cela. Les ateliers
de bonne confection, bien que situés à Paris, son
montés *uniquement*, — au moins ceux du Louvre
— avec des femmes ou des filles d'employés. En procédant ainsi, le magasin agit volontairement et avec
une arrière-pensée d'humanité, car les couturières
qu'il occupe, supportent aisément les mois de
chômage inévitables, grâce aux ressources de la
vie de famille. C'est ce que nous avouait formellement le directeur des Magasins du Louvre, M. Honoré.

Malheureusement, à côté de ces femmes, il en est
beaucoup d'autres dont le salaire n'est pas et ne peut
être un appoint, pour la raison déjà donnée, qu'elles
n'ont pas derrière elles une famille et ne doivent
compter que sur leur propre gain individuel. La concurrence est meurtrière. Les patrons ne se préoccupent pas en effet de savoir si telle de leurs employées
travaille ou non pour se faire un supplément de
recettes. Ils accordent l'ouvrage à celles qui consentent les plus forts rabais, c'est-à-dire, en définitive, à celles pour qui le salaire n'est qu'un appoint.

Le calcul des prix s'établit sur cette base et c'est par là que le *sweating-system* fait tant de ravages, aussi bien en France qu'en Allemagne, en Belgique, en Angleterre (1) ou aux Etats-Unis. Dans ce dernier pays, l'infériorité du salaire féminin ne tient pas à une autre cause. « La présence des... femmes qui travaillent pour leur plaisir, dit Mme B. Van Vorst (2), complique le problème industriel. » La plupart des femmes vivent en famille, et considèrent leur gain comme un complément du revenu plutôt que comme une partie du fonds principal de la maison ; encore une raison qui les rend moins exigeantes pour leurs salaires. La vie de famille est, en effet, très prospère de l'autre côté de l'Océan, plus

(1(De l'aveu de M. Sayous (*op. cit.*), le *sweating-system* est dû en grande partie, en Angleterre, à la concurrence des ouvrières de l'aiguille et principalement au fait que beaucoup de femmes ne demandent au travail que de leur procurer un supplément de revenu. La triste situation des ouvrières autrichiennes, n'a pas d'autre cause. En 1896 une enquête fut faite à Vienne sur le travail des femmes. Il en ressort nettement cette conclusion qu'en Autriche, le travail en chambre a bien plutôt le caractère d'une occupation *accessoire* que d'un travail fait pour vivre. V. sur ce point, *Réforme sociale*, 1er octobre 1895, p 510 et suiv.. La même idée se retrouve en Belgique, où les industries féminines à domicile présentent toutes un caractère d'appoint. Le fait est particulièrement sensible en ce qui concerne l'industrie dentellière. Pour beaucoup de femmes belges, « la dentelle est un métier d'appoint qu'elles exercent en dehors de leurs occupations habituelles, pour augmenter un peu leurs ressources ou simplement pour ne pas rester inoccupées. » V. Verhaegen. *op. cit.*, p. 920.

(2). B. Van Vorst, l'Ouvrière aux Etats-Unis, *Revue des Deux-Mondes*, 1er décembre 1902.

même que sur le vieux continent où elle se désa-
grège de jour en jour. D'un autre côté, les ouvriers
américains n'aiment pas que leurs femmes travaillent
à l'usine. Ils préfèrent les voir s'occuper, dans leur
maison, à quelques travaux qui, dans leur pensée,
constituent plutôt pour elles un passe-temps. La
plupart de leurs filles ne travaillent qu'afin de pourvoir à leur toilette et la chose est si constante que,
dans l'État de Massachussetts, elle a donné lieu à
des plaintes amères ; mais il est sûr que rien ne
changera, tant que les jeunes américaines conti-
nueront à vivre au milieu de leurs parents (1).

On conçoit si peu l'idée d'un salaire féminin suffisant à contenter intégralement les besoins de la
femme, qu'en France les logeuses en garni refusent
souvent de recevoir l'ouvrière célibataire. Ce fait,
qui semble n'avoir aucun rapport avec la matière
faisant l'objet de notre étude, procède en réalité de
cette tendance innée d'associer toujours la femme à
un groupe. On dirait que cela répugne de songer à
une ouvrière vivant isolée. « Jamais, disait à
M. Georges Picot (2) une femme très respectable,
qui tenait un logement en garni, jamais nous ne con-

(1) Il résulte de l'enquête faite en 1889, aux Etats-Unis, au
sujet des *Working-women in large cities*, que le travail des
femmes n'ayant pas de charges fait baisser le salaire de celles
qui en ont, et que la vie *at home* si répandue chez toutes les po-
pulations anglo-saxonnes permet aux ouvrières de se contenter
d'un gain minime.

(2) V. *Réforme sociale*, nᵒˢ du 16 juillet et 1ᵉʳ août 1901.

sentons à recevoir des femmes seules... Nous recevons des ménages ou des célibataires hommes. Il faut, à Paris, que la femme ait quelqu'un pour la protéger ; il n'est pas prudent pour elle qu'elle soit sans défenseur. « M. Picot a raison d'ajouter : « Sous ce langage d'une convenance apparente, que d'immoralité ! » Tantôt la jeune ouvrière a hâte de fuir la chambre meublée qu'elle a trouvée à son arrivée en ville. « Elle n'a qu'une pensée... en sortir au plutôt pour fuir la vie commune, les contacts de toute sorte qui font de ce logis un enfer. » Trouve-t-elle une chambre de 150 à 250 francs, elle n'est pas moins en péril. L'indépendance qu'elle semble avoir rencontrée n'est que trop souvent menteuse, et les dangers non moins grands que dans un garni.

Ces difficultés de vie faites à l'ouvrière isolée ne viennent-elles pas montrer le péril que peut encourir une société quand la famille se disloque et s'en va ? Qui pourrait se refuser à voir dans le salaire d'appoint une éloquente démonstration, en même temps qu'une survivance, de cette vieille idée que les sociétés ne sont prospères qu'avec des familles fortement organisées ? Quoi qu'on dise, la femme est plus près d'être notre égale en se distinguant de nous qu'en voulant être notre pareille. Tout, dans ce que nous venons de voir, semble le prouver, de la façon la plus énergique. « Remarquez-le, disait à M. Picot (1) un observateur sagace, patron de cen-

(1) *Op. cit.*, p. 148.

taines d'ouvrières, le salaire de la femme ne lui permet pas de pourvoir à tous les besoins de la vie, ce n'est qu'un *salaire d'appoint*. Or, ce mot n'a pas de signification ou il exprime formellement cette idée que la fille apporte à ses parents, la femme à son ménage, un salaire qui représente non l'équivalent total de ses dépenses personnelles, mais seulement une part contributive (1). »

L'idée du salaire d'appoint se trouve encore renforcée par suite de sa combinaison avec le travail à la campagne. Obligés de livrer à d'exceptionnelles conditions de bon marché, les fabricants (maisons de gros, grands magasins) envoient l'ouvrage *ordinaire* dans les milieux ruraux. Les travaux de lingerie et de basse confection (salopettes, blouses, tabliers de domestique, etc.) sont en bonne partie aux mains des femmes des champs (2). Une vie moins coûteuse permet aux villageoises de se contenter d'un salaire, qui, pour les femmes des villes,

(1) Ce n'est pas à nous de méconnaître la valeur de ces explications. La vie au foyer, lorsqu'elle est bien organisée, assure aux sociétés l'ordre et la paix dont elles ont besoin pour progresser utilement. Mais s'il est désirable de voir toutes les jeunes ouvrières vivre avec leurs parents, il faudra toujours compter avec celles qui n'en ont plus ou qui, pour des motifs divers et d'ordre majeur, préfèrent quitter le toit paternel devenu l'école du vice ou de l'immoralité. Il restera toujours vrai « qu'un nombre considérable d'ouvrières seront amenées « pour des raisons parfaitement justifiées à organiser leur vie « indépendamment de tout appui ».

(2) On sait qu'une partie de la confection à bon marché est envoyée dans les centres ouvriers.

serait notoirement insuffisant. Les prix sont d'autant moins élevés que le travail ainsi fait n'empêche pas les fermières de vaquer aux soins domestiques. C'est là, en tout pays, l'une des causes qui déterminent la persistance du *sweating-system*. Ici encore, la grande concurrente de la femme a été la femme (1).

« Le complet cheviotte pour cadet, dit l'Office du
« Travail (2), est descendu à 9 fr. 25, étoffe et façon
« [soit, au point de vue de la façon seule : 0,60 le
« pantalon, 0,60 le gilet, 1,25 le veston]; en qualité
« supérieure, à 11 fr. 25. Le costume homme, drap
« imprimé (prix en gros 13 francs), n'a plus coûté
« que 11 fr, 50 ; le même, cheviotte ordinaire (16 à
« 18 francs). s'est obtenu à 12, 13 fr. 50. »

« Une semblable opposition de forces ouvrières entre un grand centre urbain et des milieux agricoles, entraîne forcément une sorte d'*équilibration des salaires au moins relative*, et presque aussitôt un partage se produit suivant la catégorie des objets fabriqués. La qualité supérieure, qui réclame plus de soin, plus de respect aussi des traditions de l'art manuel, subsiste dans l'agglomération ancienne (Paris), avec une légère dépression toutefois; les

---

(1) Sans avoir la prétention d'épuiser la question, nous ferons remarquer la pratique constante des bourgeoises, de transformer leurs femmes de chambre en ouvrières du vêtement. Une partie de la confection pour dame est ainsi enlevée aux professionnelles.

(2) Office du Travail, *op. cit.*, p. 304.

articles camelote, inférieurs, faciles à exécuter,
émigrent définitivement sans esprit de retour. »

« Les confections de velours coton, par exemple,
le classique uniforme du charpentier, du terrassier
ont presque entièrement quitté Paris : leur patrie
d'origine est maintenant Lille et Amiens. » Les entrepreneurs pour grands magasins ont installé dans
toute la campagne lilloise « des ateliers, et en
annexe des services de transport, qui distribuent les
pièces aux femmes des ouvriers ruraux, sans leur
faire abandonner les soins domestiques. »

Une bonne partie de la lingerie s'en va, de la même
façon, dans l'Ouest. Les magasins du Louvre font faire
les tabliers, les blouses, le linge commun, en Tou-
raine, à des femmes pour qui ce travail est un supplément en dehors de la vie des champs. Cette décentra-
lisation des industries féminines est un phénomène
curieux, à une époque où la concentration du travail semble être devenue le terme définitif de l'évolution industrielle et commerciale. Il est intéressant
de voir exécutés de plus en plus en province les
ouvrages de couture n'exigeant pas d'apprentissage
et ne réclamant pas le « fini » d'une œuvre d'art.
« La confection-série (1) — surtout les articles inférieurs — est fabriquée hors de Paris et cela avec
une intensité croissante, nous dit un déposant (2).....

(1) On dit qu'il y a *confection-série*, quand les vêtements sont
faits à l'avance par série, sans convenir absolument à tous les
acheteurs.
(2) Office du Travail, *op. cit.*, p. 317.

Telle maison des plus importantes n'a plus à Paris qu'un seul entrepreneur travaillant avec sa femme et sa petite fille. A force d'énergie, il termine parfois 12 pantalons par jour. Le prix de façon varie de 65 centimes (pantalons vendus comme soldes) à 70 et 80 centimes. Même dépréciation pour les gilets de velours, payés au même prix. Les femmes qui reçoivent ce travail peuvent terminer 4 à 8 gilets par jour avec l'aide d'une petite ouvrière à 1 fr. 25 par jour. »

Le phénomène est si général aujourd'hui, que l'industrie à domicile en éprouve un véritable malaise. Ainsi, par exemple, les entrepreneurs pour les maisons de soieries lyonnaises donnent l'ouvrage aux femmes de la campagne. La fabrication du tulle se fait encore en usine à peu près entièrement, mais les chenilleuses et brodeuses de tulle doivent l'avilissement de leurs salaires au peu d'exigence des fermières. De l'aveu d'un éminent monographiste, M. Louis Bonnevay (1), les jeunes filles et les femmes mariées des environs de Lyon font une concurrence fatale aux ouvrières urbaines, car, pour les premières, le salaire « n'est qu'un supplément servant à l'achat du superflu et surtout à l'entretien des toilettes (2). » Si les lingères et les brodeuses

(1) L. Bonnevay, *op cit.*, p. 22.

(2) Le fait est si vrai que pendant la saison d'été, où les travaux des champs sont très absorbants pour les femmes qui s'y livrent, la situation des ouvrières sur tulle (chenilleuses et autres) est bonne. Pendant les mois de juillet et d'août, la partie de

lyonnaises ne gagnent guère plus de 1 fr. 50 par jour, et cela tient, en grande partie, à la concurrence désastreuse que leur font les femmes de la campagne, et même, nous le verrons, les jeunes bergers des Vosges. Dans les montagnes du Haut-Beaujolais, il existe une grande quantité d'ouvrières en broderie travaillant pour le compte d'entrepreneurs en relation constante avec les grands magasins de Lyon. Ces brodeuses à l'aiguille sont très nombreuses dans les communes de Saint-Nizier d'Azergues, de Lamure, Saint-Bonnet, le Troncy, etc. Elles se contentent d'un modique salaire. Les plus habiles d'entre elles, travaillant sur la fine broderie et les trousseaux de mariées, gagnent, pour un labeur de 12 à 14 heures par jour, une somme qui va de 1 franc à 1 fr. 25. La plus grande partie, occupée à la broderie commune, gagne de 0,50 à 0,70 centimes (1).

l'ouvrage qui est faite en temps ordinaire par les paysannes revient aux ouvrières de Lyon. Dans les milieux ouvriers lyonnais on se préoccupe beaucoup de la question de l'émigration du travail et de l'antagonisme entre les salaires de la campagne et ceux de la ville. — V. sur ce point et à peu près en ces termes. *Le travail de la femme et de la jeune fille*, n° d'août 1901.

(1) Dans tous les pays, le travail qu'on peut appeler féminin (couture, lingerie, bonneterie, fabrication de dentelles, des gants) est de plus en plus aux mains des paysannes. La Belgique offre, à cet égard, le meilleur des exemples. Les brodeuses, les dentellières, les couseuses de gants, sont à peu près toutes échelonnées dans la campagne, et toutes ces ouvrières ne considèrent leur travail que comme une besogne accessoire, sur le prix de laquelle elles se montrent peu exigeantes. — V. Office du Travail de Belgique. *Les industries à domicile en Belgique*, vol. II et

. Le fait n'est pas spécial à la France. Il est aussi développé en Angleterre et aux Etats-Unis. Les ouvriers à domicile, victimes du *sweating-system*, se sont plaints devant la Commission de la Chambre des Lords de la tendance des magasins de confection de Londres à envoyer l'ouvrage loin de la capitale. Une notable partie des vêtements, après avoir été coupée dans l'atelier patronal, se dirige vers les points les plus reculés de la Grande-Bretagne, pour y être finie par les femmes de fermiers, d'ouvriers surtout. On voit apparaître, à la base de ce procédé la silhouette exécrée du *contractor*. Il est chargé de porter les vêtements dans les maisons de village et de les y reprendre, quand ils sont achevés. Malgré les frais de transport, les magasins ont encore avantage à procéder ainsi, le salaire étant, dans ce cas, moins élevé qu'il ne l'eût été, si l'ouvrage avait été fait par les ouvrières des villes. S'il est avantageux pour le magasin, il n'est pas moins recherché des femmes de la province. C'est un moyen pour beaucoup d'épouses d'employés de chemins de fer, de soldats ou de paysans, d'occuper leurs moments perdus ou les longues soirées d'hiver ; mais c'est aussi une raison pour elles de se contenter d'un faible gain, et, par conséquent, une cause de réduction de leurs prétentions pour toutes celles qui n'ont à compter que sur les produits de leur travail.

III. — **Les *salaires* dans l'*industrie gantoise*. I. Industrie cotonnière. Rapport par Louis Varlez.**

Le Comité des Manufactures de Washington a révélé la même façon de faire des magasins améri-cains. Dans l'Etat du Maine, une partie de l'ouvrage est exécutée en fermes, en *ranches*. Mais, presque toujours, les femmes de fermiers ne font que le finissage, trouvant ainsi moyen d'ajouter, par un travail peu compliqué, un supplément appréciable à leurs revenus.

Loin de nous, cependant, la pensée de condamner le travail à la campagne. Un simple coup d'œil, jeté sur l'état de choses réel, suffit à dissiper bien des illusions. Les ouvrières rurales, si elles acceptent des salaires modiques, ne consentent pas toujours à descendre au degré le plus infime, au-dessous duquel toute concurrence soit annihilée. Il leur arrive souvent de refuser le travail, parce que l'entrepreneuse n'offre pas un salaire assez élevé. Qu'on nous pardonne, à cet égard, un souvenir personnel. Un magasin de blanc d'une grande ville de l'Ouest avait proposé à une famille de cultivateurs de confectionner des chemises de coton pour hommes au prix de 1,75 la douzaine. La famille en question, qui comprend onze enfants, possède trois jeunes filles, couturières, allant chaque jour travailler dans une maison diffé-rente pour y faire n'importe quel ouvrage de couture. Le travail qu'on leur demandait d'exécuter eût pu être achevé pendant les veillées d'hiver. Elles le refusèrent néanmoins, jugeant trop mauvaises les propositions du magasin.

Et ce n'est pas là une chose exceptionnelle. Il

arrive souvent, dans la campagne lyonnaise, que des pièces de broderies soient refusées par les brodeuses, qui regardent le prix offert comme inacceptable. Mais hélas ! ces résistances ne servent à rien et les entrepreneuses ne sont jamais vaincues. Il leur reste une ressource. C'est de faire faire la broderie, dans les coins perdus des Vosges, par de pauvres femmes et des bergers. Le travail le moins payé leur agrée parce qu'il est pour eux un passe-temps plutôt qu'une besogne fatigante. Ils brodent en gardant leurs troupeaux, heureux de rompre ainsi la monotonie des longues solitudes sur les pentes rocailleuses et couvertes de bruyères qui joignent Remiremont, Gérardmer ou Saint-Dié.

La concurrence est donc inexorable. Si une ouvrière résiste, il s'en trouve deux qui cèdent. On demandait, un jour, à un patron, la raison pour laquelle, à égalité de rendement, il n'accordait pas autant aux femmes qu'aux hommes. « Nous ne donnons pas plus, répondait-il, parce que pour une fille qui est placée ici, il y en a douze qui attendent sa place. » M. Bonnevay a bien raison de dire : « L'ouvrière est le plus terrible ennemi de l'ouvrière (1). » A l'appui de son affirmation saisissante, il rapporte le fait suivant, que nous tenons à citer parce qu'il est typique : « Il y a quelques années, une grande « manufacture de chaussures de Lyon, qui fournis- « sait de l'ouvrage à environ cinquante piqueuses,

(I) Bonnevay, *op. cit.*, p. 114.

« leur payait le piquage de douze paires de bottines
« d'échantillon 14 francs. Elle annonça un matin
« qu'elle ne paierait plus la douzaine que 3 fr. 75.
« Toutes les ouvrières se retirèrent, refusant ces
« conditions nouvelles.

« Le fabricant fit publier dans les journaux du
« lendeman l'avis suivant : « *On demande des
« piqueuses chez M. X**** ».

« Le soir même, deux cents femmes (trois fois
« plus qu'il ne lui en fallait) se présentaient à ses
« bureaux et acceptaient le travail au prix dérisoire
« qu'il avait imposé. »

En résumé, le *sweating-system* trouve un aliment
dans ce fait que le salaire de la femme, travaillant
à domicile, est essentiellement basé sur le supplément nécessaire aux ressources du groupement dont
on suppose *a priori* qu'elle fait partie (1). Mille
combinaisons gravitent autour de cette idée, qui fait
la ruine des *isolées* et assure la persistance du
sweating-system.

Le résultat est le même si, au lieu de vivre en
ménage ou avec ses parents, l'ouvrière habite en

_____

(1) « Le *sweating-system*, dit M. Métin, sévit en Australie contre
« les étrangers... il sévit plus régulièrement encore contre les
« femmes et les jeunes filles qui se font concurrence les unes
« aux autres : certaines, en effet, vivent des salaires de leurs
« maris ou de leurs parents, et ne travaillent que pour se pro-
« curer un supplément de revenu ; elles prennent donc l'ouvrage
« à très bas prix, et avilisent ainsi les salaires des veuves ou
« des isolées qui travaillent pour vivre. » *Op. cit.*, p. 91.

quelqu'une de ces maisons d'assistance, de refuge et de préservation, qui ne font pas du travail le but essentiel de leur existence. Loin d'être la source intégrale du revenu, le salaire des travaux faits dans ces maisons n'est qu'un appoint destiné à compléter le budget principal insuffisant. Ce qu'il importe d'examiner ici, c'est en quelle mesure la concurrence ainsi faite est désastreuse aux ouvrières libres, à celles qui ne font partie d'aucun groupement ni familial ni conventuel.

La matière est délicate, et trop souvent les meilleurs esprits s'y sont égarés en s'abandonnant à une trop vive sensibilité et aussi, on doit le dire, pour n'avoir pas eu les renseignements suffisants ni toujours les plus exacts. Sans nous attarder à rechercher quelle est la situation de ces œuvres préservatoires, nous voudrions, en quelques mots de la plus stricte impartialité, dégager les quelques idées qu'elles éveillent, relativement à la question qui nous occupe.

Il est certain qu'une partie de la confection proprement dite et la plus grande part de la lingerie pour magasins se font en France dans les ouvroirs, maisons du Bon-Pasteur, du Bon-Conseil, etc. La concurrence ainsi créée aux ouvrières libres est indéniable. Il est malheureusement impossible de la préciser, car ceux qui pourraient donner des chiffres n'aiment guère à les divulguer. On sait qu'à Paris, le nombre des ouvrières travaillant en orphelinats (5.985 jeunes filles) est dans la proportion du

1/15 de la population totale des ouvrières parisiennes de l'aiguille.

D'autre part, la congrégation du Bon-Pasteur d'Angers compte en France 89 maisons, qui lui sont rattachées directement et comprennent à la fois des religieuses et des assistées. Le but principal de l'œuvre est d' « offrir un refuge aux filles tombées dans le mal et qui désirent se réhabiliter aux yeux de Dieu et de la société. » Elle comprend partout trois divisions, suivant la situation morale des assistées. Ce sont les *pénitentes* (jeunes filles placées là par autorité de justice ou du père de famille, ou par l'assistance publique, et comprenant les paresseuses, les vicieuses et filles-mères de 13 ans). Ce sont ensuite les *Madeleines* (jeunes filles dont l'état d'âme s'est amélioré et qui se fixent à demeure au Bon-Pasteur). Enfin nous trouvons un troisième groupe : les *préservées* « enfants que la famille ne « s'est pas crue en état d'élever selon ses idées, avec « sécurité, en raison du milieu et de ses conditions « trop désavantageuses (1). »

Chacune de ces maisons du Bon-Pasteur renferme plusieurs centaines de personnes. Une grande partie est occupée, nous le disions, à faire des travaux de couture, et, de ce chef, entre en lutte avec les ouvrières libres de l'aiguille.

Pense-t-on supprimer cette concurrence ? On n'aboutirait à aucun résultat, car, en la supprimant

(1) V. *Réforme sociale*, 1901, tome II, p. 292.

on n'écartera pas de la vie les jeunes filles abritées dans ces maisons. Le seul moyen d'entraver la concurrence serait, en effet, de fermer les ouvroirs et Bons-Pasteurs. Mais d'abord sur quels droits se fonderait-on pour agir ainsi? Il y aurait là une injustice flagrante. Mais il y a plus, l'orphelinat n'existant pas, la maison de refuge étant supprimée, les ouvrières qu'ils occupaient se retrouveront aussitôt. La situation générale sera même aggravée. Il faudra bien, en effet, que ces jeunes filles abandonnées à elles seules travaillent pour vivre. Rien ne sera changé. Il y aura quelques malheureuses de plus. Et ce sera tout.

Allons plus loin. La concurrence faite par ces maisons est, dit-on, déloyale. L'écueil vient de ce qu'elles vivent — au moins en partie — des ressources de la charité officielle et privée et ne demandent au travail qu'à cimenter les vides qui se seraient faits dans les recettes de la charité et qui risqueraient de ruiner tout l'édifice. Il est certain que les ouvroirs ayant, par ailleurs, des capitaux en réserve et des aumônes, prennent souvent les commandes des magasins à des prix trop bas et au-dessous des prix courant dans la localité. Les maisons de garde et de réforme pour jeunes filles n'échappent pas non plus à cette critique. Mais l'étude des conditions de vie de ces monastères peut dissiper bien des illusions.

Les « pensionnaires » de ces asiles ne sont pas du tout des ouvrières ordinaires, sans vouloir même

nous placer ici au point de vue moral. Leur placement n'a pas exclusivement pour but le travail de
couture. « Avant tout, dit M. Joly, la maison doit
vivre et faire vivre ses pensionnaires. Or, le problème
n'est pas facile. » Il faut combler un déficit de 15 à
20.000 francs avec le mortier de la charité. Mais pour
qu'il n'y ait pas un déficit plus considérable, il est
nécessaire que le travail des religieuses et des jeunes
filles atteigne un joli chiffre; le monastère de Sens,
qui reçoit les plus belles subventions (il reçoit 0,60 c.
par jour, pour chacun des six enfants que l'Assistance d'Auxerre lui envoie ; il a cinq enfants de
Melun à 50 francs par trimestre et 10 de Versailles
à 82 c. par jour), doit faire 33.000 francs de travaux
manuels. « Dans la discussion, si discussion il peut
y avoir, des prix à obtenir, sa situation est bien
avantageuse, et elle le met d'autant plus à la merci
de ceux qui l'emploient, que forcément il doit faire
des sacrifices à la certitude d'avoir du travail régulier, sans risque d'interruptions subites et sans risques de non-paiement. Alors, dira-t-on, ces travailleuses acceptent bien des commandes, à vil prix,
comme on les en accuse, et elles pèsent ainsi d'un
poids assez lourd sur les conditions générales de ce
qu'on peut appeler le marché du travail féminin?

« Malheureusement oui, on ne peut pas songer à le
contester » (1).

« Si le salaire des lingères et des brodeuses (de

(1) H. Joly, *op. cit.*, p. 299-300.

Lyon) est aussi peu élevé, dit encore M. Bonnevay (1), cela tient en grande partie à la concurrence
que font les couvents et orphelinats aux ouvrières
libres. Ceux-ci, en effet, peuvent travailler beaucoup
plus économiquement, à raison de leur organisation
même, sans compter que leur situation d'œuvres de
charité leur apporte, sous formes d'aumônes et de
dons annuels, des ressources qui équilibreraient
leurs budgets si, à raison des abaissements de prix
de main-d'œuvre qu'ils consentent, ils se trouvaient
en déficit. »

On le voit, qu'on admette avec M. Bonnevay, que
les dons de la charité servent à combler l'insuffisance des salaires ou qu'on dise, comme nous
l'avons fait, que les produits du travail servent à
équilibrer un budget insuffisant, l'effet reste identique. Le travail n'a jamais pour but de pourvoir intégralement aux besoins du monastère et de l'ouvroir.
Le salaire n'est pour eux qu'un *appoint*, et ce seul
fait suffit à expliquer la réduction extrême à laquelle
ils descendent.

N'avions-nous donc pas raison de dire, en com-
mençant ce chapitre : le *sweating-system* est dû à la
concurrence faite aux isolées par les femmes et
jeunes filles qui ne travaillent que pour se procurer
un supplément de revenu?

(1) Bonnevay, *op. cit.*, p. 45.

CHAPITRE V

LES REMÈDES AU « SWEATING-SYSTEM »

La première pensée qui s'éveille en tout homme, quand il vient de découvrir une maladie, est de savoir s'il sera possible de la détruire. Sans se perdre en vaines recherches, il va droit au point d'où lui semble provenir le mal et c'est là qu'il concentre tous ses efforts. L'embarras peut être grand, quand le mal n'a pu être ramené à sa véritable cause, et, faute d'un excellent diagnostic, les plus beaux efforts peuvent rester vains.

C'est à une difficulté de ce genre que donne lieu le *sweating-system*. Par son caractère protéiforme, il déroute les observateurs les plus attentifs. Aussi bien ne savons-nous pas que les Anglais lui ont donné l'image d'une immense toile d'araignée, et n'est-ce pas dire ainsi qu'il se compose de fils ténus et multiples. Nous croyons cependant que si l'on peut parvenir à le circonscrire nettement, on aura chance de l'attaquer avec sûreté et peut-être de le détruire à jamais.

De tout ce qui précède (1), une idée se dégage, avec force, qui pourrait bien donner, il nous semble, en dernière analyse, la raison d'être du fléau. « Partout où sévit le *sweatting-system*, la faci- « lité particulière qu'éprouve l'ouvrier à s'établir à « son compte, tout au moins à travailler en chambre, « multiplie le nombre des incapables isolés, les met « en concurrence les uns avec les autres, favorise « l'exploitation et empêche les groupements (2). » Qu'on y songe un instant. Pourquoi le *sweatting-system* n'a-t-il pas fait de ravages dans ce qu'on est convenu d'appeler la grande industrie, dans l'industrie de la houille, du fer, des constructions navales, de la toile, de la laine ou du coton? Parce que les ouvriers de toutes ces industries ont senti le besoin, du fait de leur réunion par milliers, de défendre leurs intérêts identiques, parce qu'ils ont compris qu'ils ne pourraient être forts, vis-à-vis du patron, qu'en se soutenant les uns les autres, dans une même action défensive. Le *sweating-system* nous fait, au contraire, assister à l'épanouissement de la

---

(1) Nous ne croyons pas devoir faire du *sweating-system* le résultat de la transformation qui s'effectue dans certains métiers. S'il fallait admettre cette explication, aucune mesure ne serait efficace. S'agit-il, en effet, de métiers appelés à prendre une nouvelle forme, la crise est en quelque sorte fatale et ne saura disparaître que le jour où la transformation sera opérée. C'est à une transition de cette sorte que nous paraissent dues les misères si fréquentes dans l'industrie de la toile et des jouets.

(2) P. de Rousiers, le *Trade-Unionisme en Angleterre.*

liberté la plus immodérée. L'obstacle le plus sérieux qui s'oppose à sa destruction réside moins dans le nombre excessif des travailleurs pauvres que dans leur manque de cohésion. Leur volonté demeure inerte devant les exigences des *contractors*. Ne trouvant autour d'elle aucun écho, elle n'ose pas s'affirmer, et consent douloureusement aux conditions les plus désastreuses.

Tout le mal vient absolument de l'absence d'organisation d'une partie de la classe ouvrière. Comme l'écrivait un économiste américain, Joseph Lee, « la plus grande raison du *sweating-system* est, avant tout, l'excès de liberté laissé aux travailleurs et employeurs. »

C'est donc à faire cesser l'isolement des ouvriers qu'il faut diriger tous les efforts. Le *sweating-system* trouvera son coup de mort dans l'extension de l'idée d'association. S'ils étaient tous unis et assurés, en faisant partie de syndicats, que pas un d'entre eux n'accepterait de travail en dehors des tarifs établis par le bureau syndical, les ouvriers seraient sûrs alors du relèvement de leurs salaires. De plus, l'association des ouvriers « sweated » aurait l'avantage de répondre à l'ensemble des maux que nous avons trouvés à la base du *sweating-system* (1).

(1) M. de Rousiers croit cependant que la forme actuelle des métiers atteints de *sweating-system* est un obstacle à toute organisation matérielle. « En attendant la destruction du petit atelier, les métiers soumis à l'exploitation du *sweating-system* conserveront leur caractère anormal et resteront en dehors de la sphère où le Trade-Unionisme exerce son influence. » Ouvr. cité, p. 18.

Nous reviendrons sur la question. Auparavant, nous allons examiner la qualité des divers remèdes, dont on a proposé ou essayé la réalisation. Ils n'ont, il faut le dire, qu'une petite sphère d'action et sont un peu trop négatifs. C'est, en réalité, à supprimer ou à diminuer notablement le travail à domicile qu'ils tendent à peu près tous. Nous reconnaissons là l'influence d'un courant d'idées tout récent, qu'il nous semble difficile d'accepter sans aucun contrôle.

On sait qu'indépendamment de ses autres conditions, le *sweating-system* suppose la pratique du travail en chambre. L'attention des réformateurs devait donc être attirée de ce côté, mais s'il était utile de rémédier à une situation fâcheuse, il ne fallait pas pour cela détruire. Or, on n'a rien moins demandé, sous prétexte d'abus, que la disparition d'un mode de travail aussi vieux et aussi respectable que le travail à domicile. Il est même assez piquant de voir qualifiée d' « esclavage » la situation des ouvriers en chambre, quand on connaît les philippiques amères dont le travail en manufactures a été l'objet. « Chose curieuse, dit M. Pierre Leroy-
« Beaulieu (1), lorsqu'on a entendu les déclamations
« des démagogues contre la grande industrie et
« ces « bagnes » que sont les vastes ateliers, on voit
« la Nouvelle-Zélande [le fait est aussi vrai de l'An-
« gleterre ou des Etats-Unis] marquer en quelque

(1) P. L. Beaulieu, *Les nouvelles Sociétés anglo-saxonnes*, p. 167.

« sorte d'infamie les articles fabriqués en tout ou en
« partie à domicile (1). »

Les mesures proposées pour l'extinction du *swea-*
ting-sytem se rapportent à peu près toutes en effet,
comme nous le disions, à la suppression du travail
à domicile. Là est, pour ainsi dire, le grand cadre
dans lequel on a fait rentrer tous les projets particuliers de réforme et les lois réformatrices.

Section I. — La lutte contre le « sweating-system » et l'opinion publique

Avant de tenter aucune action législative, il fallai[t]
intéresser l'opinion publique à la question. Les
Trade-Unions se sont chargées de ce soin dans les
pays anglo-saxons. Ce sont elles qui ont mené la
campagne dirigée contre le *sweating-system*. Elles
constituaient d'ailleurs, à elles-mêmes, le remède le
plus efficace qui pût être tenté, et il n'est pas peu

(1) Au Congrès de la Protection ouvrière tenu à Zurich, au
mois d'août 1897, la section du travail des femmes avait
demandé, dans l'article 6 de son projet, que la question de l'industrie domestique figurât à l'ordre du jour du prochain Congrès. Le but de cette clause était la disparition définitive de
l'industrie domestique. M. de Vollmar et 26 autres congressistes
combattirent ces conclusions trop négatives et dont l'effet ne
tendait qu'à détruire une industrie fort répandue, notamment
dans tous les pays du centre de l'Europe. Comme le dit justement alors Liebknecht, en appuyant M. de Vollmar : il ne faut
pas détruire mais améliorer les conditions du travail à domicile
L'amendement Liebknecht fut adopté.

piquant de les voir à la tête du mouvement, comme pour dire aux victimes du *sweating* : « Vous ne vaincrez que par l'Unionisme. » Partout, dans les diverses mesures imaginées, on retrouve leur influence qui se manifeste encore mieux, au grand jour des Congrès (1). En 1892, les ouvriers américains de la confection ont créé une association sous le titre de *United Garment Workers*, avec mission de lutter contre l'avilissement des salaires et le travail en *tenement-house*. Cette union soutient ses membres dans leurs revendications légitimes et accorde cinq dollars par semaine aux tailleurs en grève. La *Working Women's Protective Union* vient en aide aux femmes dans leurs réclamations au sujet des fraudes sur les salaires (2).

Parfois même, des associations spéciales se sont formées spontanément, dans le but d'intéresser l'opinion publique à la lutte contre le *sweating-system*.

Les ligues de consommateurs, déjà nombreuses aux Etats-Unis, ont cherché par une heureuse extension, à protéger les petits producteurs. Elles n'ont fait ainsi qu'élargir le cadre même de leurs attributions originaires, sans changer de nature. Leur but avait été, d'abord, d' « améliorer la condition des

---

(1) Au Congrès de Cardiff, en 1895, les Unions ont adopté un vœu tendant à la suppression du *sweating-system*. V. P. de Rousiers, *La question ouvrière en Angleterre*.

(2) A Boston, les jeunes ouvrières sont soutenues dans leurs réclamations par la *Women's Educational and Industrial Union*.

femmes et des enfants employés dans les magasins ».
Tel était l'objet de la ligue de New-York, de Brooklyn, de Philadelphie ou de Chicago. Un *type de
bonne maison* avait été établi par ces diverses ligues,
et les magasins qui s'y conformaient bénéficiaient
d'une « réclame gratuite et très étendue » consis-
tant en la publication de leurs noms, dans les journaux. Mais depuis qnelques années, les ligues de
consommateurs ont compris qu'elles ne devaient
pas s'arrêter au magasin. Là où les maux sont les
« plus graves, déclare la Ligue du Massachusetts,
« ce n'est pas là où l'on vend, c'est là où l'on produit.
« Acheter des articles qui sont fabriqués dans des
« conditions malsaines, c'est perpétuer par là même
« ces conditions et s'allier à ceux qui exploitent les
« ouvriers. » Aussi le procédé des « listes blanches »
a-t-il été étendu aux *fabricants*. Ceux-là seuls en
bénéficient qui ont adhéré aux conditions imposés
par la Ligue.

« En outre, comme il est nécessaire que le public
« sache quels articles sont fabriqués dans ces condi-
« tions et qu'il faut l'engager à demander ces articles,
« la Ligue délivrera aux fabricants affiliés à elle
« une sorte de marque de fabrique appelée *label* (1).
« Seuls auront le droit d'apposer le *label* sur leur
« marchandise les fabricants remplissant *toutes* les
« conditions imposées et les inspecteurs ou inspec-

______

(1) Nous verrons plus loin que le *label* peut servir à un tout
autre usage.

« trices de la Ligue (1) pourront en autoriser ou en
« retirer l'usage après enquête (2). »

Beaucoup de manufactures ont signé des contrats
avec la Ligue et se prêtent à l'inspection. Il peut en
résulter une amélioration sérieuse des classes
ouvrières, si le consommateur comprend ses devoirs
et songe combien le bon « marché » représente de
misères, de déchéance physique et morale pour
ceux qui le procurent (3). « La partie difficile, la
partie délicate, c'est de secouer l'insouciance, la
paresse du client. » Aussi parfois les Ligues de
consommateurs offrent elles moins d'ampleur, en
se bornant à une action plus immédiate. Tel est le
cas de l'*Antisweating League* de Melbourne, qui
se trouve l'auxiliaire le plus précieux du service
de l'inspection du travail. Cette ligue que pré-

(1) Depuis l'année 1899, ces ligues locales de New-York, Philadelphie, Chicago et Boston sont fondues en une seule ligue
nationale.

(2) H. J. Brunhes, *les Ligues de consommateurs*, l'Association
catholique, 15 novembre 1901.

(3) Il existe à Paris une *Ligue sociale d'acheteurs*, fondée le
27 décembre 1902, dont le siège est à l'hôtel des Sociétés savantes.
Cette Ligue, persuadée du rôle énorme des acheteurs en ce qui
touche les conditions du travail, cherche à préciser et à organiser ce rôle. « Dans les limites de notre propre puissance éco-
« nomique et par cette fonction économique d'acheteurs et
« d'acheteuses, trop souvent remplie à l'aveugle et avec insou-
« ciance, nous voudrions, dit l'*Appel* adressé aux consomma-
« teurs, en une sphère très modeste et par le groupement de
« quelques bonnes volontés résolues, constituer une force qui
« devint un véritable agent de progrès matériel et moral. »

side un pasteur protestant, et qui groupe des hommes politiques et des membres de syndicat, reçoit toutes les réclamations touchant le *sweating*, les examine en séance, chaque semaine, et les transmet aux inspecteurs.

Section II. — La réglementation du travail à domicile dans les industries « sweated »

Mais, on le conçoit, les ligues les plus ardentes ne pouvaient prétendre à déraciner le *sweating*. Il est hélas ! trop malaisé d'éveiller la responsabilité du consommateur. C'est une de ces questions élevées qui restent d'une application très difficile. C'est là ce qui faisait dire à Mme Sydney Webb: « La loi, la loi seule peut couper à la racine de si grands maux. » « Il faut « placer les travailleurs sous la protection du « *Factory Act*... (1) substituer le système du travail « en fabrique, avec ses heures réglementées, ses prescriptions sanitaires, au système du travail à domi-

(1) Dans un article publié par la *Revue d'Économie politique* sur « les effets de la législation sur les fabriques en Angleterre », Miss Victorine Jeans concluait à l'application du *Factory Act...*, aux industries dites domestiques. Le résultat serait excellent, écrit-elle, car ses industries se trouvent en dehors de la loi de 1871 sur les ateliers. Les entrepreneurs et les *garret-masters* éprouveraient aussitôt un grave préjudice et se décideraient peut-être à l'abolition du « détestable système dont ils sont une partie intégrante. »

« cile et dans les ateliers clandestins (1). » De son
« côté, M. de Rousiers croit que le « *sweating-system*
« aura vécu le jour où l'évolution industrielle sui-
« vant l'évolution commerciale dans les métiers qui
» en souffrent actuellement, le machiniste détruira
« le petit atelier, le travail, la fabrication à la main
« et créera de grandes usines (2). » Telle est la conclusion à laquelle conduit pour ainsi dire fatalement
toute étude de la vie ouvrière anglo-saxonne. On a
peine à s'en défaire quand on a vu de près l'attachement des travailleurs anglais pour la fabrique.
Il semble qu'on ne soit plus alors maître de son
jugement.

Nous ne pensons pas cependant que la substitution du travail en manufactures soit une panacée
universelle. Il en serait ainsi, peut-être, si le *sweating-system* ne provenait que du fait du petit atelier.
Or, il découle plutôt du manque d'organisation des
ouvriers, et rien ne prouve que cette anarchie persis-
tera, tant que vivra le petit atelier. Les preuves et
les arguments sérieux manqueraient à l'appui de
cette affirmation. Qui nous dit en effet que les travailleurs en chambre ne comprendront pas un jour
les nécessités de l'association ?

Assurément, on arrêtera presque complètement le
sweating-system, si l'on transporte en usine la quan-

<hr>

(1) Mrs Sydney Webb. *Revue d'Economie politique,* t. VII,
p. 972.

(2) P. de Rousiers, *op. cit.*, p. 18.

tité de travail faite en petit atelier ; mais, pour être efficace (1), le moyen n'est-il pas un peu radical? En supposant prohibé tout travail à domicile, on n'empêchera pas non plus la fraude de se glisser. Comment arriver à contrôler ce qui se passera dans toutes les chambres; comment interdire à une ouvrière, seule dans sa mansarde, de travailler pour magasin? On n'osera pas aller jusqu'à le lui défendre. Les *sweating-shops* pourront être annihilés par la prohibition supposée, mais le *sweating-shops* ne sont pas les seuls ateliers par où se manifeste extérieurement le *sweating-system*. Nous avons vu qu'à côté il fallait ranger le petit atelier familial, celui que les Anglais appellent le *homeshop*. On sait aussi que c'est dans la concurrence des femmes qu'il faut aller chercher la cause de persistance du *sweating-system*. Comment, dès lors, pourra-t-on parvenir à ne permettre et à n'assurer de travail qu'aux ouvrières travaillant en manufacture ?

En supposant même que l'on y arrive, on n'aura fait en définitive qu'une chose vexatoire. Beaucoup de femmes, qui travaillaient sans quitter leur demeure, ne le pourront plus, en admettant qu'aucun industriel ne leur donne plus d'ouvrage.

Je sais bien qu'on dira : C'est précisément pour

(1) V. à ce sujet le témoignage de John B. Lennon dans le *Report of the Committee on Manufactures*, p. 217. « I am of the impression that the law should say to manufacturers of clothing that they should furnish factories for their employés, and if that can be done the *sweating-system* is gone. »

faire disparaître la concurrence de certaines ouvrières (1) que nous proposons le travail en manufacture. De ce chef, toutes celles qui ne visaient qu'à
l'obtention d'un salaire d'appoint ne seront plus à
redouter de celles qui se rendront en fabrique (2).
La concurrence se trouvera plus étroitement circonscrite.

Soit! mais, là encore, on part d'une vue des choses
un peu étroite : car, parmi celles qui se contentent
d'un appoint, il n'y a pas que des « heureuses ».
Dans les ménages ouvriers, nous croyons l'avoir
dit, le salaire du mari ne suffit pas généralement,
si l'épouse ne vient travailler elle aussi. Pour toute
une catégorie de femmes, le salaire gagné au foyer
ne mérite que de nom le qualificatif d'appoint, tel
qu'on l'entend d'ordinaire. En fait, si l'on va au fond
des choses, ce salaire est un véritable salaire intégral, nécessaire au ménage. On a trop tendance à
voir en lui quelque chose de superflu ou, comme

(1) Voir chap. IV, 2ᵉ partie.

(2) Interrogez un américain un peu au courant de la question
sociale aux États-Unis. Interrogez ces femmes d'Outre-Mer qui
réclament des réformes utiles. Tous sont d'accord pour demander qu'on débarrasse les fabriques des ouvrières déjà entretenues par leur famille et qu'on leur offre, en retour, « une instruction gratuite dans les arts industriels, l'apprentissage d'un
métier, la possibilité d'atteindre par l'éducation à un ordre supérieur d'ouvrières ». Ainsi que le remarque Mᵐᵉ Van Vorst
(*op. cit*), « la tentative de ressusciter certaines industries manuelles anéanties par les machines se poursuit en Amérique et
a rencontré un succès pratique à Chicago, dans ce foyer de
bienfaisance qu'on appelle Hull-house, à Boston et en Virginie. »

disent les Allemands, un « salaire d'épingles». C'est
une généralisation hasardée, et, si l'on prend garde
à la situation que nous supposons en ce moment,
ira-t-on supprimer, de gaieté de cœur, tout travail en
chambre? Et puis, du reste, on le voudrait, qu'on n'y
parviendrait pas. Qui pourrait se flatter d'empêcher
l'ébéniste en chambre «de colporter son meuble, de le
vendre à vil prix et de déprécier du même coup, par
la concurrence qu'il fait ainsi aux ateliers réguliers,
la valeur du travail de tous ses camarades ? » Le régime de la fabrique n'est vraiment pratique qu'avec
l'octroi de salaires élevés ; mais, aussitôt se dresse
un obstacle. « Si les usines donnent des salaires
élevés, dit M. P. de Rousiers (1), elles recruteront
des ouvriers, mais ne pourront pas lutter contre la
concurrence de l'ébéniste en chambre. Si elles donnent des salaires peu élevés, les ébénistes resteront
chez eux...Nous nous trouvons, après comme avant la
législation proposée, en présence du même fait. » Et
ce qui est vrai de l'ébénisterie ne l'est pas moins de
toute autre industrie atteinte par le *sweating-system.*

Ces difficultés n'ont pas arrêté les Américains. Ils
ont ingénieusement imaginé d'appeler à leur aide le
principe de la responsabilité des commettants. On
sait quel est ce principe, formulé par notre Code
civil dans l'article 1384 et dont l'analogue se retrouve dans les diverses législations. « Les com-

(1) P. de Rousiers. *La question ouvrière en Angleterre*, p. 146.

mettants sont responsables du dommage causé par leurs préposés, dans les fonctions auxquelles ils les ont employés. » Il n'y a qu'à faire rentrer les *sweaters* et leurs ouvriers dans la qualification de préposés et à rendre le principal entrepreneur responsable de toutes les fautes que ces préposés pourront commettre. [Cela nécessite, on le comprend, une inspection minutieuse des petits ateliers]. On dit : les inspecteurs du travail visiteront les *shops*, et ceux qui seront trouvés en contravention avec les lois et règlements seront signalés aussitôt à l'entrepreneur principal, autrement dit au magasin. Or ce dernier ne peut pas manifestement avoir connaissance de tous les ouvriers en chambre qui travaillent pour lui. Il n'en connaît souvent pas le quart. Cela se comprend, du reste, si l'on songe que le *sweating-system* ne s'applique dans toute sa force qu'aux travaux exécutés sous le régime de la sous-entreprise. L'entrepreneur sera donc exposé à de perpétuelles demandes en responsabilité. Agacé d'être ainsi sous le coup d'amendes continuelles, il finira, pour éviter tout tracas, par ne plus faire faire d'ouvrage au dehors, et concentrera les travaux en un grand atelier qu'il dirigera, lui ou des contremaîtres. En le rendant ainsi responsable de tous ses ouvriers, même de ceux qu'il ne connaît pas, on arriverait, dit-on, à forcer l'entrepreneur à créer de vastes usines, que les inspecteurs surveilleraient facilement, et le vœu de Mme Sydney-Webb se trouverait réalisé.

Ce remède original se lie assez intimement à un autre, dont nous aurons l'occasion de parler plus tard, et qui consiste à donner aux articles fabriqués en tout ou en partie à domicile, dans des conditions illicites, une marque spéciale destinée à prévenir le public que lesdits articles ont été faits sous le régime du *sweating-system*. Les inspecteurs se rendent chez un entrepreneur de couture, dont l'atelier n'a été ni autorisé ni soumis à l'inspection et posent subrepticement une marque invisible sur les vêtements. Quelque temps après, les inspecteurs retrouvent le vêtement marqué, sur les rayons d'un magasin. Ils préviennent alors le marchand qu'il détient des effets fabriqués dans un *tenement-house* non autorisé, et la preuve, disent-ils, c'est que les vêtements ne portent pas le *label* obligatoire (1). Le commerçant proteste : « Je n'ai point envoyé d'ouvrage en *tenement-house*, fait-il. Je traite avec un sous-entrepreneur, sans m'occuper de savoir où l'ouvrage est exécuté ». Très ennuyé, et, comme dit M. Levasseur, « craignant que presque toutes ses marchandises ne soient en contravention, et dans l'alternative qu'on lui offre d'afficher « *Tenement house made* », il préfère généralement abandonner le vêtement. Mais, jamais assurément, il ne renverra d'ouvrage en *tenement-house*. Avant de traiter avec un *sub-con-*

(1) Il faut dire que les vêtements fabriqués dans un *tenement-house* doivent porter une marque en indiquant la provenance.

tractor, il s'informera des ateliers où ce dernier fait travailler.

Ces quelques exemples nous ont fait entrevoir la nécessité d'assurer une bonne inspection des petits ateliers, pour reconnaître si les dispositions légales relatives aux heures de travail et à l'hygiène y sont bien observées. Nous n'avons pas à examiner la situation des ateliers dans les diverses législations, nous nous arrêterons cependant un instant devant la réglementation à laquelle ont été soumis les logements *sweated* aux États-Unis.

En principe, les législations de l'*Union* condamnent tout *tenement-house* et *sweatshop*, puis se réservent d'apporter à cette prohibition des exceptions. Aucune autorisation ne saurait être accordée, quand l'atelier se confond avec la chambre d'habitation (1). C'est une véritable fin de non-recevoir qui atteint directement le *sweating-system*, puisque c'est par la réunion de la chambre à coucher et de la salle de travail qu'il se manifeste extérieurement.

Mais un écueil était à redouter. Convenait-il d'interdire aux membres d'une famille de travailler dans la chambre qui leur sert de cuisine, de salle à manger et de chambre à coucher? Chacun doit être libre de travailler où il l'entend — quand il n'emploie avec

(1) Dans son numéro du 22 août 1901, la *Sociale Praxis* indiquait au nombre des remèdes, proposés par le syndicat des ouvriers tailleurs allemands, la séparation de la pièce où s'effectue le travail, de celles qui sont destinées à servir d'habitation.

lui aucun auxiliaire ; — et on ne saurait exiger des pauvres gens victimes du *sweating* un nombre de chambres que leurs ressources ne leur permettent pas d'avoir. L'esprit américain se refusait à pareille mesure. Aussi les lois de l'Union défendent-elles le travail dans une chambre d'habitation, en faisant exception pour le père, la mère et les enfants. La loi de New-York, sur l'inspection des fabriques (Act de 1891-92) (1) dit, dans l'art. 13 : « Aucune chambre ni appartement dans une maison d'habitation tenue en location ou en propriété ne servira à fabriquer des habits, des gilets, des pantalons, des culottes, des pardessus, des manteaux, des fourrures, des garnitures de fourrures, des garnitures de vêtements, des chemises, des bourses, des plumes, des fleurs artificielles ou des cigares, sauf pour les membres immédiats de la famille. »

La législation de Massachusets est, cependant, plus rigoureuse. Elle ne fait pas la distinction entre les chambres d'habitation occupées par les membres de la famille et les chambres servant de *sweatshop*. Dans les deux Acts de 1891 et de 1892, elle dit en effet : « Toutes les fois qu'une maison, une chambre ou un endroit quelconque servant de demeure sera employé dans le but de fabriquer, de retoucher ou

____

(1) L'article 100 de la loi du 13 mai 1897 (Etat de New-York) stipule qu' « aucune chambre ne pourra servir de salle de travail à d'autres personnes qu'aux membres de la famille qui y habite. »

de finir, en vue de la vente, des habits ordinaires, des vestons, des pantalons, des pardessus ou des vêtements habillés, de quelque nature que ce soit, il sera considéré comme atelier (workshop) (1). »

Quoi qu'il en soit, une fois la part faite à cette situation spéciale, tout atelier a besoin, pour être ouvert, d'être autorisé (2). Aux États-Unis, comme en Australie, l'autorisation n'est accordée qu'après une inspection, faite par les officiers de la police sanitaire. La *licence* qu'ils délivrent est temporaire, au moins en Amérique. Au Massachusetts, elle est accordée d'abord pour trente jours, mais peut, après nouvelle inspection, être étendue pour une plus longue durée. Si les réparations exigées au logement se prolongent pendant deux mois, l'autorisation temporaire peut être prorogée pendant le temps néces-

____

(1) La loi française du 12 juin 1893 sur l'hygiène et la sécurité des travailleurs dans les établissements industriels excepte de ses prescriptions l'atelier de famille où le travail s'exécute sous l'autorité du père, de la mère ou du tuteur, à moins que cet atelier ne soit classé parmi les établissements dangereux et insalubres, ou qu'il ne contienne, en vue du travail, une chaudière à vapeur ou un moteur mécanique. (Art. 1, L. 12 J. 1893.)

(2) Aux Etats-Unis, toute personne occupant un atelier « sweated » doit notifier (au Massachusetts, le délai est de 14 jours, à dater de la promulgation de la loi pour les ateliers antérieurs, ou à compter du moment d'ouverture pour les ateliers postérieurs à la loi) au chef du district de la police ou à l'inspecteur spécial désigné à cet effet le but de location de l'atelier, la nature du travail qui s'y fait et le nombre de personnes qui y sont employées. Cette déclaration préalable est essentielle. Ce n'est qu'ensuite que l'atelier peut être autorisé

saire à l'achèvement des travaux. L'essentiel est que les inspecteurs reconnaissent l'intention évidente du propriétaire du logement insalubre de pratiquer les remèdes exigés. Il serait injuste de refuser une autorisation au bout d'un mois, sous prétexte que les travaux ne fûssent pas terminés.

Après une nouvelle inspection, les autorisations permanentes sont accordées ou refusées. La moyenne des autorisations permanentes accordées est des deux tiers, à peu près. Les refus absolus sont dans la proportion d'un sixième. Les lois de l'Union (Massachusetts, New-York, Illinois), exigent une bonne aération des appartements, une propreté absolue, l'éloignement des water-closets. La loi de Massachusetts (Acts de 1891-92) exige de plus qu'aucune chambre à coucher ne serve au travail, qu'il y ait des water-closets séparés pour les hommes et les femmes, et enfin que l'inspecteur du district soit avisé des déménagements, des maladies infec-tieuses ou contagieuses qui peuvent se produire dans l'atelier.

Une fois autorisés, les petits ateliers en chambre ne sont pas laissés à l'abandon. Les inspecteurs les visitent souvent, afin de constater si les lois et règlements sont bien observés (1).

Malheureusement, ce que nous avons dit, dans un

(1) L'inspection des petits ateliers existe en 8 Etats de l'Union (Massachusetts, Ohio, New-Jersey, Illinois, Pensylvanie, New-York, Indiana, Maryland).

chapitre précédent, des insuffisances de l'inspection des petits ateliers de Londres, reçoit autant d'application en ce qui concerne les *sweatshops* d'Amérique. Les *sweaters* changent constamment de domicile. Il est donc impossible de les surveiller. Lors même qu'ils semblent se prêter à l'inspection, en affichant les règlements d'ateliers, les dispositions sur le repos du dimanche et sur le travail des femmes, ils ne respectent aucunement toutes ces prescriptions.

Leurs ateliers redeviennent aussi très vite insalubres, les inspecteurs n'osent rien dire, par pitié pour ces pauvres gens.

De plus, il est toute une catégorie d'ateliers échappant à l'inspection. Ce sont les *homeshops*. En Australie, où, cependant, rien n'a été menagé pour combattre le *sweating-system*, les établissements industriels n'occupant que les parents ne sont soumis à aucun contrôle. Les Chinois, seuls, tombent sous le coup de l'inspection, dans tous les cas. A cause même de l'inviolabilité du domicile, tout un côté du mal échappe, en somme, à toute action législative. Dans l'atelier de famille *sweated*, on voit, fréquemment, les enfants succéder aux parents dans l'exercice du même métier meurtrier, en dépit de l'instinct de déplacement si caractéristique de notre société contemporaine. Cette persistance dans le métier constituant ici l'une des causes du mal, il y aurait peut-être, à défaut d'autres, un moyen de restreindre le petit atelier de misère, en

prêchant pour une fois la désertion du métier (1).
Il est à croire qu'en répandant de plus en plus
l'instruction dans les familles asservies au *sweating*,
en la faisant pénétrer dans les plus infects taudis,
en relevant le niveau intellectuel de ceux qui sont
actuellement incapables, on arriverait à les dissua-
der de demeurer dans une situation misérable. Peut-
être qu'en forçant tous les enfants à suivre les seuls
cours d'une école primaire, on parviendrait à un
résultat qu'il est difficile d'atteindre par l'action
législative, sans compter que l'on guérirait l'une des
plaies du *sweating* : le travail infantile en *tenement-
house*. « En attendant, dit M. de Rousiers (2) il faut
louer les courageuses initiatives qui s'appliquent à
amener ce résultat. Tout le monde connaît les noms
de *Toynbee Hall*, du *People's Palace* ; on ignore
une foule d'autres institutions très agissantes qui
toutes essaient de donner aux habitants de l'*East
London* le goût des distractions honnêtes et d'éveiller chez eux le désir de s'élever. Pas plus que les
règlements de police, ces institutions ne peuvent
porter un coup soudain et mortel aux tristes effets
du *sweating* ; mais tandis que la loi ne parvient qu'à
empêcher la manifestation extérieure de certains

(1) Ceci n'est pas un simple vœu platonique, car, en Angleterre, le « Board of the Guardians for the relief of Jewish poor »
essaie, par tous les moyens à sa disposition, d'écarter les jeunes
israélites des parties de la petite industrie les plus atteintes du
sweating-system.

(2) P. de Rousiers, *la Question ouvrière en Angleterre*, p. 147.

maux, l'apostolat personnel des hommes qui se dévouent au relèvement de leurs semblables met ceux qu'il touche à l'abri de ces maux. »

Quoi qu'il en soit la tendance est telle à soumettre à l'inspection l'atelier de famille, qu'elle a donné parfois des résultats bizarres. En principe, avons-nous vu, les appartements où travaillent le père, la mère et les enfants ne sont pas inspectés. En Nouvelle-Galles, les établissements occupant quatre personnes ne sont soumis à l'inspection que si ces quatre ouvriers ne font pas partie d'une même famille. Le même principe est reconnu en Nouvelle-Zélande. Il ne devrait souffrir aucune atteinte. Or, on a trouvé moyen de l'affaiblir aussitôt par deux procédés. Le premier consiste à forcer les patrons à tenir une liste des noms, adresses, genre de travail et salaires des ouvriers occupés en chambre. L'inspecteur doit être admis à en prendre connaissance, afin de voir si toutes les conditions réglementaires sont bien observées, dans les ateliers non visités. La loi de Victoria a réglé cette obligation du registre. Elle n'est pas la seule. « En Nouvelle-Galles, Queensland, dit M. Albert Métin (1), les patrons sont obligés d'inscrire sur un registre les noms, adresses, les salaires des personnes auxquelles ils confient du travail à emporter. » — La loi anglaise de 1891 sur les fabriques a décidé la création de semblables livres sur lesquels l'entrepreneur devrait inscrire le nom et

____

(1) A. Métin, *op. cit.*, p. 86.

le domicile des ouvriers travaillant pour son compte (1).

L'autre procédé est vraiment choquant. Il a été imaginé à Philadelphie et permet à l'inspecteur des manufactures de pénétrer dans toute famille où travaillent plus de cinq personnes. Nous ne disons pas dans tout atelier occupant plus de cinq personnes, mais dans toute famille dépassant ce chiffre. Dès lors que six personnes sont présentes dans un atelier, la sixième, fût-elle proche parente de la première, vaudra aux autres d'être soumises à l'inspection. La loi semble dire : Vous êtes six, vous vous êtes donc adjoint un ouvrier étranger, vous serez inspectés. On expliquerait, peut-être, cette bizarrerie par la tendance des sociétés démocratiques à ne supposer que de petites familles. Ou bien a-t-on craint la fraude ? Le fait n'en existe pas moins. Il était curieux à signaler.

L'obligation de tenir registre s'explique avec plus d'aisance, tout en offrant, il nous semble, une véritable exagération. Elle a pour but de rendre les patrons responsables des ouvriers mêmes qu'ils ne

---

(1) Dans un ordre d'idées tout voisin, le Conseil de comté de Londres, désirant empêcher les abus inhérents aux adjudications de travaux publics, et justement ému de voir les ouvriers supporter en définitive, par des réductions de salaires, tous les inconvénients du rabais, a contraint les adjudicataires de ses travaux à déclarer qu'ils paient les salaires et se conforment aux limites d'heures reconnus justes et convenables (*fair*) dans leurs métiers respectifs.

connaissent pas. Je sais bien que c'est le moyen généralement employé pour restreindre le travail en *sweatshop*. On s'imagine que, gêné par ces procédés vexatoires, l'employeur créera des usines qu'il dirigera lui-même. Et l'on n'a pas tort, car il aimera mieux avoir ses ouvriers sous la main en une manufacture soumise à l'inspection du travail, que de mettre une armée de surveillants à la recherche des ouvriers épars, embauchés par les *sub-contractors*. Ce résultat, envisagé brutalement, est un progrès incontestable : mais il cache néamnoins un inconvénient sérieux, par cela même qu'il enlève à beaucoup de personnes une occupation pleine de profit. Le fait a été constaté en Australie, à la suite d'une loi récente de l'Etat de Victoria.

Section III. — Le « label »

Une autre institution pratiquée avec plus de succès, en Amérique et en Australie, arrive à créer en définitive la responsabilité de l'entrepreneur principal. Nous voulons parler de l'étiquette (*label*) appliquée sur les objets fabriqués en *tenements-houses*. C'est l'un des remèdes les plus originaux qui aient été imaginés pour détruire le *sweating-system*.

On s'imagine parfois que le *label* est limité aux industries *sweated*. Il n'en est rien. Son usage est plus général. C'est, en réalité, pour les *Trade's-*

Unions défavorables aux grèves (1), un moyen de réserver autant que possible « la clientèle ouvrière aux produits munis d'une marque attestant que la fabrication en a eu lieu dans les conditions réclamées par les Unions. » (Pierre Claudio Jannet).

Vis-à-vis du *sweating-system*, l'étiquette ne joue plus son rôle ordinaire et ne sert plus à attirer la clientèle, mais à l'écarter de l'objet étiqueté dont on veut empêcher la vente et l'achat. On eût pu cependant la faire servir à l'usage auquel la destinent les Unions, et la charger d'indiquer la bonne qualité de l'objet, dans les cas où aucun abus n'eût été reconnu. Posée, par exemple, sur des habits, elle eût été une garantie.

Cette manière de voir n'a pas prévalu. L'étiquette a été appliquée à tous les articles achevés en *tenement-house*, licite ou non, salubre ou malsain. Dès lors qu'un vêtement a été fait dans un *tenement-house-workshop*, il doit porter un *label* spécial. On ne s'occupe pas d'autre chose. La loi du Massachusetts est, à cet égard, nettement catégorique. « Quiconque vend ou expose sciemment, pour « les vendre, des habits, vestons, pantalons, par- « dessus, etc., faits dans un *tenement-house-work-*

(1) Les *Trade's-Unions* d'Amérique aussi bien que d'Angleterre, qui sont nées, en partie, du dégoût des ouvriers pour la grève, voudraient faire triompher les revendications qu'elles croient légitimes au moyen de l'entente et de l'union syndicale plutôt que de recourir aux procédés violents d'où ne sort en général aucun résultat sérieux.

« *shop*, doit ajouter à chacun desdits vêtements un
« ferret ou une étiquette, *a tag or label*, n'ayant pas
« moins de deux pouces de longueur ni d'un pouce
« de largeur, sur lequel seront lisiblement imprimés
« ou écrits les mots « *Tenement-house-made* » (Fait
« dans un *tenement-house*) et le nom de l'Etat, de
« la ville ou du lieu où lesdits vêtements ont été
« faits. » (L. Massachusetts, 1891, complétée par
l'Act de 1892, art. 4).

Il n'y a pas qu'au Massachusetts où la pratique du
label soit connue. En Nouvelle-Zélande, les objets
confectionnés à domicile doivent porter une marque
spéciale. En Victoria, ce ne sont plus les objets faits
en chambre, qui doivent être étiquetés, mais ceux-là
seuls qui sont achevés par un Chinois.

Voici à quels résultats permet d'arriver le procédé
de l'étiquette. Le patron est obligé de poser un *label*.
Supposons qu'il ne le fasse pas. Les inspecteurs
connaissent l'existence des objets de confection non
étiquetés. Ils envoient alors l'observation suivante
au fabricant : [Je copie textuellement un modèle,
donné par le Rapport du Comité des Manufactures
de Washington et emprunté à l'Etat de Massachu-
setts].

[Formule N° 38]

Service de l'Etat

[District de la police, département de l'inspection des fabriques, ateliers et bâtiments publics].

Bureau. Palais de l'Etat.
Boston. Octobre, 15, 1892.

John White et C°.
300 Washington Street.

Monsieur : D'accord avec les dispositions légales relatives à l'inspection des fabriques, ateliers et bâtiments publics, dans les 8 premiers jours d'octobre 1892, j'ai inspecté le *tenement-house* N° 69, Christie street, occupé par Isaac Levi et employé par lui comme atelier; et vous êtes, par la présente, averti que des vêtements tout faits ont été fabriqués dans ledit *tenement-house*, employé comme atelier par ledit Isaac Levi, pour le magasin de John White et C¹ᵉ, et que chacun desdits vêtements devrait avoir, fixé sur lui, un ferret ou une étiquette, comme il est requis par les dispositions de l'article 4, chapitre 357 de l'act de 1891.

En recevant cette note, le négociant se trouve surpris. Il ignore quel est ce vêtement qu'a pu trouver un inspecteur. Il n'a jamais vu ni entendu Isaac Levi, n'ayant affaire qu'avec certains entrepreneurs de New-York [on sait quelle est l'habitude des marchands de Boston d'envoyer leurs vêtements à des *contractors* new-yorkais]. Mais, plutôt que de courir le risque de payer (1) 50 dollars

(1) Quiconque viole une disposition de la loi, relative à l'étiquette, encoure une indemnité d'au moins 50 dollars par chaque violation.

un vêtement de mauvaise qualité, et, surtout, pour
ne pas ébruiter l'affaire à ses dépens, il accepte
l'avis de l'inspecteur et reconnaît que le vêtement
ne porte pas l'étiquette requise. Il court au téléphone
ou au bureau de la police demander des explications.
Renseignements pris, il assure qu'il n'enverra plus
d'habits à l'entrepreneur qui emploie Isaac Levi.
C'est tout ce qu'il fallait. Les inspecteurs prennent
note de la promesse et disent au négociant qu'il est
libre de coller l'étiquette sur le vêtement ou de vendre
ce vêtement, hors du Massachusetts. C'est généralement cette dernière alternative qui est choisie. Il est
curieux, en effet, de constater qu'aux Etats-Unis, la
seule apposition de la marque *Tenement-made*
suffirait pour perdre la réputation d'un magasin.

Tel est le mécanisme du *label*. C'est un moyen
très ingénieux d'empêcher le travail en *tenement-
house*; mais on a pu lui faire un certain nombre
d'objections. D'abord, quel en serait l'effet, si le
public achetait les objets étiquetés ? La réussite du
procédé n'est basée en réalité que sur une extrême
docilité du consommateur. Qu'arriverait-il si, pour
ne songer qu'à leur bon marché, le public achetait
les objets faits en *tenement-house* ? Ce sont là
autant d'obstacles difficiles à surmonter.

On pourrait, peut-être, dire aussi que l'étiquette
ne supprime pas le mal. Elle n'intervient que lorsqu'il s'est produit. Cette objection n'a cependant pas
une grande valeur, car le fabricant, s'il ne peut
trouver à vendre les objets marqués, sera conduit

naturellement à donner moins d'ouvrage au dehors.
— Mais, ce qui semble plus sérieux, c'est qu'on n'ait
pas distingué les cas où les objets ont été faits à de
bonnes conditions de ceux où ils ne l'ont pas été.
C'est là une exagération que l'on n'a pas manqué
de reconnaître en Amérique (1).

Il est une autre objection que l'on a fait valoir, et
qui n'étonne pas de la part des Américains, gens
pratiques, hommes d'affaires avant tout. Le *label*,
a-t-on dit, pourrait faire pénétrer les commerçants
dans le détail des opérations commerciales de leurs
rivaux. Le résultat des mentions exigées sur la petite
bande à coller sera de révéler — c'est là le but — le
nom, l'adresse des ouvriers qui acceptent de faire
l'ouvrage pour un salaire dérisoire. Mais la question
présente, si l'on peut dire, deux faces. A côté des
ouvriers qu'il importe de protéger, se placent les
commerçants qu'on ne peut pas cependant sacrifier.
Or, l'étiquette requise pourra divulguer des secrets
de fabrication qui faisaient le succès de telle maison.
« C'est une infraction directe (2) et une limitation
« des droits de l'ensemble des commerçants à jouir
« des avantages de leur propre habileté et de leur
« originalité à inventer et à fabriquer des articles
« d'habillement. » Quelle est, en effet, la situation
que vient fausser le *label*? Un commerçant a créé, je
suppose, un modèle spécial, dont il a le monopole, puis.

(1) *V. Report of the Committee on Manufactures*, p. 236 et suiv.
(2) *Op. cit.*, p. 228.

qu'aucun autre n'a su en imaginer un semblable. L'invention a pu consister en la création d'une étoffe ou dans une méthode nouvelle de coupe. Pour y arriver, le commerçant a dû dépenser beaucoup en essais. Il mérite donc d'être protégé, comme un inventeur dont la découverte serait garantie par une *patente*. Certains procédés de fabrication plus rapide ou à meilleur marché ont pu être imaginés par lui. Ne serait-il pas juste qu'il eu eût le bénéfice? Tout cela constitue bien le fruit de son activité. On vient donc lui en imposer le sacrifice, avec le système du *label*. On divulgue à tous le nom, la demeure des ouvriers ayant coopéré au travail. Dès lors, on permet aux concurrents de faire exécuter l'ouvrage, aux conditions réservées jusqu'alors à un seul magasin. Le rival lira sur la petite bande les mots suivants : « Fait par Mme X, telle rue, tel numéro. » Il n'aura qu'à se rendre à l'endroit indiqué et à faire travailler la personne désignée.

C'est là, pour ainsi dire, la rançon du *label*. Il entraîne, au surplus, des frais considérables, par suite de la nécessité d'entretenir des agents, non seulement dans l'Etat ayant admis le procédé de l'étiquette, mais encore dans les villes de l'étranger où les vêtements pourraient être faits. C'est ainsi que le Massachusetts est obligé d'avoir des inspecteurs à New-York, où l'on sait que sont fabriqués beaucoup d'articles d'habillement destinés à revenir au Massachusetts pour y être vendus. Il faut une surveillance en quelque sorte internationale, et c'est une lourde tâche pour l'Etat qui s'en charge. Dans ces conditions, une loi fédérale (1) serait fort utile pour assurer l'application des mesures contre le *sweating system*. Le commerce n'est pas assez circonscrit pour qu'on puisse attendre beaucoup d'effet d'une simple loi. Avec la facilité actuelle des communications, les vêtements sont exportés et réimportés très facilement. Si l'on veut arriver à quelque résultat, il faut donc les suivre à la sortie, voir où ils s'engagent, et les poinçonner avant qu'ils ne rentrent au pays d'origine. Il n'y a pas à songer à arrêter les produits à la frontière, car on ne serait jamais infailliblement certain s'ils ont été faits en *tenement-house*. Au contraire, avec une loi fédérale, il sera facile de surveiller, dans chaque Etat, le travail en petit atelier et d'assurer par là même le poinçonnage obligatoire.

Section IV. — Les mesures restrictives de l'immigration

Les mesures que nous venons d'analyser visent tout spécialement, on a pu s'en rendre compte, l'existence même de l'industrie à domicile. Elles cherchent à l'affaiblir, à la miner, peu à peu, jusqu'à

(1) Il faut, dit Henry A-Ross, ouvrier tailleur de Brooklyn, régler le commerce entre les Etats et empêcher le travail d'aller d'un Etat dans un autre ». V. *Report of the Committee on Manufactures*, p. 150-155.

ce qu'elle disparaisse, étouffée par les manufactures. Il nous reste à voir maintenant ce qu'on a tenté, non plus pour supprimer en définitive le travail en chambre, mais pour empêcher l'avilissement des salaires, dans les métiers atteints de *sweating-system*.

Avant d'aborder l'étude de ces divers remèdes, nous ferons remarquer qu'ils répondent mieux que tous autres aux deux grandes raisons déterminantes du *sweating* : l'immigration trop abondante et l'isolement des ouvriers. On peut trouver injustes les moyens employés pour faire cesser l'arrivée de nouveaux immigrants ; mais, on ne peut s'empêcher d'en reconnaître la force. Ils font partie d'un mouvementp rohibitionniste qui, aux Etats-Unis comme en Australie, tend à fermer le marché du travail aux ouvriers étrangers, dont la concurrence est redoutable aux travailleurs indigènes.

L'Angleterre, malgré les dangers que présente l'immigration des Juifs à Londres, n'a pas voulu se lancer dans cette voie du protectionnisme. Elle y arrivera peut-être un jour, certains symptômes le feraient croire. Le recteur de Spitalfields, le R. C. Billing, dont les dépositions devant le *Select Committee* de la Chambre des Lords ont été si remarquées, proposait, comme remède au *sweating-system*, l'application à nouveau d'une ancienne loi abrogée « qui exige de ne recevoir un immigrant que lorsqu'il peut prouver qu'il doit être employé immédiatement ou qu'il a des moyens d'existence

pendant un certain temps » (1). Tout récemment,
dans sa séance du 29 janvier 1902. la Chambre des
Communes réclamait un *alien's act* pour restreindre
l'immigration des étrangers pauvres, mais, comme
le remarque fort bien M. Sayous, ce serait une
mesure impolitique que le vote d'une semblable loi.
Le Royaume-Uni envoie chaque année sur le globe
4 et 5 fois plus d'Irlandais, Ecossais et Anglais, qu'il
ne reçoit d'immigrants. Il s'exposerait donc inutile-
ment à des représailles.

Les Etats-Unis n'ont pas craint de faire mentir
leurs vieilles traditions de libéralisme, en essayant
d'arrêter l'immigration. Ils se sont attaqués d'abord
aux Jaunes. En vertu de la loi générale de 1880, le
bill du 6 mai 1882 a suspendu pour 10 ans l'entrée
en Amérique des journaliers chinois. Cette suspen-
sion a été étendue à vingt ans par le bill de 1888,
qui déterminait les conditions de séjour des
Célestes.

En dépit de ces prohibitions, les Chinois, que le
gouvernement américain avait été heureux de
trouver pour faire exécuter des travaux pénibles ou
malsains, s'introduisirent, avec la ténacité qui les
caractérise, sur le territoire de l'Union, et dans les
villes de l'Est ils furent recherchés comme blanchisseurs.

Au mois d'avril 1892, un bill fut proposé à la
Chambre des Représentants, qui annulait le traité

(1) V. *Économiste français*, 29 nov. 1890.

Burlingame (réglant la condition des Célestes) et prohibait le débarquement de tout Chinois, non investi d'une mission diplomatique. Ce bill fut re poussé par le Sénat de Washington.

Mais, le 5 mai de la même année, un acte du *Congrès* prorogeait pour dix ans les mesures prohibitives antérieures. C'est la loi *Geary*, qui n'a été faite, en réalité, que dans un but électoral. On a voulu remplacer les travailleurs chinois par des immigrants européens, en qui les candidats à la députation espéraient trouver plus de souplesse et de docilité. La loi Geary était exécutable, un an après sa promulgation. A dater du 5 mai 1893, les Chinois qui n'auraient pas été munis d'un permis de séjour, devaient être embarqués ; cependant, devant les réclamations du Tsung-li-Yamen, l'opération n'a pas reçu exécution. C'eût été une violation de traités diplomatiques, susceptible d'amener un conflit, car le traité Burlingame, conclu, en 1868, entre les Etats-Unis et la Chine, n'avait jamais été dénoncé.

Au surplus, on sait que « l'élément chinois n'entre « que pour une part minime dans le nombre des « immigrants arrivant chaque année aux Etats- « Unis » (1). La mesure était donc dirigée contre oute espèce d'immigration, tant européenne qu'exotique. Il ne fallait pas, en effet, conserver d'illusion. Après avoir essayé de chasser les Chinois,

1) Georges Tricoche, *Journal des économistes*, août 1893.

on essaierait d'empêcher le débarquement des ouvriers blancs. Déjà, l'act du 26 février 1885 prohibait « l'importation et l'immigration des étrangers, venus sur la foi d'un contrat ou d'une entente, dans le but de travailler aux Etats-Unis » (1). Le titre même de la loi indique nettement quel en est le but : interdire aux étrangers de venir sur la foi d'une promesse de travail sous peine de $ 1.000 d'amende pour l'entrepreneur qui aurait attiré sur le sol américain des ouvriers étrangers.

L'immigration des Juifs russes inquiétait le gouvernement, comme en témoigne un message du président Harrisson, adressé en 1891 au Congrès. Aussi une loi, rendue en 1891, exclut-elle les individus idiots, fous, condamnés pour crimes ou dont le passage aurait été payé par autrui en vue d'un contrat de travail. Un surintendant de l'immigration se trouve chargé de surveiller et de visiter les navires, sous le contrôle du secrétaire de la Trésorerie.

En 1894, le Sénat américain a cependant refusé d'admettre un bill voté par la Chambre des Représentants et prescrivant aux consuls des Etats-Unis de faire une enquête sur les émigrants de leur pays de résidence, afin de délivrer, en cas de possibilité, un certificat d'aisance, que les intéressés présenteraient aux agents d'immigration, lors du débarque-

(1) « Act to prohibit the importation and immigration of foreigners and aliens under contract or agreement to perform labor in the United States ».

ment en Amérique. Tels ont été les principaux moyens employés pour entraver l'accès des ouvriers *unskilled* et diminuer une concurrence favorable au *sweating-system*.

Nous ne parlons pas de toutes les malversations dont les travailleurs étrangers ont souvent à souffrir aux Etats-Unis et qui, d'ailleurs, ne sont pas spéciales aux industries *sweated*. Les Slaves, notamment, sont, par suite de leur lente assimilation, victimes de l'aversion des Américains. Ils ont beaucoup de peine à pouvoir entrer dans le mouvement unioniste. Parfois même, les ouvriers américains font de vraies manifestations contre eux, et, quand, en 1899, deux délégués varsoviens, M. Glinka et l'abbé Chelmicky, furent envoyés en Amérique, pour réclamer au sujet de l'assassinat de plusieurs ouvriers polonais, ils constatèrent la triste situation dans laquelle se trouvaient les travailleurs slaves.

Si nous passons en Australie, nous constatons la même haine de l'ouvrier étranger et l'application des mêmes moyens pour restreindre une immigration redoutable. La prohibition se cache, d'ordinaire, sous les dehors d'une simple loi industrielle. Ainsi, l'*act* de 1896, adopté par le gouvernement victorien, se trouve, en réalité, dirigé contre les Chinois, bien qu'il affecte d'être une limitation de la journée de travail en certaines industries. Il interdit de travailler dans les ateliers de fabrication du meuble de 5 heures du soir à 7 heures 1/2 du matin, et exige le chômage hebdomadaire, du samedi après-midi à 2 heures jusqu'au lundi matin. Cette loi, qui s'applique aussi aux blanchisseries, a été votée à la suite de l'enquête de 1893 sur le *sweating-system*. Si l'on va au fond des choses, on trouve qu'elle est dirigée contre les Chinois, principaux ébénistes et seuls blanchisseurs en Victoria. Remarquons-le. La loi ne régit que les Jaunes, parmi les travailleurs adultes. Les autres ouvriers sont, en effet, soumis, quant à la durée du travail et au taux des salaires, à la décision des *Special Boards*, ou conseils spéciaux, dont nous parlerons plus loin. Vis-à-vis des Célestes, le législateur a voulu prendre soin de régler la situation. Une série de mesures les atteignent spécialement. C'est ainsi que « les meubles « fabriqués par les Chinois doivent porter une « marque spéciale, destinée à avertir l'acheteur qui « préfèrerait les produits du travail européen. Enfin, « tout atelier où travaille un seul ébéniste chinois « est soumis à l'inspection » (1).

Les mesures prises, en apparence, dans l'intérêt de tous les ouvriers, ne sont dirigées en réalité que contre l'afflux des travailleurs jaunes, en Nouvelle-Zélande ou Victoria, et, comme le dit très justement M. Métin (2), « ces articles de la loi de 1896 sont « moins un progrès dans le développement de la « protection légale qu'un cas particulier de la lutte

(1) A. Métin, *Législation ouvrière et sociale*, p. 98.
(2) A. Métin, *op. cit.*, p. 77.

« contre les Chinois, lutte où les ouvriers européens
« ont l'appui du gouvernement. »

On ne peut pourtant pas dire que jusqu'ici ces
mesures aient produit l'effet qu'on en attendait. Les
Chinois sont toujours en contravention et continuent à concurrencer le travail indigène. Le secré_
taire et les membres du syndicat des menuisiers de
Melbourne affirmaient à M. Métin que les difficultés
dureraient , tant que le travail chinois ne serait pas
prohibé. Aussi, a-t-on vu en 1900, le mouvement
protectionniste australien prendre une tournure plus
accentuée. Non seulement il faudrait défendre aux
jaunes l'accès du territoire fédéral, mais il faudrait,
en outre, l'interdire aux noirs. Le Parlement à peine
réuni, les membres du *Labour Party* (1) ont déposé,
le 28 juillet 1900, par l'entremise de M. Barton, premier ministre de la Confédération, un *bill* prohibant
l'immigration ou plutôt la restreignant dans une
grande proportion. Le projet de loi interdit l'entrée
sur le territoire australien des fous, des idiots, des
criminels, des gens atteints de maladies contagieuses

(1) Le *Labour party* est le parti ouvrier d'Australie. Très
remuant, et comptant beaucoup de membres au Parlement, il a
marqué son empreinte, en forçant le gouvernement (sauf au
Queensland) à ne plus subventionner l'immigration européenne.
Dès avant la proclamation de la Confédération, chaque colonie
avait son parti ouvrier, avec lequel durent compter les minis-
tères. C'est grâce au *Labour party* de Sud-Australie que le
ministère radical Kingston, formé en 1893, a duré si longtemps (6 ans). Le premier ministre, M. Kingston, a toujours
fait cause commune avec le *leader* du parti ouvrier.

des gens sans ressource et des illettrés (1). Ceux qui enfreindront la loi seront punis de la déportation ou de l'emprisonnement. Les propriétaires des navires qui auront transporté les immigrants encourront une amende de 2.500 francs par chaque immigrant en contravention, et, si l'amende n'est pas payée, le gouvernement pourra s'emparer du navire, à titre de gage.

Allant encore plus loin, le *Labour Party* interdit l'accès de la Confédération à toute personne arrivant avec un contrat de travail manuel. Un amendement proposé par M. Watson défend l'entrée du territoire à tout homme de couleur (Nègre, Canaque, Hindou, Chinois ou Japonais). Le projet de loi ne repose donc que sur une question ethnologique, comme d'ailleurs presque toute la législation australienne. Un député de Victoria ne s'est-il pas écrié : « Nous ne devons pas fusionner avec les races de couleur ! »

Telles sont les dernières mesures prises contre l'immigration. Est-il besoin de le dire, elles ont provoqué en Europe un vif étonnement. Elles sont en effet fort discutables. Comme l'écrivait M. Levasseur (2), « émigrer est un droit pour tout individu « qui dispose de sa personne. L'émigration est une « des formes de la liberté individuelle ; elle peut « être un besoin pour celui qui ne trouve pas le

(1) On peut remarquer l'analogie frappante qui existe entre ce bill et la loi américaine de 1891

(2) Levasseur, *la Population française*, t. III, chap. ix, p. 396.

« moyen de vivre dans son pays. » C'est précisément la raison pour laquelle tant d'étrangers débarquent, chaque jour, à New-York, et grossissent le contingent des victimes du *sweating-system.* Que les gouvernements n'encouragent par l'immigration, c'est une chose parfaitement licite. Si l'État est déjà très peuplé, il peut ne pas avoir besoin d'immigrants, mais il n'a pas le droit de dire à ceux qui se présentent : Je ne vous accepte pas. Ce serait souvent un mauvais calcul de sa part (1), si ceux qui immigrent sont des ouvriers habiles, et, lors même qu'il n'apporteraient que leurs bras, ils seraient encore utiles au pays de refuge, ne fût-ce qu'en permettant la création de nouvelles industries (2).

Nous ne voulons pas dire que, dans certaines conditions, l'immigration ne détermine sur le marché du travail une offre de main-d'œuvre exagérée, et, partant, un abaissement du salaire, en supposant une organisation rudimentaire des forces ouvrières. Nous trouvons sage, dès lors, qu'on déconseille à de

(1) Interdire l'immigration en Australie, serait sacrifier une partie du pays pour un ou deux centres de concentration. Il y a une grande quantité de terres dans lesquelles les bras manqueraient si on n'appelait pas à l'aide l'élément exotique. Dans les régions centrales la chaleur rend aussi complètement impossible le travail des blancs, et l'on est heureux d'avoir recours aux Canaques et aux Hindous.

(2) On connaît l'histoire comique et toute récente des six ouvriers chapeliers qui, venus en Nouvelle-Galles-du-Sud pour y importer l'industrie qui n'existait pas des chapeaux de soie, furent sur le point d'être expulsés, dans l'intérêt, disait-on, du travail national.

pauvres gens de s'embarquer un peu à l'aventure.
Que des agences de renseignements se fondent pour
leur montrer les périls d'un exode, et l'on arrivera
peut-être à endiguer la marée montante de l'immigration ; mais, jamais, croyons-nous, le pays de débarquement ne saurait interdire l'accès de son territoire
aux ouvriers étrangers, pour la seule raison qu'il
importe de protéger le travail national (1). D'où vient
que les trois quarts des victimes du *sweating-sy tem*
sont des immigrants ? Tout simplement de ce fait,
qu'étant sans ressources, à leur arrivée, ceux-ci acceptent n'importe quel travail pour n'importe quel salaire. Depuis quelques années, heureusement, divers
Etats se sont préoccupés de la question. Le gouvernement helvétique a fait publier en 1893, à Berne,
un *Guide de l'émigrant suisse* qui donne à ceux
qui vont en Amérique des conseils pratiques et les
met en garde contre les promesses fallacieuses et les
espoirs incertains. Il existe, en Italie, des agences
de renseignements, notamment à Turin, Gênes,
Côme, Crémone, Mantoue, Naples, Potenza. Les
émigrants sont souvent transportés gratuitement et
hébergés à leur arrivée. Ceux qui sont « admis à dé-
barquer » sont reçus à New-York dans Castle Garden.
Ils y trouvent un interprète, un bureau de change,
un médecin et un hôpital. La *Société Saint-Raphaël*
établie à New-York, depuis 1891, procure aux Ita-

(1) C'est, du moins, ce qu'a décidé *l'Institut de droit international*, dans la session qu'il a tenue à Genève en 1892.

liens du travail, un logement et des secours religieux.
On rencontre aussi, aux Etats-Unis, « 23 sociétés
« destinées à venir en aide aux émigrés allemands.
« La plus importante est la *German Society of Chi-
« cago*, qui dispose d'un capital de plus de 40.000
« dollars (1) ». Citons en outre, l'importante *Deutsche
Gesellschaft der Stadt New-York*, la société irlan-
daise connue sous le nom d' « Irish emigrant
Society », et l' « Emigrants information office » qui
fournit des renseignements aux Anglais voulant
émigrer en Amérique. Enfin, à un point de vue plus
étroit, « des associations telles que le Deutscher
« Verband, répandues dans tout l'Empire allemand,
« veillent à ce que les émigrants conservent, sinon
« leur nationalité, au moins l'esprit allemand.
« D'autres sociétés s'occupent de diriger les Alle-
« mands vers les pays d'outre-mer où leurs compa-
« triotes ont formé de véritables colonies (2) ». Les
Italiens ont fondé, non pas en Italie, mais à New-
York, un établissement, l'*Italian home* (3), destiné
« à devenir un centre de protection et un lieu de
« contact pour tous les Italiens déjà épars dans
« la métropole et pour tous ceux qui s'y présen-
« tent (4). » Si nous n'espérons guère en l'efficacité

---

(1) G. Blondel, *l'Essor industriel et commercial du peuple allemand*, p. 230.

(2) G. Blondel *op. cit.*, p. 230.

(3) G. Goyau, *Revue des Deux-Mondes*, 1er septembre 1898.

(4) On comprend le but de ces dernières associations, mais
on peut se demander si le principe même qui les anime n'est pas
à redouter du pays de refuge des immigrants. Pour ne consi-

des mesures restrictives de l'immigration, pour faire cesser une partie du *sweating-system*, nous croyons, au contraire, qu'en combattant l'isolement des ouvriers, on arrivera progressivement à faire disparaître une maladie, qui semble irrémédiable.

On ne le redira jamais trop, le *sweating-system* se caractérise « par l'impossibilité où se trouvent les ouvriers isolés de conclure collectivement leur marché de travail (1) ». Si dans tant d'industries la situation des travailleurs s'est notablement élevée, il n'en faut pas chercher d'autre raison, que l'union. C'est donc à former des groupements que doivent tendre

dérer que les ouvriers américains, il est certain, tant est profond leur instinct de la race, qu'ils craignent de voir les nouveaux arrivants (Italiens, Irlandais, Allemands, etc.) accomplir un travail hostile aux idées et aux traditions américaines. Ils ont peur de les voir demeurer tels qu'il étaient dans leur pays et apporter leurs sentiments, leurs opinions particulières sur l'organisation du travail. Il pourrait en résulter un conflit de toutes sortes d'idées adverses avec les idées proprement américaines, et de ce conflit naîtrait une véritable guerre d'ouvriers à ouvriers, dont il nous semble voir déjà les premiers symptômes. Au demeurant, les craintes des Américains sont des plus fondées en ce qui concerne l'immigration allemande. L'effroyable surproduction de leur industrie et la crise violente où ils se débattent encore a forcé les Allemands à développer leur activité du côté du commerce extérieur. Ce sont aujourd'hui les adversaires les plus sérieux des Français et des Anglais en Orient. Leurs marchandises se répandent aussi de plus en plus, en Amérique. D'un autre côté, le nombre de leurs émigrants s'accroît chaque année. S'il faut en croire les rapports consulaires, il se serait élevé, en 1902, à 32.098 personnes, et sur ce chiffre, 29.211 auraient gagné les Etats-Unis.

(1) P. de Rousiers, *op. cit.*, p. 18.

les efforts des ouvriers « sweated » pour sortir de l'impasse où mille phénomènes les emmurent. L'hésitation n'est plus permise et les expériences, qui n'ont qu'à demi réussi, et dont nous allons parler à l'instant, sont une preuve qu'il n'y a qu'un remède : l'association.

Section V. — La fixation d'un salaire minimum

Au dire de M. Albert Métin, « la première tentative légale faite dans le monde pour réprimer le *sweating-system* (1) » a été imaginée en Australie, à Victoria. On sait que dans ce pays, et surtout à Melbourne, le *sweating* sévit avec force contre les femmes et les jeunes filles travaillant en chambre. Tout le mal vient, nous l'avons vu, de ce que les ouvrières « dont les travaux d'aiguille sont le seul gagne-pain » font concurrence à « celles qui cherchent en ne s'y livrant qu'à se procurer un superflu ». En 1893, le gouvernement victorien nommait une commission chargée d'examiner les résultats obtenus par une loi ouvrière de 1890, qui avait organisé l'inspection du travail en manufactures. La commission publia deux rapports : l'un en 1893 sur l'industrie de la confection, l'autre en 1894 sur l'ébénisterie. Ces deux industries se trouvaient atteintes de *sweating-system*. La loi de 1890 avait été habilement tournée

____

(1) A. Métin, *op. cit.*, p. 99

par les industriels. Afin d'échapper aux rigueurs de l'inspection, ils avaient fermé leurs manufactures et distribué l'ouvrage à domicile. Le nombre des fabriques s'était considérablement abaissé. Loin d'être protégés, les ouvriers victoriens se trouvaient plus mal payés qu'avant la loi, et obligés de travailler plus longtemps, dans des conditions d'hygiène défectueuses. C'est alors qu'est intervenu *l'act* de 1896 abrogeant celui de 1890. Sans nous attarder aux dispositions n'ayant pas pour objet le *sweating-system*, disons que le but de la loi a été d'assurer aux ouvriers asservis, par suite de leur isolement, un salaire plus élevé.

Les Conseils spéciaux (*Special Boards*), créés en vertu de la loi, ont en effet pour rôle de fixer des salaires minima (1).

(1) Les Allemands se sont lancés dans la voie des tarifications, non sans éprouver beaucoup de difficultés. Le parti social-démocrate, ayant convoqué un congrès à Berlin en 1895, fit adopter comme remède au *sweating-system* l'obligation pour les entrepreneurs d'appliquer les améliorations que réclameraient les syndicats. Ce vœu étant resté sans effet, le syndicat des ouvriers en confection convoqua à Erfurt, le 24 novembre 1895, un congrès qui remit aux entrepreneurs la demande suivante : adoption d'un tarif normal fixe des salaires pour les ouvriers de confection pour hommes et pour les ouvriers de confection pour dames. En cas de non-acceptation, il fut décidé que la grève éclaterait le 1er février 1896. Les entrepreneurs n'ayant pas cédé, la grève fut déclarée le 10 février 1896. Elle aboutit à l'arrangement suivant, le 19 février : Un salaire minimum très détaillé serait fixé par un Conseil d'arbitrage. Le résultat fut médiocre. Il n'y eut que 12 1/2 0/0 de hausse sur les salaires de la confection pour hommes et garçons. Dans la confection de manteaux de dames l'élévation fut de 30 0/0, mais

Ces Conseils sont établis par décret du gouverneur de Victoria, dans les professions atteintes de *sweating-system*. Toutes les industries de Melbourne et des districts proclamés (1) peuvent être « placées sous un *Special Board* ». Le pouvoir du gouverneur est, à cet égard, illimité. Quand un décret est venu mettre une profession sous un Conseil, il y a lieu d'élire aussitôt les conseillers. L'élection appartient aux patrons et ouvriers d'une même industrie. La règle est qu'il y ait partage égal entre la force patronale et la force ouvrière. Chacune d'elles élit une moitié du Conseil. Pour avoir le droit de vote, il suffit de payer patente, si l'on est patron, ou de prouver qu'on est employé dans la profession désignée, si l'on est ouvrier.

La liste électorale ouvrière est, si l'on peut dire, en partie double. Elle comprend, d'un côté les

seulement quand les salaires ne dépassaient pas 1 mk, 75 pf. (2 fr. 18). C'était un résultat insignifiant, inapprécié des ouvriers. D'autre part, les patrons n'observaient pas toujours l'accord. Les enquêtes faites par le Conseil d'arbitrage pour arriver à fixer les salaires n'étaient point contradictoires. Aussi le 9 avril, une nouvelle commission patronale était-elle instituée pour fixer les tarifs spéciaux, d'accord avec l'arrangement du 19 février. Ce fut en vain, car les représentants des patrons déclarèrent ne pas vouloir accepter l'arrangement. En dépit de ce mauvais vouloir, les séances du Conseil d'arbitrage continuèrent et les résultats furent la fixation de salaires minima correspondant absolument aux tarifs établis par l'accord du 19 février. (V. *Musée social*, Circ. n° 10. Série A).

(1) On entend par districts proclamés les circonscriptions désignées expressément par les lois de protection ouvrière.

ouvriers de fabrique, de l'autre les ouvriers en chambre, avec fusion des deux éléments, si les travailleurs en chambre ne composent pas au moins le cinquième du total des électeurs ouvriers.

Le vote peut avoir lieu par correspondance. Les conseillers sont élus, en nombre égal, comme nous l'avons fait supposer : cinq du côté des électeurs ouvriers, cinq du côté des électeurs patronaux.

Afin de départager le Conseil, le président est choisi en dehors des conseillers élus.

Ce qui est plus important à noter ici, c'est la force obligatoire des décisions des *Wages Bourds*. Une fois rendues, elles sont publiées au journal officiel (Government Gazette), comme une loi ordinaire. Elles doivent être imprimées et affichées dans les fabriques, et, chose éminemment utile, les travailleurs en chambre doivent en avoir un exemplaire.

Les arrêts des *Special Boards* n'ont force de loi que pendant le temps fixé, aux termes mêmes de la décision :

« Dans l'année (1897-1898) qui a suivi la promul-
« gation de la loi, six professions dans lesquelles le
« *sweating-system* sévissait ont été mises sous des
« Conseils. Ce sont la boulangerie, la confection, la
« chaussure, les cols, manchettes, chemises, etc. ; le
« linge de femme ; l'ébénisterie (1). »

Dans toutes ces professions, les différents Conseils ont établi un minimum de salaire. Il est, dans la

____

(1) A. Métin, *op. cit.*, p. 95.

confection, de 9 fr. 35 par jour pour les hommes, de 4 fr. 25 pour les femmes et de 0,40 l'heure dans la lingerie. Les magasins d'ameublement ne peuvent donner à leurs ouvriers moins de 1 fr. 25 l'heure, ni aux femmes moins de 25 francs, par semaine de 48 heures.

Dans la cordonnerie, les salaires ont été fixés à 7 fr. 60 par jour et dans la boulangerie à 1 fr. 25 l'heure.

Malgré cet esprit novateur qui lui fait tenter toutes les expériences, la Nouvelle-Zélande n'a pas osé aller aussi loin. Ce n'est qu'indirectement, par un moyen détourné, qu'elle est arrivée au résultat de Victoria. Mais, en fait, le minimum de salaire est devenu à peu près obligatoire, depuis l'institution, dont nous voulons parler : les Conseils locaux de conciliation et la Cour d'arbitrage (1). Quel est, en deux mots, le but de cette institution ? C'est d'imposer l'arbitrage, en forçant les parties à recourir à la conciliation et à se conformer à la décision rendue. Seulement, ce qu'il faut noter, c'est que, seuls, les syndicats et les patrons (même s'ils ne sont pas syndiqués), sont soumis à la loi. Qu'il survienne un conflit, le syndicat le porte aussitôt devant le *Board*

(1) V. sur cette question Pierre Duteil, l'Arbitrage obligatoire en Nouvelle-Zélande, *Correspondant*, 25 décembre 1900. On pourra consulter aussi les deux volumes publiés par M. W.-P. Reeves, agent général de la Nouvelle-Zélande, sous ce titre : *State Experiments in Australia and New Zealand*. London, Richards, 1902.

of Conciliation. Ce Conseil « essaye d'arranger le conflit à l'amiable ; s'il n'y réussit pas, il rédige un rapport et renvoie l'affaire à la Cour centrale d'arbitrage. » Le jugement qu'elle rend a, comme les décisions des *Special Boards* de Victoria, force de loi, pendant un temps limité, deux ans au plus. Telle est, esquissée à grands traits, l'organisation des Conseils d'arbitrage. Leur but évident est « d'encourager la formation des unions industrielles » et d'empêcher les grèves, en assurant les réclamations des syndicats, par la substitution du contrat collectif aux contrats privés. Mais, au point de vue du *sweating-system*, ils ont eu, comme nous le disions, un effet tout aussi important (1). Dans bien des cas, les *Boards of Conciliation* ont décidé que le salaire minimum était le salaire de l'ouvrier ordinaire. « Le salaire établi par les Conseils, dit M. Métin (2), « est fixé soit aux pièces, soit « par semaine de tant d'heures ; les ouvriers en « chaussures ont obtenu de la Cour 50 francs pour « 48 heures..., les ouvrières en confection de Dune- « din ont obtenu de la Cour 32 fr. 60 pour 45 heures. » Ces salaires minima n'ont pas été jugés trop élevés par toutes les organisations ouvrières, mais les patrons en ont pensé autrement. Ils se plaignent « de « l'élévation et de l'uniformité des salaires qui est « la principale raison de la faveur que les ouvriers

(1) V. P. Duthoil, *op. cit.*, p. 1160.
(2) Métin, *op. cit.*, p. 118.

« témoignent à la loi. » Ils ne peuvent admettre que la Cour d'arbitrage ait adopté dans ses décisions les demandes des ouvriers relativement à la suppression du travail à domicile.

En Victoria, des difficultés sans nombre ont surgi. La loi de 1896 n'a pas réalisé le bien qu'on en attendait. Les salaires fixés par les *Special Boards* sont souvent trop élevés. Il en résulte que les patrons font travailler dans les fabriques et demandent à ceux qu'ils emploient un rendement excessif. La loi donnait aux Conseils mixtes le droit de fixer le salaire minimum au temps et le salaire minimum aux pièces. Or, cette dernière tarification n'est point allée sans peine. Dans l'industrie de la confection, la tâche du Conseil était compliquée. Rien qu'à propos du salaire aux pièces, il lui fallait établir un tarif pour les vêtements sur mesure et un autre pour les habits confectionnés. Le premier a été accepté par les patrons ; mais le second n'a pu l'être. Au dire même de l'inspecteur, il a été fixé trop haut.

Qu'en est-il résulté ? Les patrons, trouvant exagéré le tarif de la confection, aiment mieux employer leurs ouvriers en fabrique, à la journée, et leur payer le salaire au temps. Bien que le taux en soit encore élevé (pour une journée de 8 heures, il est de 9 fr. 35 c. et de 4 fr. suivant qu'il s'applique aux hommes ou aux femmes), ils préfèrent l'accorder plutôt que de donner un salaire aux pièces à des travailleurs en chambre.

L'inconvénient de cet état de choses c'est qu'en installant les ouvriers en fabrique pour leur payer le salaire minimum au temps, les patrons leur ont assigné une tâche plus lourde qu'avant la loi. Autrefois, ils « faisaient (1), de préférence, travailler à « domicile pour échapper à la loi de 1890. Depuis « 1896, la tendance contraire prévaut dans certains « cas. Plus le travail à domicile diminue, plus l'ins-« pection sera facile, plus la protection que la loi « donne aux ouvriers leur sera assurée : sous ce « rapport, il y a progrès; mais d'autre part, à l'usine, « sous le régime des heures réduites et du salaire « minimum, les ouvriers maladroits et lents ne « trouvent plus d'ouvrage. » C'est là en effet le grand écueil d'une institution aussi intéressante que celle du minimum de salaire. Dès lors qu'on établit un tarif aux pièces trop élevé, on amène les patrons à faire travailler à la journée; mais comme, par ailleurs, on fixe un minimum de salaire quotidien, on ne peut empêcher l'industriel « d'exiger un travail plus rapide et plus intense ». Le salaire minimum ne profite généralement qu'aux bons ouvriers. Ceux-là sont payés au prix du tarif, et les autres, les maladroits, peuvent consentir, pour être employés, à descendre au-dessous (2). En théorie, ce sont les ouvriers médiocres qui devraient profiter de ce tarif. Il n'en est rien. Écoutons, sur ce point, l'observation de M. Pierre Leroy-Beaulieu (3) : « Ce n'est pas tant

(1) A. Métin, *op. cit.*, p. 96-97.

(2) Le fait est si vrai, que les Conseils de conciliation, en Nouvelle-Zélande, se réservent d'autoriser certains ouvriers à accepter un salaire inférieur au tarif.

(3) P. Leroy-Beaulieu, *op. cit.*, p. 169.

sur leurs détails que sur leurs conséquences et sur leur principe qu'il faut juger de pareilles lois (fixant les salaires). La véritable question, c'est d'abord de savoir si elles ne dépassent pas leur but, si, à la place des maux qu'elles prétendent guérir, sans y parvenir toujours, elles n'en créent pas d'autres au moins aussi grands, si elles ne sont pas de nature à enlever toutes ressources aux gens à qui elles veulent en donner de plus grandes, à produire une stagnation générale aussi funeste, sinon plus, aux pauvres qu'aux riches. Or, pour ne parler que des effets immédiats..., la loi de Victoria risque de réduire à la mendicité des gens qui trouvaient dans certains travaux peu payés le supplément de ressources nécessaires pour vivre. »

Et M. Leroy-Beaulieu ajoute en note un exemple qui corrobore à merveille son observation. A Melbourne, « un grand nombre de pauvres gens, qui ne peuvent, à cause de leur manque d'habileté professionnelle, se placer à plein salaire, parviennent à le faire à prix réduit, en se déclarant âgés de moins de vingt-et-un ans ou de plus de cinquante-cinq, pour peu qu'ils ne soient pas trop éloignés de ces limites en dehors desquelles la loi autorise des réductions de salaires. »

De plus, quand le travail est fait à domicile, l'inspection est souvent défectueuse et les tarifs mal appliqués. Le secrétaire du syndicat des boulangers de Melbourne s'est plaint au *Trades Hall* de ce que beaucoup d'ouvriers non syndiqués travaillent au-dessous du prix fixé. Ce sont eux qui font concurrence aux membres du syndicat et rendent impossible toute application des tarifs. On ne peut jamais savoir s'ils touchent les salaires établis par le Conseil de la Boulangerie, parce qu'ils ne font aucune réclamation et que personne ne se charge d'en faire à leur place, comme cela se produirait s'ils étaient syndiqués. On voit ainsi la limite naturelle qui s'oppose à la réalisation sérieuse du minimum de salaire. Pour que la loi de 1896 fût appliquée en Victoria, il faudrait que tous les ouvriers fissent partie de syndicats. Se sentant soutenus et forts ils n'hésiteraient plus alors à porter leurs réclamations au bureau syndical, qui se chargerait de faire lui-même les plaintes et de dévoiler au service de l'inspection les contraventions qui lui auraient échappé. Il semble difficile d'arriver autrement à quelque résultat.

Section VI. — L'Association et le « Sweating-system »

I. — L'Organisation syndicale

Ce vice, qui rend inefficaces les lois les plus généreuses, a donc l'avantage de nous faire entrevoir par quels moyens le succès peut être obtenu. Nous venons d'en avoir une preuve. C'est par l'association, et d'abord par l'extension du mouvement syndical indépendant, que prendra fin le *sweating-system*.

Il existe certaines lois sociales vers lesquelles il

faut revenir sans cesse, parce qu'elles sont fondées sur la nature et l'histoire. On ne crée pas de toutes pièces une société. Les plus belles expériences ne sauraient être durables lorsqu'elles veulent aller à l'encontre de l'œuvre des morts. Tant de siècles avaient établi la nécessité du groupement des travailleurs qu'il était téméraire de prétendre replacer la vie ouvrière sur des bases nouvelles. Mais aussi bien toutes les complications de notre âge ne viennent-elles pas de cette préoccupation, générale depuis cent ans, de vouloir que chaque génération se fasse une vie nouvelle avec une pensée, des idées et des sentiments nouveaux? Le monde du travail a si bien senti le besoin d'une organisation, qu'il en est venu à restaurer, sous une forme rajeunie, appropriée à la société actuelle, les anciennes corporations de métiers. Sans en conserver le caractère vieillot, il a gardé du moins le principe qui les avait animées. Il a reconnu, en conformité avec les âges passés, qu'il n'y avait pour lui qu'un moyen de faire valoir ses droits et respecter ses intérêts : l'action collective ; mais nous avons tort de dire que le monde du travail s'est pénétré complètement de cette idée bienfaisante. Un certain nombre de travailleurs n'en ont pas profité : ce sont précisément les victimes du *sweating-system*.

S'ils sortaient de l'isolement dans lequel ils se débattent, les ouvriers en chambre verraient, du coup, leur situation s'améliorer. En confiant au syndicat professionnel certaines fonctions dont il

peut se charger à merveille, ils supprimeraient
aussitôt les principaux abus du *sweating-system*.

Au quatrième Congrès socialiste international,
tenu à Londres, du 27 juillet au 1er août 1896, un
Allemand, M. Molkenbuhr, lut un long rapport, au
nom de la quatrième Commission, ou il demandait,
entre autres, la suppression du *sweating-system*.
Après avoir entendu ce rapport, le Congrès résolut
« la suppression du *sweating-system* et la création
d'une législation protectrice efficace en faveur des
ouvriers et ouvrières de l'industrie domestique ».
Il préconisa, pour arriver au résultat désiré, la création de syndicats fortement organisés et réunis en
Fédérations puissantes (1).

Mais c'est aux femmes surtout que l'association
rendra le plus de services. Jusqu'à nos jours elles se
sont montrées assez rebelles à toute idée d'union.
Sous l'influence de je ne sais quelle vieille mode,
elles croyaient encore que toutes les tentatives
d'amélioration du sort de l'ouvrier ne les concer-
naient pas. Il y avait là, en dehors d'une affirmation
de l'esprit naturellement indépendant de la femme,
un legs du temps disparu où l'ouvrière n'existait pas.
Aujourd'hui, tout est changé. Le travail féminin
cesse d'être familial pour devenir industriel. « La
femme, dans la classe populaire urbaine, dit M. Flornoy, est non plus la ménagère mais l'ouvrière,
l'employée ; elle participe, ainsi que l'homme, aux

---

(1) Circulaire *Musée social*, Série B, No 3.

conditions du salariat (1) ». Puisqu'il en est ainsi, la femme doit être protégée, comme l'homme ; mais qu'elle n'attende pas d'autrui les remèdes à l'infériorité constante de sa situation. Elle peut se relever toute seule, en s'associant. Au syndicat, les ouvrières victimes du *sweating-system* gagneraient, en effet plusieurs choses que nous allons essayer de rappeler ici brièvement.

I. Elles pourraient traiter avec les patrons, non plus directement, de personne à personne, ce qui est une source de misère, mais de force à force, si j'ose dire. Et ce ne serait ainsi que l'épanouissement d'une idée féconde, qui a fini par percer toutes les résistances. On se méfie, semble-t-il, de la convention privée. On n'a plus confiance en elle. De tous côtés, les conseils d'usine et d'atelier, les conseils de conciliation et d'arbitrage, tendent à garantir aux ouvriers d'une même industrie les avantages d'un contrat général que chacun des travailleurs pris en particulier n'aura plus la peine de passer, mais qu'un organisme plus fort, puisqu'il est la réunion de milliers d'êtres, passera pour lui et ses camarades. Les syndicats des ouvrières de l'aiguille ne feraient que suivre cette voie, et marchant pour ainsi dire en groupes, leurs membres ne craindraient plus de tomber en route et de mourir sans secours. Syndiquées, les ouvrières n'auraient plus à redouter les dangers d'une concurrence effrenée. Leur

____

(1) *Réforme sociale*, année 1901, t. II, p. 676.

vie ne serait plus une course au rabais, c'est-à-dire une course à la mort.

II. Un syndicat puissant, réunissant les ouvrières d'une même profession, parviendrait seul à un résultat qu'on n'obtiendra pas autrement, nous voulons parler de l'établissement des salaires minima. Nous avons vu l'impossibilité dans laquelle se trouvait l'État victorien [d'arriver à aucun effet bienfaisant à ce sujet, et les meilleures intentions des membres des *Special Boards* n'ont su faire qu'une mauvaise tarification. Qu'on ne s'en étonne pas. Une semblable besogne suppose des connaissances particulières, qui varient selon chaque industrie ; et cependant, comme le remarque M. Métin (1), « l'ex-
« périence des contrats collectifs passés entre les
« sociétaires du syndicat et les patrons filateurs du
« Lancashire prouve que les ouvriers peuvent avoir
« à leur tête des hommes capables de suivre les
« patrons dans les détails les plus ardus de la fixa-
« tion des salaires, pourvu toutefois qu'ils soient
« groupés en syndicats nombreux, puissants et
« riches. Ceux qui disent à Melbourne que la loi de
« 1896 ne pourra profiter aux ouvriers que s'ils
« s'organisent ont assurément raison. »

Et ce que dit M. Métin de l'expérience tentée à Victoria, on peut le dire de n'importe quel autre essai de tarif minimum. Hors de l'association, il n'y a que peu de chance de réussite.

____

(1) *Op. cit.*, p. 99.

Tout ce qui est concurrence entre ouvriers ne peut être vaincu que par une entente entre ces mêmes ouvriers. Et par là nous entendons, non-seulement les travailleurs proprement dits, mais encore ces maisons qui font travailler pour magasins, à des prix trop souvent inférieurs. Au premier abord il semble bizarre de supposer une union des orphelinats, ouvroirs, etc. Il n'en est rien. On sait quel est le moyen toujours employé par les directeurs de maisons de confections parisiennes. Au lieu de débattre leur prix avec les ouvrières qu'ils occupent, ils ont recours soit à une entrepreneuse proprement dite, ancienne ouvrière enrichie, soit, et non moins fréquemment, à une congrégation qui fait exécuter la commande en ouvroirs, à l'intérieur ou au dehors. Si les dix ou douze congrégations, dit M. d'Haussonville.., qui tiennent, à Paris, « tous les
« orphelinats, ouvroirs, patronages, s'entendaient
« entre elles, ce qui, pour le coup, seraient exces-
« sivement facile, et si au lieu de se disputer,
« comme elles font trop souvent, les commandes,
« au moyen du rabais, elles arrêtaient d'un commun
« accord, pour tous les articles, des prix au-dessous
« desquels elles ne travailleraient pas, comme,
« d'autre part, elles travaillent dans des conditions
« de régularité, de soin, de propreté qui sont très
« appréciées, les grands magasins... finiraient par
« en passer par où elles voudraient, à condition
« toutefois que leurs exigences fûssent raisonna-
« bles.

« Un syndicat des congrégations (pourquoi recu-
« ler devant le mot propre) pourrait donc rendre de
« grands services en relevant les prix du travail
« féminin, car les autres entrepreneuses ou les
« petites ouvrières travaillant directement pour les
« magasins de confection pourraient régler leurs
« prétentions sur cette série de prix, et réclamer
« l'application du même tarif(1). »

III. Les syndicats professionnels auraient encore
un autre effet, relativement au *sweating-system.*
Ils pourraient supprimer l'intermédiaire souvent
ruineux, ou plutôt, car l'intermédiaire est dans bien
des cas nécessaire, l'empêcher de faire aucun prélèvement excessif. Ils serviraient d'intermédiaire
eux-mêmes. Ce ne serait peut-être pas un résultat à
dédaigner (2). Le syndicat n'aurait qu'à prendre
l'habitude de réclamer les commandes des grands
magasins et de les répartir entre les syndiquées.
« Les syndicats, dit M. Flornoy (3), pourront sur-

(1) D'Haussonville, *op. cit.*, p. 42, 43.
(2) Au Congrès de la Société d'économie sociale, tenu à Paris,
au mois de juin 1901, Mme Oster, après avoir montré que
l'abaissement des salaires dans les industries de la couture
venait souvent de « l'interposition des entrepreneurs entre le
grand magasin qui commande et les ouvrières qui exécutent »,
insistait sur l'utilité des syndicats pour affranchir l'ouvrière du
tribut souvent élevé que lui fait payer l'entrepreneur (il s'élève
parfois à 50 0/0). D'après Mme Oster, le syndicat servirait
« d'intermédiaire à titre gratuit ou moyennant une très faible
rémunération » et « laisserait presque entièrement à la main-
d'œuvre le salaire dont les intermédiaires prélèvent souvent la
moitié. »
(3) V. *Réforme sociale*, 1er novembre 1901.

« tout supprimer l'intermédiaire, l'entrepreneur,
« qui, en particulier pour les travaux de l'aiguille,
« s'interpose entre les grands magasins et l'ouvrière
« et qui prélève une part considérable du bénéfice.
« Les syndicats auront leurs représentants accrédi-
« tés près du Louvre, du Bon-Marché, de telles
« autres maisons de vente, qui recevront les com-
« mandes, en assureront la répartition et la bonne
« exécution, et, après le prélèvement de son traite-
« ment, laisseront en définitive tout le gain de
« l'opération aux seules travailleuses. »

Peu importera aux magasins de faire effectuer leurs commandes par des syndicats plutôt que par des *entrepreneurs*. Le moyen ne fait rien à la chose. Ce qui les intéresse c'est que l'ouvrage soit fait et bien fait. Le directeur d'un grand magasin parisien nous disait : «Si nous traitons avec des entrepreneuses, c'est à notre corps défendant. Nous préférons donner l'ouvrage directement aux femmes que nous connaissons, mais, comme il nous est impossible de le faire pour toutes nos commandes, c'est alors que nous nous adressons aux entrepre-neuses, anciennes « premières » de notre magasin. Nous ne demanderons pas mieux que de traiter avec les syndicats. » Ainsi, ce qui restait dans la poche du *sweater* ira garnir celle de l'ouvrière. Le salaire se trouvera augmenté d'une petite somme (1).

____

(1) « Ce n'est pas tout, écrit Mme Paule Vigneron, par un

Il est juste de le dire, les ouvroirs suppriment ce courtage des *entrepreneuses* ordinaires. Ils sont, en effet, destinés par le fait même de leur institution à annihiler le profit des intermédiaires. Les directeurs ou directrices d'ouvroirs « sollicitent la « commande de travaux qu'ils distribuent ensuite « aux personnes qui se présentent, et les paient dès « qu'ils sont confectionnés, de manière à ne prélever « sur le salaire que l'équivalent des frais généraux « de l'ouvroir » (1). Or, ces frais généraux sont à peu près payés par la charité. Par conséquent les directeurs peuvent abandonner presque tout le salaire accordé par le magasin (2). Mais, sans vou-

choix intelligent des professions et par un apprentissage sérieux, de mettre au moins une élite d'ouvrières à même de gagner leur vie au foyer, il faut encore que les intermédiaires ne prélèvent pas sur leur gain un trop fort courtage. On ne l'obtiendra qu'en syndiquant les ouvrières à domicile, œuvre difficile, à laquelle elles ne sont en aucune façon préparées, et qu'il faut pourtant arriver à réaliser. » V. P. Vigneron, *Réforme sociale,* 1er décembre 1901.

(1) V. *Réforme sociale,* 1901, t. II. p. 278.

(2) Qu'on ne dise pas : Si les ouvroirs font appel à la charité privée, ils ne pourront pas donner beaucoup à leurs ouvrières, même en leur remettant l'intégralité de la somme versée par le magasin. En effet, peut-on penser, puisqu'ils comptent sur les secours de la bienfaisance, ils montrent peu d'exigences vis-à-vis du magasin, ils se contentent de prix fort minimes. Cette observation serait juste, si les ouvroirs et maisons analogues ne luttaient en aucune façon contre l'avilissement des salaires; mais, au contraire, les dons charitables qui leur sont faits n'entrent point dans la part de salaires à distribuer. Ils ne servent qu'à payer les frais généraux de l'établissement, et les ouvroirs montrent, en fait, autant d'exigences que les entre-

loir revenir sur une question que nous avons effleu-
rée déjà, nous remarquerons seulement que tous
les ouvroirs renferment un écueil qui disparaîtrait
avec le syndicat. Ils font œuvre d'assistance par le
travail. C'est leur but, mais, comme ils ne peuvent
vivre sans les secours de la charité, en les supposant
aussi bien administrés que possible, ils devraient
donc employer à leurs dépenses une partie des
sommes données par les magasins. Par conséquent
sans l'aide de la bienfaisance privée, ils seraient en
quelque sorte contraints à faire des prélèvements
peut-être énormes sur le salaire de leurs ouvrières.

Ils sont donc, en définitive, plus désavantageuse-
ment placés que ne seraient les syndicats professionnels. Ceux-ci pourraient payer, d'eux-mêmes,
le traitement de l'employé nécessaire à l'organisation que nous proposons. Ils n'auraient besoin de
rien demander à la bienfaisance, le prélèvement
nécessaire s'opérant, par exemple, sur le produit
des cotisations. L'article 6 de la loi française du
21 mars 1884 nous semble autoriser parfaitement
semblable procédé. « Les syndicats professionnels,
dit-il,... pourront employer les sommes provenant

preneuses ordinaires. La seule différence quant au résultat,
c'est qu'ils ne prélèvent aucun courtage. « Les prix que nous
donnent les magasins du Louvre ne sont pas désavantageux,
·nous disait la supérieure d'un grand ouvroir parisien. Nous
n'avons pas à nous plaindre de la rétribution qui est accordée
à nos enfants pour les ouvrages de lingerie qui leur sont con-
fiés. *Leur salaire est celui que reçoivent toutes les entrepreneuses.* »

des cotisations. » La seule restriction à l'emploi des fonds s'applique à l'acquisition qui serait faite d'immeubles inutiles aux réunions ou à l'enseignement professionnel.

Les syndicats de l'aiguille pourraient donc assurer le traitement de leur représentant accrédité. Les frais généraux de l'ouvroir n'existeraient pas. Ils se confondraient, dans l'hypothèse, avec les autres frais du syndicat, pour qui l'existence d'un représentant près des magasins serait une des attributions, sans être la seule.

Il est si peu chimérique de souhaiter cette réforme, que nous en avons des exemples, dans un ordre d'idées tout voisin. M. d'Haussonville (1) nous en fournit un, que le monde charitable connaît bien, sous le nom d'œuvre des Mères de famille. Cette œuvre a pour but de procurer à un certain nombre d'ouvrières de la couture « un travail rémunérateur « en leur donnant à confectionner des objets de lin- « gerie, chemises, draps, torchons, mouchoirs, qu'elle « vend au prix du commerce, et en majorant leurs « salaires de ce qui serait le bénéfice du patron... « C'est ainsi qu'elle peut payer six sous la confec- « tion d'un tablier que le commerce paie deux sous « et demi, vingt-cinq sous l'ourlage d'une paire de « draps que le commerce paie onze sous, seize sous « l'ouvrage d'une douzaine de torchons que le com - « merce paie dix sous... Près de cinq mille ouvrières

(1) D'Haussonville, *op. cit.*, p. 118.

« ont ainsi obtenu de l'ouvrage depuis la création
« de l'œuvre (1). »

Cet essai ou, comme dit M. d'Haussonville, cette
« idée générale », s'écarte un peu de la voie normale
de l'action syndicale pour se rapprocher d'une autre
idée voisine : l'idée de la coopération. Au lieu de
mettre les syndicats entre la grande maison de vente
et les ouvrières, ou de tenir, comme l'œuvre des
Mères de famille, un magasin vendant directement
à la clientèle, on a pu songer à proposer l'association
des ouvrières d'une même industrie en vue de la
fabrication et de la vente.

II. — *Les sociétés coopératives de production*

Partant de cette idée que l'entrepreneur est un
parasite, on a dit : Il est un moyen très simple de
s'en débarrasser. C'est l'association de production.
Du jour où les ouvriers seront eux-mêmes patrons,
pour partie ou pour le tout, c'en sera fait des exploiteurs. Telles sont les expressions qu'employait, chez
nous, l'apôtre du *coopératisme*, M. Charles Gide.

Dieu nous garde de médire des associations coopératives de production, mais il est permis d'en reconnaître les limites. En France du moins, la coopération est une société qui réserve le partage de ses

(1) L'œuvre des Mères de familles n'est qu'une ramification de
l'*Office central des œuvres de bienfaisance.*

bénéfices à ceux-là seuls qui possèdent des actions ociales. Il sera donc difficile à beaucoup d'ouvriers, de faire partie d'une association coopérative. On ne saurait songer à leur demander un apport qu'ils ne pourraient fournir (1).

Et puis, d'après la définition même de M. Brelays la coopération de production a pour but de répartir les produits de l'ouvrage fait en commun. C'est là son rôle. Elle est, avant tout, une organisation destinée à remplacer l'entreprise telle qu'on l'avait conçue jusqu'alors, à substituer au salariat une forme rajeunie d'organisation du travail. Mais, quelle que soit cette modification, l'entreprise demeure, et toute entreprise exige une grande unité de direction, beaucoup de docilité de la part des employés. Retrouvera-t-on la même discipline, si

(1) Ce n'est pas là cependant l'obstacle le plus sérieux à la réussite de la coopération dans les industries atteintes de *sweating-system*, car, d'après les lois combinées du 24 juillet 1867 et du 1er août 1893, le taux minimum des actions des sociétés à capital variable est de 25 francs, (art. 71), et tandis que dans les sociétés commerciales ordinaires le versement total ou le versement du quart sur chaque action est essentiellement exigé, le versement du dixième du capital entier suffit ici (art. 51, al. 3). La difficulté n'est donc pas du côté du taux des actions. Il est infime et la société peut se constituer avec de très petits apports. C'est une faveur très appréciable faite aux ouvriers, mais qui permet difficilement la réunion d'un capital suffisant. Le rapport de Dusseldorf signale cette barrière comme s'opposant à la réussite des groupements coopératifs tentés en Allemagne par les petits métiers pour lutter contre la grande industrie en s'appropriant les procédés qui l'ont menée au succès.

l'on suppose des droits égaux à tous les associés?

Les meilleurs esprits en ont peur, mais l'idée, en elle-même, offre assez d'attrait pour qu'on n'en soit pas rebuté. Les faits sont là pour montrer tout le bien que peut donner la coopération. On a cru longtemps qu'une foule de services devaient nécessairement avoir le caractère *d'individualité*. Il n'en est rien. Tels actes, l'achat ou la vente, par exemple, qui ne se comprenaient autrefois qu'isolés, fonctionnent à merveille, aujourd'hui, au moyen de l'association coopérative. Comme le disait récemment M. Charles Gide (1), « on s'associe pour épargner, pour donner, pour acheter et pour vendre. » L'exemple de tous les pays vient l'attester. Le mouvement coopératif anglais s'accentue de jour en jour. De 1874 à 1899, le nombre des coopérateurs a passé de 403.000 à 1.630.542. Les affaires, qui s'élevaient, en 1874, à 175 millions de francs, atteignent aujourd'hui 2 milliards. Ces chiffres, il est vrai, sont communs aux sociétés de consommation et aux associations de production. Celles-ci sont, d'ailleurs, moins prospères que celles-là. Elles progressent, mais avec plus de peine. Beaucoup ont cependant réussi admirablement. On connaît l'histoire des coopératives écossaises. Parmi toutes celles qui, « sorties de la pauvreté du peuple », sont arrivées au succès, rappelons la filature de Paisley, à 7 milles de Glascow. Fondée en 1862 par quelques tisserands, elle possède

(1) Charles Gide, *l'Emancipation*, 15 mars 1902.

aujourd'hui un capital de 1.717.025 fr., occupe
332 employés et a fait, en 1901, 2.059.875 fr. de ventes.

La célèbre *Wholesale coopérative* écossaise,
fondée en 1868 est, avant tout, une société de consommation ayant organisé accessoirement diverses
industries coopératives. Elle s'est occupée d'abord
de la fabrication des chemises, puis ensuite des
chaussures, des meubles, des vêtements confectionnés, de la brosserie, de la savonnerie, etc. Ses
ateliers de production de Shieldhall ne le cèdent en
rien aux plus vastes usines, de même que ses bureaux et entrepôts de Glascow sont un colossal morceau d'architecture. Mais les produits ainsi fabriqués « ne peuvent être achetés que par les Sociétés
de consommation adhérentes à la *Wholesale*. » Cette
tactique est suivie, du reste, par toutes les associations de production.

Il existe en France 2 065 sociétés coopératives de
toute sorte, dont 1.761 de consommation et 304 de
production (1). Ces dernières embrassent les professions les plus diverses (charpente, serrurerie, hor-
logerie, entreprise de couverture, ébénisterie, impri-
merie, etc.). L'Allemagne et l'Autriche en comptent
beaucoup. Certaines d'entre elles sont même assez
prospères. D'après le Dr Crueger (2), les *Handwerker*
allemands comprenaient, en 1900, 82 coopératives
de matières premières (*Rohstoffgen*), 34 sociétés

_____

(1) V. *l'Almanach de la Coopération française*, 1903.
(2) Crueger et H. Jæger, *Rohstoff Genossenschaften der Handwerker*.

pour l'emploi d'ateliers (*Werkgen*) et 67 sociétés de vente (*Verkauf*).

Beaucoup de ces essais intéressants, tout en pouvant servir de guide dans les mesures à prendre pour remédier au *sweating system*, se rattachent à la petite industrie dangereusement menacée, plus, peut-être, qu'à la « fabrique collective ». C'est ainsi que les menuisiers d'Osnabruck (1), en Westphalie, ont fondé une société coopérative pour résister à la concurrence des « grandes maisons de menuiserie ». De semblables associations se sont élevées à Göttingen, Gustrow, Marburg, etc.

Ces essais méritent d'être suivis. L'idée de la coopération de production aurait en ce qui concerne le *sweating-system* un effet des plus heureux, qui serait d'empêcher ce qu'on a pu appeler d'une façon barbare la « subalternisation » (2) des ouvriers. Elle reformerait une classe moyenne autonome, « en groupant la direction commerciale, en substi-

---

(1) La société des menuisiers d'Osnabruck n'est pas absolument une coopérative de production. C'est une société de travail et d'outillage (*Werkgenossenschaft*), ayant pour but de mettre à la disposition des ouvriers d'un métier les matières premières, les outils, les machines et les locaux. Les menuisiers associés achètent en commun les bois qui leur sont nécessaires, les débitent et les préparent sous des hangars spéciaux pourvus de machines à vapeur et éclairés à l'électricité. L'avantage de cette société réside en ce que les bois sont achetés par grandes quantités, pour de fortes sommes, et par conséquent à bien meilleur marché que si chaque menuisier devait les acquérir pour son compte, au détail.

(2) V. Brants, *La petite Industrie contemporaine*, p. 121.

tuant, à la fabrique décentralisée, au système capitaliste concentré (*Verlag system*), le travail à domicile à capital et direction coopératifs (1). » Ce ne serait pas là un mince avantage, si l'on songe que le *sweating-system* aboutit finalement à la destruction de la classe moyenne (*Mittelstand*), et ne va rien moins qu'à mettre en présence, à la façon de deux ennemis, un « état-major d'individualités » (2) et une armée de prolétaires. « Sans doute, écrit M. Brants (3), des transformations industrielles se font, on ne doit pas les exclure, mais il ne faut pas leur sacrifier la liberté des masses... A maintenir cette classe moyenne doit tendre la politique sociale. Bien que les partisans intelligents de la classe moyenne ne veuillent pas défendre les procédés techniques surannés, cependant cette classe moyenne, telle qu'ils l'envisagent, a une physionomie nettement précisée ; c'est bien la physionomie historique de notre civilisation occidentale du moyen âge, celle des *métiers* du *Handwerkerstand* groupés en classes sociales fortement liées et organisées. » Cette préoccupation de restaurer la classe moyenne est à l'ordre du jour en Allemagne, en Autriche ou en Belgique. Elle dénote une conception de la vie industrielle différente de celle des Anglo-Saxons. Les Anglais ou les Américains ne comprennent pas,

(1) V. Brants, *op. cit.*, p. 121.
(2) Du Maroussem, *Le Jouet parisien*, p. 260.
(3) V. Brants, *op. cit.*, p. 9 et 10.

en effet, les tentatives de restauration des petits métiers d'autrefois. C'est que, chez eux, le travail en fabrique jouit d'un très grand crédit que l'on s'explique en voyant les salaires élevés touchés par les ouvriers de la grande industrie. Mais, sans vouloir s'acharner à rétablir des *métiers* voués à une disparition à peu près assurée, on peut cependant espérer que certaines industries attaquées par le *sweating-system* se relèveront, si l'on parvient à les moderniser et à leur donner les éléments de succès de la grande entreprise actuelle. S'agit-il de métiers ne pouvant pas lutter avec l'usine vaste et bien outillée, la coopération peut en assurer la restauration (1). Elle peut permettre aux ouvriers à domicile, tailleurs, lingères, cordonniers (2), de sortir de leur situation. Au surplus, nous n'en sommes pas

(1) La coopération trouvera un auxiliaire dans l'utilisation de la « houille blanche », dans la distribution plus fréquente à domicile de l'énergie électrique, ainsi qu'en témoigne déjà l'exemple de la Belgique ou de l'Allemagne.

(2) Les cordonniers de Prague ont formé une association coopérative de matières premières, d'ateliers et d'outils. On sait, d'autre part, quel beau résultat les « Tailleurs réunis » de Liège ont obtenu. Créée en 1894, cette société comprend actuellement 400 associés et fait 18.000 fr. d'affaires. Il existe aussi, en Suisse, beaucoup de petits ateliers communs « où les membres « vont travailler, à leur compte, en payant leur place suivant « certaines règles ; parfois aussi les commandes des maîtres « entrepreneurs (Verleger) y sont réparties, quand ceux-ci « n'indiquent pas nominativement l'ouvrier. Ouvriers tailleurs, « cordonniers, etc., ont, avec le concours des groupes syndi- « caux et des subsides, constitué de tels ateliers à Zurich, Berne, « Lausanne. » Brants, *op. cit.*, p. 110.

réduits aux seules hypothèses. Un certain nombre d'expériences faites permettent d'espérer dans l'avenir de l'idée coopérative. Nous citerons, notamment, comme se rattachant plus directement à l'objet de notre étude, l'association des *tailleurs de Crefeld* (Bas-Rhin) et celle des *ébénistes de Munich*. La première a débuté avec le modeste capital de 400 marks auxquels sont venus s'adjoindre les versements hebdomadaires de 0,50 pfennigs. Elle possède aujourd'hui un magasin de confections où les associés trouvent du travail pendant la morte-saison, au taux normal des salaires de la région.

La Société des *ébénistes de Munich*, fondée en 1871, et transformée en 1890, a pour but :

1º L'achat en commun des matières premières, des outils servant à la fabrication des meubles, et leur vente aux membres de la Société à des prix très modérés ;

2º L'entreprise des travaux d'ébénisterie, dont la répartition a lieu entre les associés.

3º La vente, en un magasin spécial, des objets fabriqués par tous les membres de la Société.

Une commission est retenue sur le prix de vente. Les membres, qui sont au nombre de 65, ont perçu jusqu'à 11 0/0 de dividendes.

Devant des tentatives aussi intéressantes, on aurait tort de déconseiller les associations coopératives. Assurément il ne faut pas en faire un talisman magique. Il est des cas où leur utilité peut être restreinte, inopportune même. Il en est d'autres où la

victoire de la grande industrie semble définitive et
où la résistance du petit artisan ne se conçoit plus.
Dans cette dernière hypothèse, la meilleure société
de production ne saurait être, en ᵈéfinitive, autre
chose qu'une vaste entreprise industrielle. Mais
pour réussir, il lui faut, en tous cas, le concours
nécessaire d'une société de crédit assez puissante.
La lutte ne se comprend pas autrement. Quoi qu'il
en soit, c'est à l'ouvrier de modifier sa formation
personnelle dans le sens de la transformation industrielle. Quant à savoir exactement quelle peut être
l'étendue de la coopération, « on n'a encore (pour
répondre) que des cas particuliers. Le moyen est
bon et peut réussir, à certaines conditions et dans
certains cas; voilà ce que dit l'expérience. Il faut
être prudent dans sa direction, marcher *activement*
mais *sagement* » (1).

C'est donc, on le voit, en combinant avec art l'association coopérative et l'organisation syndicale
qu'on peut arriver à diminuer notablement les formes
extérieures du *sweating-system*. Le syndicat nous
semble même, à l'heure présente, appelé à un succès
plus immédiat et plus sûr. Il est indispensable aux
ouvrières de l'aiguille, non pas qu'il supprime actuellement tous les abus inhérents à l'industrie de la
couture. Il ne coupe pas le mal; il empêche seulement d'en souffrir trop violemment. On connaît le
brillant essor du « Syndicat de l'Aiguille », fondé

(1) Brants, *op. cit.* p.

à Paris le 24 avril 1892 et destiné à grouper les patronnes, employées et ouvrières en habillement, métiers similaires et profession annexes. Œuvre de prévoyance et d'assistance, cette association prospère, douée de la personnalité civile, a créé un bureau de placement, un service d'arbitrage, des restaurants, une caisse de loyers, une caisse de prêts faisant des avances temporaires aux ouvrières gênées, une Maison de famille pour les « petites mains » que leur maigre salaire mènerait droit au vice. Enfin depuis deux ans (1er juillet 1901), le Syndicat de l'Aiguille a pu organiser, à Paris, rue Boissy-d'Anglas, un atelier de chômage en vue de la morte-saison. Et cet atelier ne nuit en rien aux ouvrières occupées. En le créant, sa fondatrice, Mlle Cussonnier n'a pas voulu déterminer, sous une apparence généreuse, une nouvelle concurrence. Elle y a réussi. Elle emploie les chômeuses à certains travaux accessoires. Elle leur donne à broder des tapis, raccommoder des vêtements, finir des broderies, etc, permettant ainsi aux syndiquées de « manger à leur faim » sans faire de dettes. Mais cette belle œuvre, couronnée par l'Institut, n'est pas seule à travailler au relèvement de l'ouvrière. Chaque année en fait apparaître de nouvelles. Rappelons ici l'organisation florissante des syndicats lyonnais, tout récemment fondés. « Vous avez estimé avec raison, disait M. Chardiny (1), à la réunion des syndicats des

(1) V. *le Travail de la femme et de la jeune fille*, nov. 1901, p. 219-220.

ouvrières lyonnaises, le 13 octobre 1901, vous avez estimé avec raison que pour l'ouvrière isolée, et surtout, pour la jeune fille, la lutte pour la vie est difficile ; que l'union fait la force, et que, dans vos syndicats, la jeune ouvrière trouverait assistance, conseil et appui. » Les femmes ont, hélas, trop long-temps, méconnu la nécessité de l'union. Rien qu'à Lyon, la tâche fut rude, disait Mlle Rochebillard, la fondatrice dévouée de la « fédération syndicale des ouvrières de l'aiguille et de la soie ». Le mot « syndicat » n'est compris que de quelques-unes et « reconnu tout à fait anormal, dans l'application, pour de simples femmes (1) ». Il semble que l'ouvrière éprouve à trahir sa misère quelque chose de cette pudeur tendrement orgueilleuse qui lui fait taire ses souffrances physiques et dissimuler ses chagrins. Elle supporte avec peine la docilité réclamée des membres d'une association. A la pleine lumière qui éclairerait dans toute leur étendue les profondeurs de sa misère elle préfère trop souvent les flocons de brume qui voilent l'abîme. Et, pourtant, que d'avantages le syndicat lui confère ! Mlle Rochebillard attend de lui la suppression des intermédiaires onéreux. Le syndicat des ouvrières lyonnaises de l'aiguille a déjà obtenu la remise

---

(1) *Le Travail de la femme et de la jeune fille*, novembre 1901. Dans les industries du vêtement, le mouvement syndical est encore peu développé. D'après les renseignements fournis par *l'Annuaire des syndicats professionnels*, sur 951.080 ouvrières, 1.002 seulement sont syndiquées. Tandis qu'on compte un ouvrier syndiqué sur 5, on ne trouve qu'une syndiquée sur 36 ouvrières.

directe du travail et, du même coup il a relevé le taux des salaires dans l'industrie du tulle et dans la lingerie. L'augmentation a été de 25 0/0. On sait, par ailleurs, que la société coopérative de lingerie parisienne traite directement avec le Bon-Marché. Si l'on développait ces tentatives trop isolées, si les syndicats parvenaient à englober aussi bien le travail libre que celui des communautés, bien des abus seraient supprimés.

Ce qu'il faut d'abord, c'est une réforme des mœurs, et le *sweating-system* disparaîtra lorsque les hommes sentiront la nécessité de revenir, en ce qu'elles ont de juste, aux doctrines qui, de tout temps, ont constitué la vitalité des sociétés. Au surplus, pourrait-on dire en terminant, toutes les complications, tous les problèmes d'aujourd'hui n'ont pas eu de cause plus profonde que l'attachement à quelques idées fausses sur le sens de la vie, et c'est ainsi qu'en définitive, pour qui l'étudie sérieusement, la question sociale n'est pas autre chose qu'une question morale.

CONCLUSION

Nous voici au terme de notre étude. Comme le voyageur qui jette un long regard d'adieu sur le pays qu'il va quitter, tâchant d'embrasser dans une large vision les grandes lignes de l'horizon qui s'efface, nous voudrions, avant de clore cet essai, contempler un instant le chemin parcouru pour en dégager les traits dominants.

On a pu s'en convaincre, le *sweating-system* est excessivement complexe. Il est le résultat des transformations qui se sont opérées dans les conditions d'organisation du travail. C'est un produit de l'évolution industrielle et commerciale moderne.

Si l'on veut chercher de quel côté viennent les responsabilités, l'expérience répond : les besoins

nouveaux, les exigences nouvelles du consommateur sont pour beaucoup dans l'origine du fléau.
Les grands magasins de vente n'ont été que les
serviteurs dociles des goûts nouveaux de la clientèle. Ils ont, sans aucun doute, contribué grande-
ment au développement des intermédiaires, des
sweaters, mais, s'ils l'ont fait, ce fut moins sous
l'empire d'un calcul volontaire que sous l'influence des nécessités mêmes du commerce. Le
consommateur a la plus grande part dans les
abus du *sweating-system*. C'est lui, disait Miss
Béatrice Potter, qui reste le véritable oppresseur.
C'est lui, plus encore que le *sweater*, qui doit,
en dernière analyse, être rendu responsable des
misères que nous venons d'étudier (1). Par son
insouciance ou son ignorance, le public a déterminé bien des souffrances dans le monde du travail. Il serait temps qu'il secouât sa torpeur et
comprît que dans la vie sociale tout s'enchaîne.
Si les acheteurs le voulaient, ils pourraient
apporter le meilleur remède au *sweating-system*.

(1) V. chap. II.

Il est certain que la situation souvent précaire des ouvrières de la couture recevrait une notable amélioration, si la femme apprenait à « devenir une acheteuse utile et intelligente. » Pourquoi, par exemple, dirons-nous avec Mme H. J. Brunhes (1), la petite patronne ne peut-elle pas lutter contre la morte-saison ? Pourquoi fait-elle travailler si durement ses ouvrières le dimanche ? « A-t-elle la liberté de supprimer le travail de nuit et de donner à ses ouvrières le repos du dimanche quand une cliente lui donne une commande au dernier moment ? Nous en connaissons de ces petite patronnes... qui ne demanderaient pas mieux que d'introduire dans leurs ateliers les réformes nécessaires à la santé ou au bien-être des jeunes filles. Mais elles ont les mains liées par l'exigence, disons-le, par la rapacité de leur clientes. On demande tant à celles qui font payer moin cher, on met si peu d'empressement à les payer ! Et si elles sont obligées, ces patronnes, de prendre sur le salaire de leurs ouvrières pour

(1) H. J. Brunhes, *op. cit.*, p. 888.

arriver à « joindre les deux bouts », d'exécuter en deux jours, en surmenant leurs ouvrières, une commande que l'imprévoyante clientèle aurait pu tout aussi bien leur donner huit jours plus tôt, devons-nous les accuser d'être inhumaines ? »

A côté du consommateur, les ouvriers méritent aussi leur part de responsabilité. C'est pour n'avoir pas compris les dangers de l'isolement qu'ils ont vu leurs intérêts souvent méconnus. Mais la concurrence qu'ils se font les uns aux autres, qui songerait à leur en faire un reproche? Les esprits chagrins n'y cherchent aucun remède, croyant qu'il n'en existe pas. Le *sweating-system* n'offre point, il est vrai, le caractère d'une exploitation systématique, à laquelle il serait facile de mettre un frein. Tel qu'il se manifeste, il échappe en effet le plus souvent à toute action efficace. Il est cependant un moyen de le détruire, mais qui n'est pas, à proprement dire, économique. C'est de guérir les intelligences et les volontés. On l'a vu, le salaire d'appoint, source principale du *sweating-system*, n'est pas autre chose que la réalisation d'une très ancienne conception de la destinée humaine. Par un illogisme déconcertant, nous subissons les conséquences d'un principe que nous n'acceptons plus. C'est ainsi que, chaque jour, la réalité se fait un jeu de nous démentir et de nous apporter les souffrances les plus vives et les plus cachées. Attachons-nous donc à l'idée que les siècles avaient mûrie lentement et dont ils avaient fait la condition même de la bonne santé des sociétés. Sachons profiter des leçons du passé. C'est encore la meilleure façon de servir la cause du progrès. Pourquoi, selon le mot d'un publiciste, ne pas « tenir compte des solutions sur lesquelles l'humanité a vécu heureuse et puissante pendant des siècles » ? A nous plutôt d'y revenir avant qu'il soit trop tard, si nous voulons voir disparaître le *sweating-system* et tout son cortège lugubre de misères et de hontes.

TABLE DES MATIÈRES

———

Angers, imp. Lachèse et Cie, J. Siraudeau sucr. 03-4315.

9 782016 185940